Charroux: Das Rätsel der Anden

Robert Charroux

Das Rätsel der Anden

Econ Verlag
Düsseldorf · Wien

Übersetzung aus dem Französischen von Siglinde Summerer und
Gerda Kurz.
Titel der Originalausgabe: Robert Charroux: L'énigme des Andes,
Les pistes de Nazca, La bibliothèque des Atlantes: Éditions Robert Laffont,
1974

1. Auflage 1978

Gesetzt aus der Garamond der Linotron
Papier: Papierfabrik Schleipen GmbH, Bad Dürkheim
Satz: Industriedruck AG, Essen
Druck und Bindearbeiten: J. Ebner, Ulm
Printed in Germany
ISBN 3430 117933

INHALT

VORWORT

»Der Wahrheit gegenüber ist der Mensch aus Glas, der Lüge gegenüber aus Feuer«, sagt La Fontaine.
Gewiß aber muß man dem, was vielfach recht leichthin als Wahrheit oder Beweis bezeichnet wird, ein gewisses Mißtrauen entgegenbringen, vornehmlich wenn es sich um eine Philosophie, eine Überzeugung oder eine Religion handelt. Und ebenso gewiß ist die Lüge nicht ihrem Wesen nach hassenswert und böse, müßten doch sonst die Poeten und Romanschreiber verbrannt und die Träume verjagt werden, und wir stünden verwirrt und klopfenden Herzens einer Existenz gegenüber, die nur Irrtum und Vorstellungskraft angenehm, ja erträglich machen.
In Wirklichkeit genießt der Mensch den beneidenswerten Vorzug, Lüge und Wahrheit nicht auseinanderhalten zu können, und Weisere als wir haben weder an das eine noch das andere geglaubt, sondern von einem für den Geist kaum wahrnehmbaren Widerschein gesprochen, den Buddha »Maya« oder »Illusion« nannte.
Im Hinblick auf menschliches Handeln und zwischenmenschliche Beziehungen jedoch hat man für Wörter, die eine Wertung ausdrücken sollen, eine Bedeutung erfinden müssen und »Wahrheit« genannt, was wir gemäß unseren Sinnen und unserem Intellekt als echt empfinden.
Auf dem Boden dieser Optik versichern wir, daß Glozel und die primhistorische Bibliothek von Ica echt sind; die in diesem Buch veröffentlichten Photos im Heiligtum Dr. Cabreras in Ica, Plaza de Armas, aufgenommen wurden und abgesehen von den abgebildeten Exemplaren Tausende solcher Steine mit sehr alten Ritzzeichnungen existieren und bereits von Hunderten von Zeugen fachmännisch untersucht worden sind.
Im übrigen wird sich die Öffentlichkeit selbst von der Existenz dieser Steine überzeugen können, sobald der Ver-

trag zwischen Dr. Cabrera und der peruanischen Regierung unterzeichnet ist.
Diejenigen aber, die aus Trotz oder wider Treu und Glauben an der Existenz und dem Alter dieser gravierten Steine zweifeln, sind in unseren Augen Lügner.
Denn diese Steine bedeuten eine Revolution in der Geschichte der Menschen, beweisen sie doch, daß die Prähistorie und die Urgeschichte, wie sie heute gelehrt werden, von Irrtümern und Unwahrscheinlichkeiten nur so wimmeln.
Dennoch wird sich die Verschwörung zweifelsohne weigern, ihre Irrtümer einzugestehen und die neue Vision der Vergangenheit, die wir nicht aufgrund gewagter Spekulationen, sondern aufgrund greifbarer, jahrtausendealter Dokumente vorschlagen, angreifen.
In diesem Fall liegt es beim Leser, sich selbst ein Urteil zu bilden.

R. C.

I. DAS GEHEIMNIS DES DR. CABRERA

Vor rund fünfzig Jahren versicherte der englische Oberst James Churchward, in einem indischen Kloster Tafeln der *Naacals* (eines rätselhaften Volkes) entdeckt zu haben, die angeblich das Geheimnis der Schöpfung und 200 000 Jahre alter Kulturen lüfteten. Nur leider wollte er weder den genauen Ort verraten, noch eine einzige Tafel zur Untermauerung seiner Behauptung vorzeigen, weshalb die Archäologen die Echtheit seiner Entdeckung begreiflicherweise bezweifelten.
Nun haben wir selbst einen ähnlichen Fund gemacht: 11 000 bis 15 000 gravierte Steine, die ein Chirurg in Ica, Peru, in einem geheimen Museum aufbewahrt, und die über fünfzig Millionen Jahre Weltgeschichte berichten. Diese Steine lassen durch detaillierte Zeichnungen das Leben der großen Saurier aus dem Mesozoikum und einer Menschheit wiedererstehen, die bereits viele unserer Wissenschaften beherrschte, sich jedenfalls offensichtlich schon auf Chirurgie, Medizin, Geographie und Technik verstand.
Im Gegensatz zu Churchward jedoch sind wir durchaus bereit zu verraten, wo sich diese außergewöhnlichen Dokumente befinden, so daß sie jedermann mit Erlaubnis ihres rechtmäßigen Besitzers sehen, berühren und beurteilen kann. Kurz, wir bleiben den Beweis der Echtheit unserer Entdekkung nicht schuldig!

27. April 1973 – Offenbarung in der Pampa

Wir kamen uns wie Howard Carter, Lord Carnavon und Lacau beim Aufbrechen des Grabes von Tut-ench-Amon im Tal der Könige nach 3300 Jahren vor, als wir unsere »Höhle des Ali Baba« mit ihren unermeßlichen Schätzen betraten, die noch weit älter und insofern auch noch viel aufschlußreicher

waren als die Wagen, Sarkophage, Amulette und Mumien des zweiten thebanischen Reiches.
Ein heiliger Rausch erfaßte uns beim Anblick der zahllosen steinernen Bücher, die Dr. Javier Cabrera Darquea geduldig in seinem geheimen Museum in Ica, Peru, zusammengetragen hat. Wir hätten auf dem Wasser wandeln, durch die Luft fliegen, durch dicke Mauern gehen mögen! Ähnliches müssen auch Léon Péricard und Stéphane Lwoff empfunden haben, als sie die *prähistorische Bibliothek* der Marche-Höhle in Lussac-les-Châteaux (Vienne) entdeckten.
Wir hatten 20 000 Kilometer und allerlei Faszinierendes und Aufregendes hinter uns: die Osterinseln mit ihren sechshundert Riesenstatuen, Tahiti, Huahine mit seinen *maraes* (Kultstätten mit einer steinernen Plattform für Kultbilder und ummauertem Platz), den Vorbildern der *ahus* auf den Osterinseln, die Monolithen von Hangaroa und die grauen Steinhaufen, auf denen die hübschen Tahiterinnen flierten. Aber all das wurde von dem, was uns in Ica erwartete, in den Schatten gestellt.
Als erste Wesen der Alten Welt sollten wir Tausende von Steinen zu Gesicht bekommen, die 10 000, 50 000, 100 000 bzw. laut Dr. Cabrera sogar 60 Millionen Jahre vor unserer Zeitrechnung graviert worden waren.
Eigentlich hatte uns ein Zufall, ein äußerst glücklicher Zufall, in die Pampa von Nazca geführt, wo wir den *pistas* (»Landebahnen«) und anderen Mustern nachgehen wollten. Meine Frau Yvette war auf der Jagd nach *huacos* – bemalten alten Töpferwaren –, deren Scherben an manchen Stellen der Pampa in der Nähe der berühmten Trassen in Hülle und Fülle zu finden sind. Es war der 27. April, und sie wollte mir ihre Funde zwei Tage später, an meinem Namenstag, zum Geschenk machen. Aber ich sollte an diesem Festtag noch etwas viel Schöneres erhalten.

Ich war gerade dabei, mit unserem Führer Edmond Wertenschlag aus Lima, unserem Chauffeur Emilio, einem Indio, und dem *ingeniero agrónomo* Alain Elias aus Ica das große Vogelmuster einer solchen Inkatöpferei zu identifizieren, als sich mir die Tür einer verbotenen Welt einen Spaltbreit öffnete! Es war die reinste Offenbarung.

Die geheimen Höhlen des Dr. Cabrera

»Señor«, sagte Elias zu mir, »in Ica lebt ein außergewöhnlicher Mann, dessen Bekanntschaft Sie machen sollten. Er besitzt ein Museum von gravierten Steinen, das auf der ganzen Welt nicht seinesgleichen hat.«
»Mit bestimmten Zeichen graviert?«
»Nein, Señor, die Zeichnungen stellen Tiere, Menschen und Szenen aus Alltag und Wissenschaft aus unvordenklichen Zeiten dar . . . aus dem Mesozoikum oder dem Tertiär, wenn ich mich nicht irre.«
»Im Mesozoikum gab es noch keine Menschen, Alain, zumindest nicht nach Darstellung der prähistorischen Lehrbücher; aber es ist durchaus möglich, daß sie irren!«
»Gewiß, Señor Charroux! Wenn überhaupt jemand Dr. Javier Cabrera Darquea verstehen kann, so sind Sie es. Er kennt Sie übrigens oder vielmehr Ihre Bücher, und wird Sie gern empfangen. Hier ist seine Adresse; sein Geheimmuseum liegt an der Plaza de Armas. Suchen Sie ihn doch einmal auf. Aber ich möchte Ihnen gleich im voraus sagen, daß die Echtheit seiner Sammlung von den Prähistorikern angezweifelt wird . . .«
»Das versteht sich von selbst. Um ihr eigenes Versagen zu vertuschen, müssen sie die Erfolge der anderen in Frage stellen. Das ist ein alter Trick, und deshalb reizt mich, was Sie

da sagen, nur noch mehr, das *museo de gliptolitos* von Ica aufzusuchen.«
Ingenieur Elias bückte sich, um einen bemalten Tonscherben aufzulesen, und murmelte wie zu sich selbst: »Wenn die *grabados*[1] echt sind, woran ich nicht zweifle, werden sie die ganze Weltgeschichte auf den Kopf stellen. Nur daß die Wissenschaftler nicht mitmachen werden.«

Sprechende Steine

»Sind Sie wirklich der Schrifsteller Robert Charroux?« fragte mich Dr. Cabrera.
»Aber gewiß doch«, antwortete ich. »Und das ist meine Frau Yvette, die mich auf allen Expeditionen begleitet; und das hier unser Führer und Dolmetscher Edmond Wertenschlag aus Lima.«
Der Doktor schloß uns in die Arme und führte uns ins Museum, das er im Erdgeschoß eines geräumigen Mietshauses an der Plaza de Armas in Ica eingerichtet hat. Hier hat er in fünf großen Sälen eine überwältigende Sammlung von runden, flachen Steinen und Andesitbrocken angelegt, fast durch die Bank schwarz oder grau, darunter nur ab und an einer aus hellerem, feinerkörnigem Lavagestein.
Diese Steine, die zum Teil bis zu zweihundert Kilogramm wiegen, sind über und über mit feinen Ritzzeichnungen bedeckt, so daß man sie, will man die Darstellungen in Gänze sehen, umdrehen muß, was nicht immer ganz einfach ist. Sie füllen die Regale zu Tausenden; die schwereren stehen dichtgedrängt auf dem Boden, doch ist jeweils gerade genug

[1] *Grabados:* spanisches Wort für Ritzzeichnungen;
gliptolitos: Ritzzeichnungen in Stein.

Im geheimen Heiligtum Dr. Cabreras in Ica finden sich Tausende gravierter Steine.

Zwischenraum gelassen, um sie einzeln untersuchen zu können.
Noch nirgens waren wir auf eine solch unübersehbare, Sinn und Verstand verwirrende Fülle gravierter Steine gestoßen. Dennoch steckte hinter dem Ganzen, wie wir in der Folge erkennen sollten, ein ordnender Geist: Dr. Cabrera, den unsere Verwirrung angesichts dieses großartigen steinernen Universums wohl einen Augenblick lang amüsierte, ehe er uns Schritt für Schritt einführte.

Ein vorsintflutliches Archiv

Dr. Javier Cabrera Darquea, Chirurg, Professor an der Universität Ica und Mitglied mehrerer wissenschaftlicher Kommissionen[1], 49 Jahre alt, braun, mittelgroß, elegant, kahlköpfig, mit hoher Stirn, ähnelt mit seinen klugen Augen seinem Vorfahren Don Jerónimo Luis, der 1563 die Stadt Ica gründete. Wie dieser ein Konquistador, nur aus dem 20. Jahrhundert, liegen seine Eroberungen auf dem Gebiet der Wissenschaft, vor allem der Vorgeschichte.
Hatte Don Jerónimo eine Stadt gegründet, so wagt sich Javier Cabrera daran, ein Reich zu gründen, das seinen Namen bis ans Ende der Zeiten berühmt machen soll. Er wird mit Herodot, Plato, Buffon und Boucher de Perthes in eine Reihe gestellt werden, denn er räumt auf mit den falschen Thesen, die bis jetzt über die vorgeschichtlichen Zeiten und die alten Kulturen an den Universitäten gelehrt werden.

[1]Dr. Cabrera ist Leiter der Forschungsabteilung an der Universität Ica, Arzt am Arbeiterhospital von Ica, Sachverständigenmitglied des Bezirksrates von Ica und korrespondierendes Mitglied des Internationalen Chirurgenkollegiums. Er gehört als Prähistoriker, Anthropologe, Biologe zu den führenden Persönlichkeiten der peruanischen Wissenschaftlerelite.

»Meine Steine«, erklärte er uns, »stammen von der ersten menschlichen Kultur auf dieser Erde. Aus einem uns unbekannten Grund (vielleicht durch eine Sintflut) ist diese Kultur untergegangen. Aber die Menschen des alten Ica wollten ein die Zeiten überdauerndes Zeugnis hinterlassen. Möglicherweise allerdings könnte dieses Archiv auch aus einer etwas späteren Zeit stammen, die die Kenntnisse der großen Vorfahren jedoch direkt ererbt hätte.

Es liegt nahe, bei diesen höherentwickelten Ahnen an die Bewohner von Atlantis zu denken, von denen sich nach dem Untergang ihres Kontinents ein kleiner Teil nach Ica gerettet haben könnte.

Jedenfalls taucht der *Homo sapiens* nicht erst zwei oder drei Millionen Jahre vor unserer Zeit auf. Der Mensch reicht im Gegenteil viel weiter zurück als man heute glaubt. Er hat gewiß noch die großen Ungetüme gekannt, die im Mesozoikum über alles Lebendige herrschten. Dank meiner Steine jedenfalls kann ich nachweisen, daß diese Monstren, der Plesiosaurus, der Diplodocus, das Iguanodon usw., die gegen Ende des Erdmittelalters lebten, ins Tertiär hinüberreichten, also in eine Epoche, in der der Mensch sie kennenlernte und zum Kampf um die Oberherrschaft auf dem Globus gegen sie antrat.[1]

1966 habe ich mit meiner Steinsammlung begonnen; aber die ersten Steine wurden bereits 1961 von *huaqueros,* die sonst alte Töpferwaren suchen, gefunden.«

[1]Am 9. Februar 1856 brachte *The Illustrated London News* einen Bericht über eine seltsame Entdeckung in Frankreich: »Beim Bau eines Eisenbahntunnels auf der Strecke St. Dizier–Nancy wurde eine Riesenfledermaus mit einer Flügelspannweite von 3,22 m gefunden. Das Tier war schwarz, stieß etliche Schreie aus und verendete. Von einem einheimischen Gelehrten wurde es als prähistorischer Pterodactylus identifiziert. Die Felsen, in denen es entdeckt wurde, sollen über eine Million Jahre alt sein. Eine Höhle entsprach genau der Körpergröße des Tieres.«
Diese Nachricht wurde in der Mainummer der englischen Revue *Fate* 1964 wieder aufgegriffen. Womöglich handelt es sich um eine Art Winterschlaf eines prähistorischen Tieres.

Die primhistorische Bibliothek von Ica

Die steinernen Bücher von Ica enthüllen in mehr oder minder klarer Form – z. T. genügt es, die Zeichnungen zu lesen, z. T. muß man sie interpretieren –, was die Bewohner von Atlantis oder jedenfalls diese unbekannten Vorfahren über Biologie, Naturgeschichte, Chirurgie, Geographie, Soziologie, Paläontologie sowie die meisten anderen wissenschaftlichen Disziplinen wußten. Ja, es ist nicht auszuschließen, daß diese Steine die ganze Geschichte der Welt sowie des Universums erzählen, auch wenn das uneingeweihte Auge die Symbole vielfach nicht zu entziffern vermag.

»Möglicherweise«, meinte Dr. Cabrera, »sind auch wir heute am Ende unserer Zeit angelangt, d. h. vielleicht stehen auch wir am Vorabend einer großen Sintflut, die weitsichtige Menschen bereits ahnen, haben die Amerikaner doch die wesentlichen Zeugnisse unserer Kultur in einer Rakete vergraben. Ganz ähnlich muß es wohl auch damals gewesen sein.«

Dann führte uns der Doktor durch die Säle, um uns einen Überblick über die *primhistorische Bibliothek* von Ica zu vermitteln. Wie in einem Film rollten vor unseren Augen Szenen ab, die sich vor Jahrmillionen in einer uns fremden Umwelt mit einer längst ausgestorbenen prähistorischen Flora und heute nur noch den Paläontologen bekannten Tieren (Dinosaurus, Brachiosaurus, Pteranodon, Tyrannosaurus, Brontosaurus, Protoceratops, Stegosaurus usw.[1]) abgespielt haben, beispielsweise Jagdszenen mit Menschen und Dinosauriern, darunter die Darstellung eines Mannes mit

[1] Aufgrund unserer mangelnden Vertrautheit mit diesen Arten könnte sich bei dieser Aufzählung unter Umständen der eine oder andere Fehler eingeschlichen haben.

einem Bündel Fischen auf dem Rücken, der einen Bogen auf einen Saurier anlegt.
Noch verwirrender aber sind die Zeichnungen, die – obwohl doch anscheinend ebenso alt wie die obenerwähnten – Tierarten darstellen, die der offiziellen Wissenschaft nach erst viel später aufgetreten sind: Strauße, Känguruhs, Pinguine, Reiher, Fledermäuse, Kamele etc.

Prähistoriker melden Zweifel an

Auch Dr. Cabrera überrascht die Gleichzeitigkeit von Tieren, die eigentlich Jahrtausende voneinander trennten, nicht so offensichtlich jedoch die Menschen, die die Steine gravierten und die es ja wohl besser gewußt haben müssen. Mögen die Fachgelehrten dieses Rätsel lösen!
Wir möchten hier nur in aller Bescheidenheit darauf hinweisen, daß der in der Kreidezeit, also zur gleichen Zeit wie der Tyrannosaurus lebende Sauropode große Ähnlichkeit mit dem Känguruh aufweist. Und hat man nicht präkolumbianische Darstellungen eines Paläotherium magnum gefunden, das eigentlich schon vor fünfzig Millionen Jahren hätte ausgestorben sein sollen?[1]
Außerdem war der ebenfalls in der Kreidezeit (also vor 80 bis 60 Millionen Jahren) lebende Stycosaurus ein Zwillingsbruder des Nashorns, dessen Vetter wiederum das Arsinoitherium war. Und das halb im Wasser lebende Moeritherium stand dem Flußpferd ebenso nahe wie der Aegyptopithecus-Affe dem Menschen, so daß sie auf einer jahrtausendealten Steinritzzeichnung sehr wohl durcheinandergebracht wor-

[1]Tatsächlich sind Toxodonten-Darstellungen auf den Töpferwaren von Tiahuanaco und den Stelen von Mexiko keine Seltenheit.

den sein könnten! Die klassischen Prähistoriker jedoch nehmen eben diese offenkundige Unstimmigkeit zum Anlaß, das ehrwürdige Alter der Steine von Ica zu bestreiten.

Um 1968 kam dem amerikanischen Professor N. A. John Rowe in Lima ein Stein aus der Sammlung Dr. Cabreras vor Augen. Er drehte ihn mehrmals in der Hand, beschnüffelte ihn und befand mit Kennermiene:

»Eindeutig gefälscht!«

Wie nicht anders zu erwarten, schlossen sich ihm die anderen Hohenpriester der Wissenschaft an und erklärten, ohne ein weiteres Gutachten einzuholen, die Bibliothek von Ica ihrer Aufmerksamkeit für unwürdig.

»Die klassischen Prähistoriker«, so der Kommentar Dr. Cabreras dazu, »sind Opfer ihrer Vorurteile und Scheuklappen. Schließlich findet man bereits seit fünfundzwanzig Jahren in der Umgebung von Ica gravierte Steine, und weitere Tausende harren noch ihrer Entdeckung. Nun behaupte ich gewiß nicht, alles erklären zu können, aber eines läßt sich doch wohl nicht bestreiten: Diese Steine gibt es, und zwar in solchen Mengen – wohl an die hunderttausend –, daß es absurd wäre, sie als Fälschung abtun zu wollen. Und wenn auf manchen ein Mensch einen Stegosaurus angreift, so mag das sehr wohl bedeuten, daß sich besagte vorgeschichtliche Tiere hier in Peru aufgrund besonderer ökologischer Bedingungen länger halten konnten als in anderen Regionen des Globus. War man nicht auch zutiefst davon überzeugt, daß der Coelacanthus seit dem Devon[1], also seit 300 Millionen Jahren, ausgestorben sei, und dennoch werden heute an der Ostküste Afrikas wiederholt lebende Exemplare gefangen! Wie es scheint, können auch klassische Prähistoriker irren.

[1]Devon: Rund 300 bis 280 Millionen Jahre zurückliegender Zeitabschnitt des Erdaltertums.

Wie der Geologe Neil Opdyke herausgefunden hat, sind zur Zeit der Verschiebung der Magnetpole gewisse Arten mariner Mikroorganismen – die Strahlentierchen – verschwunden. Und gewiß blieben auch die bereits durch ihr Riesenwachstum sehr verwundbaren Saurier der Vorzeit von den Auswirkungen dieser Verschiebung, die u. a. eine fünfzehnprozentige Erhöhung der Radioaktivität auf der Erdoberfläche zur Folge hatte, nicht verschont. Andererseits jedoch hat sich diese Polverschiebung nur auf bestimmte Zonen ausgewirkt. So hat man z. B. in Mammouth, Kalifornien, oder bei Oldway Felsen mit einer vom Normalen abweichenden, d. h. umgekehrten Kristallisation gefunden und dies in Zusammenhang mit dem Erdkern gebracht, dem dabei gewissermaßen die Rolle einer aus sich selbst getriebenen Kraft zufiele.
Aber ob die Dinosaurier nun wirklich aus diesem Grunde von der Erdoberfläche verschwunden, Wüsten fruchtbar und fruchtbare Landstriche zur Wüste geworden sind – eins jedenfalls steht fest: Die Auswirkungen machten sich nicht überall gleich stark bemerkbar, d. h. in bestimmten Zonen könnten die Saurier noch lange nach dem allgemeinen Aussterben der Art überlebt haben.

Lupe und Teleskop in primhistorischen Zeiten

Im *primhistorischen Museum von Ica*[1] finden sich noch andere, nicht minder erstaunliche Darstellungen, so z. B. sehr

[1]Prähistorie (Studium der vorgeschichtlichen Epochen) läßt an Höhlen, Eisen- und Bronzezeit sowie andere Irrtümer ihrer klassischen Hohenpriester denken und hat sich somit als Bezeichnung mehr oder weniger selbst disqualifiziert. Aus diesem Grund haben wir 1962 den Begriff *primhistorisch* geprägt, der im Grunde dasselbe bedeutet, aber die Vorstellung von Affenvorfahren ablehnt und statt dessen von untergegangenen Hochkulturen und höherentwickelten Vorfahren ausgeht.

sauber ausgeführte Zeichnungen, die eindeutig Menschen mit einer *Lupe* zeigen oder Astronomen, die den Himmel mit einem Fernrohr, das man sicher schon als *Teleskop* bezeichnen darf, beobachten. Das Auge ans Okular gepreßt, haben sie ihr Gerät auf einen Stern erster Ordnung bzw. auf einen Kometen mit einem riesigen leuchtenden Schweif gerichtet, dessen Kopf, wie offensichtlich zu allen Zeiten, als Kugel dargestellt ist.

Nun könnten diese Details den Verdacht aufkommen lassen, die Ritzzeichnungen seien womöglich in einer noch nicht allzu lange zurückliegenden Epoche entstanden. Aber sind Sterne nicht seit jeher als sechseckige Gebilde und Kometen als gehörnter Kopf mit glänzendem Lichtschweif dargestellt worden?[1]

Möglicherweise könnte der auf den Steinen von Ica dargestellte Riesenkomet auch Kohoutek sein, der unseren höherentwickelten Ahnen einen solch unauslöschlichen Eindruck gemacht hätte, daß sie die Erinnerung an ihn unbedingt wachhalten wollten. Damit wäre die Frage der Datierung der Bibliothek von Ica wesentlich erleichtert. Leider nur ist das Problem noch keineswegs gelöst. Für Kohoutek spricht immerhin, daß er auf der südlichen Hemisphäre, also auch in Peru, gut sichtbar ist.

Möglicherweise allerdings hat der Komet von Ica damals das »Ende der Welt« ausgelöst. Das heißt, es könnte sich um den »Kometen« Venus handeln, der vor rund 5000 Jahren auftauchte, oder auch um eine der 12 000 Jahre zurückliegenden großen allgemeinen Sintflut vorausgehende Himmelserscheinung.

[1] Kometen, gasartige Sterne, von denen es mehrere Milliarden gibt, kreisen in einem bestimmten, periodischen oder nichtperiodischen Rhythmus um die Sonne. Man denke nur an die »Venus mit dem Feuerschweif«, an die »Feuerschlange mit dem langen Schwanz« aller primitiven Völker!

Hier wird unzweifelhaft etwas mit der Lupe untersucht.

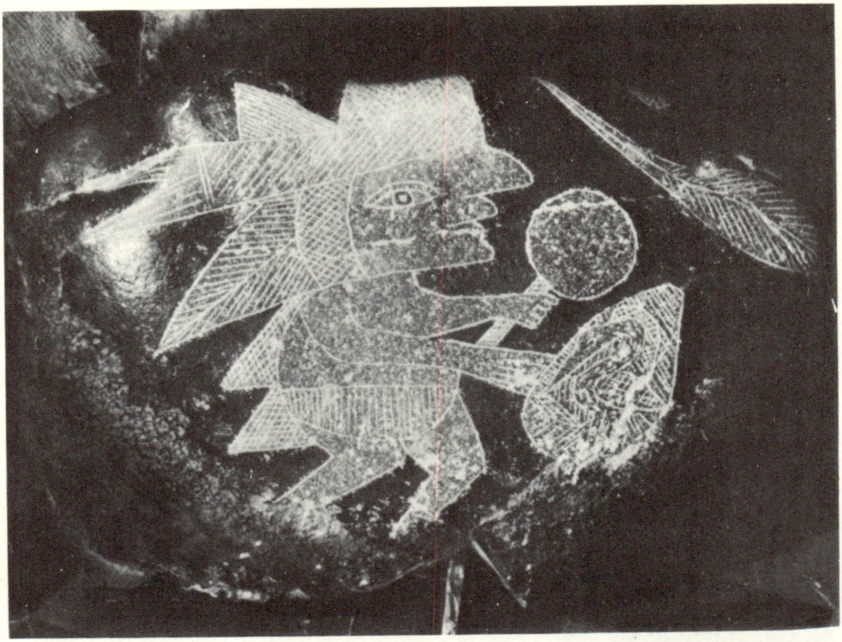

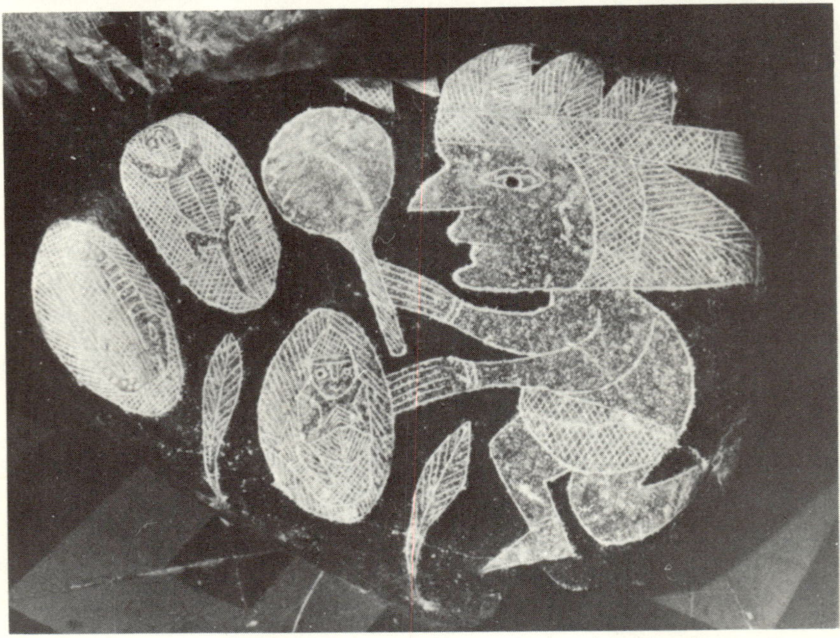

Untersuchungen von Steinritzzeichnungen oder Fossilien mit der Lupe.

Zwei Astronomen beobachten den Himmel mit Fernrohren. Wie die 1972 auf einer Aluminiumplakette verzeichnete, mit dem amerikanischen Satelliten *Pioneer 10* ins All geschossene Botschaft, soll die am oberen Rand des Steines abgebildete Kosmographie vielleicht die kosmische Heimat der Verfasser angeben. Im Augenblick können wir diese Kosmographie noch nicht entziffern. Möglicherweise soll der Komet auf die Vergangenheit, also auf die Ankunft der außerirdischen Wesen hinweisen, möglicherweise aber auch auf die Zukunft bzw. die Rückkehr unserer höherstehenden Ahnen, mit anderen Worten, auf die Apokalypse.

Zugunsten dieser Hypothese spräche der Umstand, daß auf der Darstellung einer der Kometen auf die Erde herabzustürzen scheint, während die übrigen am Himmel über den Astronomen zwischen den Sternen und einer Art Inseln oder »einzelner Universen«, die Wolken oder auch Inseln einer untergegangenen Welt symbolisieren könnten, kreisen. Andererseits läßt das Objekt zwischen den beiden Astronomen, das wie ein geflügelter Pfeil aussieht und mit seiner blütensternförmigen Spitze gen Himmel weist, an eine Rakete bzw. eine Raumstation denken. Nun mag diese Interpretation vielleicht etwas weit hergeholt erscheinen, aber Absicht der Ritzzeichnung ist doch wohl, dreierlei gleichzeitig darzustellen: das Auftreten eines Kometen, die Beobachtung des Himmels und den Aufstieg eines Flugkörpers.

Die Enthüllungen des Astronomensteins

Betrachten wir den sogenannten Astronomenstein im einzelnen, so sehen wir:

- zwei Personen, die mit Hilfe eines Teleskops eine wichtige Himmelserscheinung beobachten;
- ein fliegendes Objekt, das von der Erde zum Himmel aufsteigt;
- zumindest drei Kometen, die an einem aus den Fugen geratenen Firmament treiben;
- Sterne, die in ungewöhnlichem Glanz am Himmel erstrahlen, z. T. groß und leuchtend, z. T. offensichtlich in größerer Ferne, über diesem kosmischen Durcheinander;
- eine Riesenwolke mit Regen symbolisierenden Querstreifen, hinter dem Schweif eines riesigen Kometen. Anscheinend geht ein sintflutartiger Regen auf die Erde nieder;
- Kontinente, kenntlich an ihrer Schraffierung und ihren

Höhenschichtlinien[1], die, von dieser Sintflut bereits halb überschwemmt, Inseln gleichen;
- einen auf einem großen Kontinent oder einer sehr großen Insel niedergegangenen Stern, der seine Leuchtkraft verloren hat;
- und im Mittelpunkt des ganzen Geschehens ein Boot auf dem himmlischen oder irdischen Ozean mit drei Überlebenden;
- eine vielleicht willkürlich anmutende Deutung, die sich aber angesichts von Arche, Ozean, Sternen, Inseln und Kometen unwillkürlich aufdrängt.

Wenden wir uns zur Aufhellung dieses Rätsels[2] an Überlieferung und Mythologie, so müssen wir, da keines der traditionellen Elemente fehlt, wohl oder übel zu dem Schluß kommen, daß es sich beim Astronomenstein um eine Darstellung der Sintflut handelt.

[1]Schraffierung und Höhenschichtlinien werden heute in der Topographie *genauso* angewandt, um Form und Bodengestalt eines Terrains anzudeuten.

[2]Ein um so undurchsichtigeres Rätsel, als die Indios Amerikas ehedem nur eine einzige Zeitform kannten: die Gegenwart! Das heißt, für sie durchdrangen sich Vergangenheit und Zukunft in unauflöslicher Weise. So stellten z. B. die Mayas das Kind *gleichzeitig* dar: bei der Geburt, als Mann und als Sterbenden.
Ebenso muß das *Popol-Vuh* der Mayas, das heilige Buch der alten Mexikaner, den Völkern des Westens ein Buch mit sieben Siegeln bleiben: Die verschiedenen Epochen schieben sich übereinander, Tote kehren wieder etc. Offensichtlich besteht eben doch ein gewaltiger Unterschied zwischen den geistigen Strukturen der Mayas und den unseren, was vermutlich auch für die Inkas von San Agustin, von Tiahuanaco und dieMenschen des alten Ica gilt.

Keine Arche Noah auf dem Berge Ararat

Fragt sich nun nur, um welche der beiden Sintfluten es sich handelt, um die große oder um die partielle (die Sintflut des Ogyges und des Deukalion)[1], die 3000 vor unserer Zeitrechnung einen Teil unserer Erde unter Wassermassen begrub. Wohl eher um die große, von der die Bibel berichtet, auch wenn das Buch der Bücher die ursächlichen atmosphärischen Störungen, die das Auftreten von Kometen, Sternschnuppen, Meteoriten, Stürmen etc. im Gefolge hatten, übergeht. Jedenfalls würde das Boot, die *Arche,* die an die von Noah, Xisuthrus, Manu, Bochica, Coxcox usf. erinnert, sehr gut zur großen Sintflut passen, die vor 12 000 Jahren die Kontinente überschwemmte und Atlantis völlig verschlang.
Nur, daß die Arche Noah mit all den Tieren – Ameisen, Vögeln, Schafen, Rindern, Pferden, Eidechsen, Brontosauriern und anderen Dinosauriern – an Bord wohl kaum an den steinigen Abhängen des Berges Ararat gelandet ist, sondern vielmehr ein Gestade in der Nähe großer pflanzenreicher Savannen, Sümpfe und Laubwälder angelaufen haben dürfte. Die Riesensaurier der Vorzeit brauchten als gewaltige Pflanzenfresser (wie übrigens auch die Fleischfresser) ihre ganz bestimmte Nahrung.

Der geheimnisvolle Komet

Erwiese sich diese verführerische Hypothese als richtig, könnten wir mindestens einen der Steine von Ica ungefähr datieren. Aber wir wollen uns durch solche Aussichten nicht

[1] Ogyges, erster legendärer König Böotiens; Deukalion, in der griechischen Sage Stammvater der Hellenen.

Der Astronomenstein stellt Kosmographen und Geographen mit seinen Sternen, Kometen, Kontinenten, Meeren . . . und der an die Sintflut erinnernden Arche vor ein Rätsel.

verlocken lassen, sondern auch die Teilsintflut von vor 5000 Jahren in Betracht ziehen, zumal den Überlieferungen zufolge damals Wunderbares am Himmel zu beobachten war: Kämpfe zwischen langen Feuerschlangen.

Eine von diesen »Feuerschlangen«, Venus, »mit dem glänzenden Feuerschweif und dem stierartig gehörnten Kopf«, die Astart der Phönizier, die Ischtar der Assyro-Babylonier und

die Astarte der Griechen, löste durch ihre ungeheure Hitze gewaltige Waldbrände aus.
»Selbst die Häuser brannten und die Ernten und die Bäume.«
Und wie zur Krönung der bereits angerichteten Verheerungen traten die Flüsse über ihre Ufer, und die verbrannte Erde ging unter im aufgewühlten Meer.
Diese und ähnliche Berichte sind mehr oder minder Gemeingut aller auf der Erde lebenden Völker. So schreiben Velikowsky und Louis-Claude Vincent:
»Prophezeiung der Vala: Der Nordpol ist im Westen; die Sonne hüllt sich in Finsternis; die Erde stürzt sich ins Meer; vom Himmel verschwinden die funkelnden Sterne . . .
Die ägyptischen Priester: Ganze Kontinente sanken ein.
Der Kodex Chimalpopoca: Alles, was da war, brannte, und ein Steinregen ging nieder . . . schreckliche Himmelserscheinungen waren zu sehen . . .
Mexikanische Überlieferungen: Zur Zeit der Sintflut fielen sechs Sterne vom Himmel . . .«[1]

Ein auf die Erde herabgestürzter Stern

Aber damit noch nicht genug. Denken wir nur an einen Bericht von Paul Schliemann, dem Enkel des berühmten deutschen Archäologen: Der links auf dem Photo sichtbare, auf die Erde herabgestürzte Stern erinnert an seine neue Mythologie vom Kontinent Mu:
»Als Baals Stern auf die Stelle fiel, an der heute nur noch Wasser und Himmel sind, erzitterten die sieben Städte, und ihre goldenen Türme und durchsichtigen Tempel tanzten wie

[1]Velikowsky: *Mondes en Collision,* Edition Stock. Louis-Claude Vincent: *Le Paradis de Mû,* Editions de la Source, 63200 – Marsat.

Blätter im Sturmwind. Aus den Palästen ergoß sich ein dampfender Feuerstrom. Und das Geschrei der Sterbenden und das Wehklagen der Menge erfüllte die Luft.
Das Volk suchte Zuflucht in den Tempeln und den Zitadellen.
Da erhob sich der weise Mu, der Hohepriester Ra-Mus, und sprach:
Habe ich es euch nicht vorhergesagt?
Die Männer und Frauen, in ihre kostbarsten Gewänder gehüllt und mit Juwelen behangen, aber flehten:
Mu, rette uns!
Mu jedoch antwortete:
Ihr werdet verderben samt euren Sklaven und Schätzen. Aus eurer Asche werden neue Völker erstehen. Und sollten diese Völker je vergessen, daß sie die materiellen Dinge beherrschen müssen, nicht nur um daran zu wachsen, sondern auch, um nicht daran kleiner zu werden, wird sie dasselbe Schicksal ereilen wie euch.
Die Flammen und der Rauch erstickten Mus Worte.
Land und Leute wurden zerstückelt und vom Abgrund verschlungen.«[1]
Nur leider hat diesen Text, wie die Tafeln des Obersten Churchward, außer Dr. Schliemann kein Mensch gesehen.

[1] Vgl. dazu die Offenbarung des hl. Johannes, wo nach der Öffnung des siebenten Siegels im 8. Kapitel Schreckliches geschah: »Da entstanden Donner und Brausen, Blitze und Erdbeben ... Da entstand Hagel und Feuer, mit Blut vermischt, und wurde auf die Erde geworfen. Es verbrannte der dritte Teil der Erde, und es verbrannte der dritte Teil der Bäume, und es verbrannte alles grüne Gras ... Da wurde etwas wie ein großer feuerglühender Berg in das Meer geworfen ...«
Vers 10: »Da fiel ein großer Stern vom Himmel, der wie eine Fackel brannte, und fiel auf den dritten Teil der Flüsse und Wasserquellen. Und der Name des Sternes heißt ›Wermut‹ ...« Dieser wermutgrüne Stern gehört genaugenommen nicht der Zukunft, sondern der Vergangenheit an, der Zeit nämlich, als durch den grünen Stern des Baal oder die Venus schreckliche Sintfluten entstanden. Die Vision des Propheten bezieht sich also nicht auf die Zukunft, sondern auf die Vergangenheit.

Deshalb sollen Churchward und Schliemann aber keineswegs als Betrüger abgestempelt werden, denn ihre Mythologien sind durchaus wahrscheinlich, d. h. stimmen mit den Überlieferungen überein, ja, erstaunlicher noch, mit den jüngsten archäologischen Entdeckungen wie denen des Dr. Cabrera. Von den traditionellen Historikern allerdings wird der Kontinent Mu, von dem Schliemann aus einer gewagten Übersetzung des Manuskriptes Troano *von* Brasseur de Bourbourg Kenntnis haben will, nicht akzeptiert. Uns dagegen scheint ein direkter Zusammenhang zwischen dem Stern von Bal oder Baal und dem Baal der Phönizier (dem Bêl der Assyrer, Belinus, Belisama der Kelten) zu bestehen, der als Vertreter des Planeten Venus auf der Erde als Gott verehrt wurde, oder auch zum Stern der Hebräer. Demnach wäre unser Astronomenstein als Bericht von der Sintflut aufzufassen, der Atlantis zum Opfer fiel.

Diese Deutung wird noch durch das Boot oder die Arche mit den Überlebenden untermauert, d. h. die primhistorische Bibliothek von Ica wäre demnach 12 000 Jahre alt.

Vermutlich jedoch unterliegen die »Weltzerstörungen« zyklischen Gesetzen. Nach dieser Auffassung nun würde sich der Vorgang Stern von Baal–Arche Noah in gewissen Zeitabständen (man spricht von 21 000 Jahren) in nahezu derselben Weise wiederholen und wohl auch jedesmal dieselben Überlieferungen nach sich ziehen. So betrachtet aber könnte der Astronomenstein 21 000 mal x Jahre alt sein.

Atlantis vor 200 000 000 Jahren

Im Zusammenhang mit unserem Astronomenstein müssen noch zwei andere runde schwarze Steine aus Andesit erwähnt werden, die gut hundert Kilo wiegen. Sie stellen offenbar einen Riesenozean dar, gesäumt von hohen Bergen bzw. von einem die halbe Zeichnung ausfüllenden, rings um den Rand herumlaufenden Fluß.

Auf dem Wasser schwimmen vier Kontinente, die, damit sie leichter als solche identifiziert werden können, Menschen, Tiere, Häuser und Berge tragen.

Auch hier fühlt man sich versucht, das Rätsel mit Hilfe von Mythologien zu lösen. Unwillkürlich denkt man an Wegeners Theorie, der zufolge die Erde vor Hunderten von Millionen Jahren aus Kontinenten bestanden haben soll, die auf dem flüssigen Magma trieben.

Auf dem Kontinent C, den Dr. Cabrera für Südamerika hält, ist ein Kopf zu erkennen, der denen auf den Steinen von Ica ähnelt. Trotzdem wären wir eher geneigt, Kontinent E mit seinen hohen Bergen – den Anden – und seinem Lama mit Südamerika zu identifizieren.

Bermerkenswert übrigens die Darstellung eines Hauses mit Dach, Tür und Fenster, das ganz den Häusern unserer Zeit gleicht.

Was die Seen, Kreise, Kreuze und Sterne, die über die Kontinente verstreut sind, im einzelnen genau bedeuten sollen, wissen wir nicht.

Atlantis könnte – wenn wir diese Hypothese schüchtern äußern dürfen – auf G liegen, wo deutlich zwei hohe Bergspitzen, ein geschwänztes Meeresgeschöpf mit einem Fisch und ein eigenartiges Haus zu sehen sind. Möglicherweise allerdings könnte der sagenumwobene, von Plato erwähnte versunkene Kontinent auch auf C oder anderswo zu suchen sein.

E und F scheinen so rätselhaft, daß sich keine wirklich stichhaltigen Thesen aufstellen lassen.

Landkarte aus dem Mesozoikum? Nach Meinung Dr. Cabreras handelt es sich um:
A: Mu; B: Nordamerika; C: Südamerika; D: Atlantis.
Bei der Abbildung auf der rechten Seite:
E: Europa; F: Afrika; G: Asien-Lemuria; H: Australien.
Die die Meere durchziehenden Flüsse wären nach Dr. Cabrera interkontinentale Schiffahrtsstraßen oder Meeresströmungen.

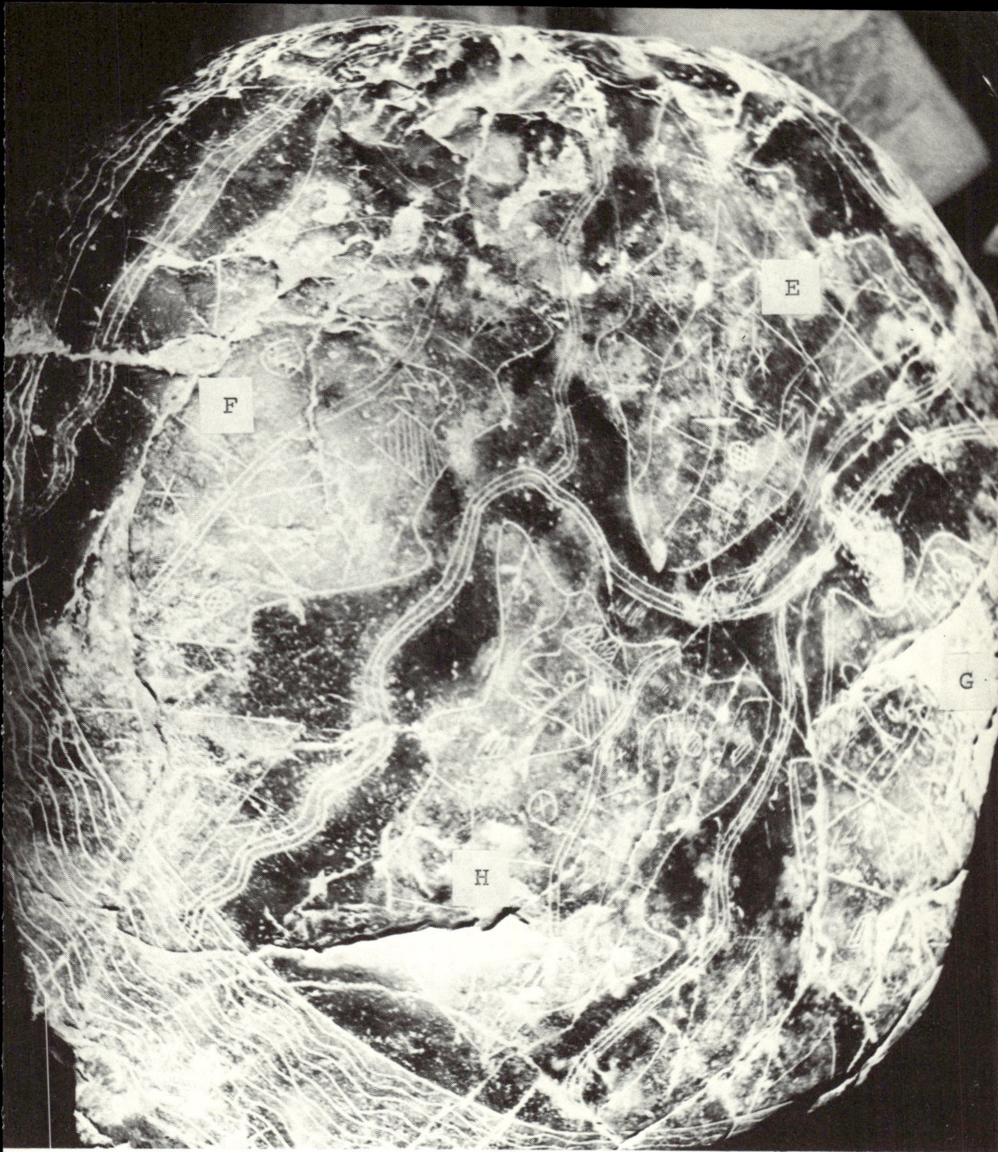

Dreht man die Karte um, nehmen die einzelnen Kontinente Kopfform an.

Eine andere Hypothese: Die Ritzzeichnungen oben stellen die Halbkugeln desjenigen Planeten dar, von dem die außerirdischen Vorfahren von Ica gekommen sind. In diesem Fall würden die Astronomen der *piedras* ihr Fernrohr auf die Stelle im All richten, an der dieser Planet steht.

Der Kampf der Menschen gegen die Dinosaurier

Die großen, mittlerweile längst ausgestorbenen Ungetüme der Vorzeit sind ein beliebtes Thema der Steine von Ica. Das Foto auf S. 41 zeigt z. B. vermutlich einen *Brachiosaurus,* den größten aller Dinosaurier. Dieses fünfundzwanzig Meter lange, bis zu fünfzig Tonnen schwere Tier lebte vor mehr als 140 Millionen Jahren. Die großen dreieckigen Knochenplatten auf Rücken, Hals und Schwanz könnten allerdings auch auf einen *Sauropelta* (bis zu 5,50 m lang und 3,5 Tonnen schwer) oder einen *Spinosaurus* (zwei- bis dreimal so lang und doppelt so schwer) schließen lassen.

Die dargestellte Szene ist recht aufschlußreich: Zwei auf dem Foto leicht erkennbare Männer sind, mit einer Art Lendenschurz bekleidet, auf den Rücken des Monstrums geklettert und greifen es an. Der eine schlägt mit einer großen Axt auf den Kopf des Tieres ein, der andere sticht ihm ein Messer in den Rücken. Ein drittes Wesen, eine Art Humanoider mit Schwanz, scheint nach einem mißglückten Angriff zu Boden geschleudert worden zu sein. Diese Art Tier oder Primat ist weder den Anthropologen noch den Zoologen bekannt. Möglicherweise handelt es sich um ein wieder ausgestorbenes Glied in der Entwicklung oder um eine nicht lebensfähige Art der klassischen Evolution.[1]

Bemerkenswert erscheint mir übrigens noch, daß unsere Vorfahren aus der Zeit der Dinosaurier das Schmelzverfahren

[1] Wie mein Freund und Tahitikorrespondent M. Yves Morel bezeugt, lebt im südvietnamesischen Hochgebirge eine Rasse behaarter Menschen mit gewaltigem Kopf und außergewöhnlich großen Händen und Füßen, die heute noch von den Mois als Kannibalen gefürchtet werden. Bei diesen Wilden läuft die Wirbelsäule durchweg in einen kleinen, 3 bis 5 cm langen Schwanz aus. Eine in Papeete wohnhafte vietnamesische Freundin Morels hat solche Wesen mit eigenen Augen gesehen: Es waren von den Mois gefangengenommene ehemalige Plantagenarbeiter ihrer Mutter.

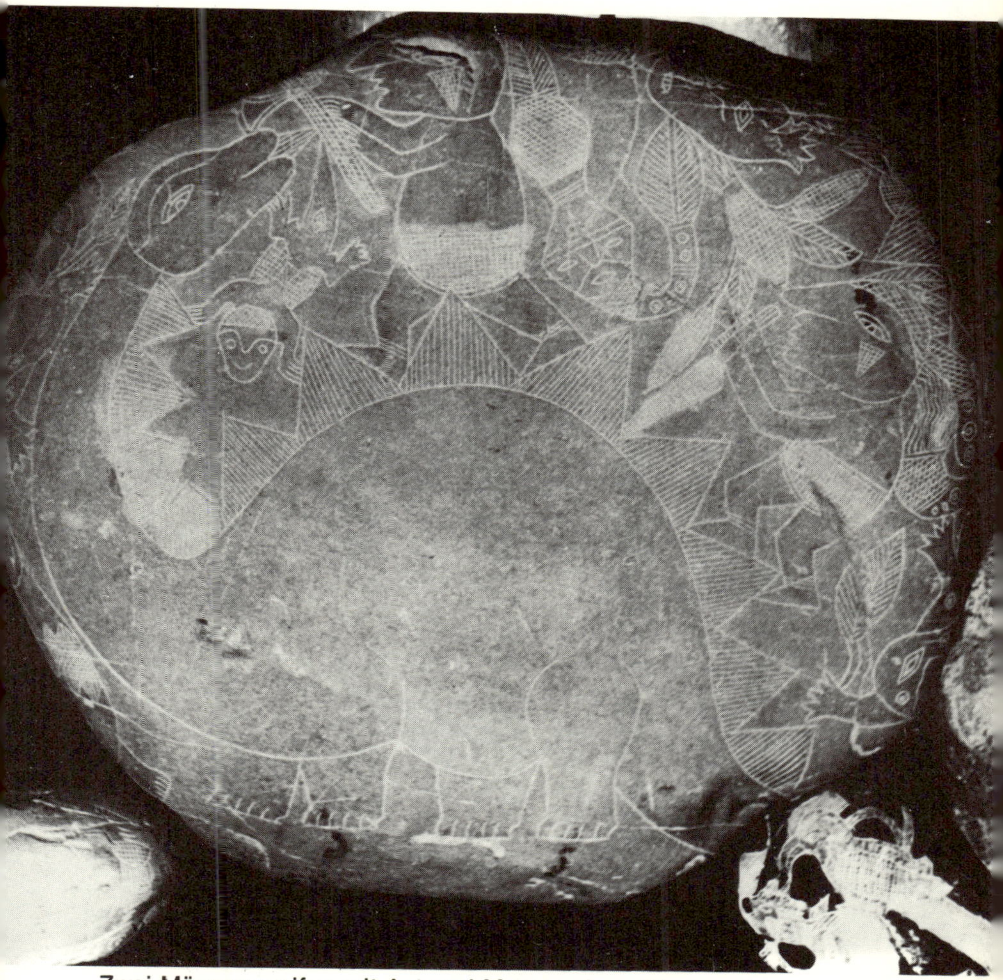

Zwei Männer greifen mit Axt und Messer einen Dinosaurier an. Ein Primatendiener fällt zu Boden, verletzt von dem Ungeheuer, bei dem es sich möglicherweise um einen Brachiosaurus, den schwersten aller Dinosaurier, handelt (50 Tonnen, 25 m), der vor 140 Millionen Jahren lebte.
Auf dem Stein links unten vielleicht ein Amphibium, das Dendrerpeton (25 cm).
Auf dem Stein rechts unten ein Vogel, der Urvogel: Archäopteryx, etwa krähengroß, der vor rund 180 Millionen Jahren lebte.

bereits sehr wohl beherrschten, denn ohne allen Zweifel hat das Messer wie auch die Axt eine Metallschneide.
Links auf dem Stein sieht man ein Tier, das ein Amphibium sein könnte, womöglich das *Dendrerpeton* (25 cm lang). Rechts unten ist der Archäopteryx zu erkennen, der etwa krähengroße Urvogel, der vor 180 Millionen Jahren lebte.

Primaten im Dienst des Menschen

Der Humanoide, den man zwischen dem Ungetüm und dem angreifenden Menschen zu Boden gehen sieht, stellt uns vor ein Problem, das die ganze Entwicklungsgeschichte des Menschen über den Haufen zu werfen droht: der Umstand, daß er Zeitgenosse des Homo sapiens und ausgestorbener Entwicklungsformen ist, legt nahe, ihn entweder als einen Hominiden oder als eine Art Fisch-Mensch einzustufen, dessen Spur zur Mythologie von Oannes[1] zurückführt.
Tatsächlich besteht eine große Ähnlichkeit zwischen den alten Abbildungen des Chaldäergottes und denen der Primaten auf den Steinen von Ica und – fühlt man sich versucht hinzuzufügen – dem Fötus im Mutterleib! Dieses menschenähnliche Wesen unterscheidet sich unter anderem durch dreierlei vom Menschen: seinen Schwanz, seine langestreckte Schnauze und seine vierfingerigen Hände. Letzteres eine sonderbare, fast ausschließlich auf die Länder der Inkas beschränkte Eigenart, die bislang noch nicht genügend erforscht wurde. So hat auch Orejona, die Muttergöttin, die

[1]Oannes: Gleichzeitig Gott und Initiator der babylonischen Kultur, der Janus der Römer und der Prometheus der Griechen, wird mit einer Art Schwanz halb als Mensch, halb als Fisch (bzw. Frosch) dargestellt. Jeden Morgen entstieg er dem Meer, um die Menschen in den Wissenschaften zu unterweisen. Etymologie: Oannes, Oan, Ogen, Okean, Okeanos, Ozean.

eines Tages am Ufer des Titicacasees landete, nur vier Finger und vier Zehen; ebenso die Figuren auf der Puerta del Sol von Tiahunaco und der in den Mittelpunkt gerückte Gott, was den Gedanken an eine außerirdische, teilweise noch mit ihren ursprünglichen Merkmalen behaftete Menschheit aufkommen läßt.[1]

Die Primaten auf der Abbildung Seite 44 haben allerdings an jeder Hand fünf Finger, nur, wie es scheint, keinen Daumen. Ihr Schwanz gleicht dem der Saurier, der Kopf des rechten erinnert an einen Haifisch, der des linken an den eines Säugetieres. Nur schade, daß sich aufgrund ihrer Morphologie keine Beziehung zu den rätselhaften Delphinen herstellen läßt. Dafür hat man anscheinend einigen Anlaß, sie zu den Amphibien zu zählen.

Auf vielen Steinen von Ica treten diese Primaten als ergebene Hilfskräfte und Mitarbeiter der höherentwickelten Menschen auf, in gewisser Hinsicht als ihre guten Geister, ja vielleicht sogar in einem evolutiven System, in dem sich die einzelnen Glieder der Kette in einem ungleichen Rhythmus entwickelten, als ihre Vorfahren. Jedenfalls führen uns diese Hilfskräfte der Menschen zurück zum Affen, der seit 4000 Jahren eindeutig eine rückläufige Entwicklung durchmachte, ehedem aber bei den Ägyptern als Matrose, Beamter und eifriger Diener fungierte. So sollen, als Königin Hatschepsut das Land Punt verließ, Paviane und Meerkatzen den Dienst von Schiffsjungen versehen haben. In jenen Zeiten sollen Affen auch auf die Bäume geklettert sein, um die Früchte zu ernten, die der Gärtner nicht mehr erreichen konnte, und die Kinder

[1]Laut einer von einem Elektronenrechner aufgrund von Statistiken durchgeführten Untersuchung wird der Mensch in 250 Jahren im Durchschnitt 12 cm größer sein, keine Weisheitszähne mehr besitzen, fast doppelt so intelligent sein und nur noch vier Zehen haben, da der kleine Zeh vollkommen rückgebildet sein wird.

Primaten von Ica, halb Mensch, halb Saurier.

beaufsichtigt haben. Ja, zur Zeit des zweiten thebanischen Reiches »verstanden die Affen, die von Äthiopien eingeführt wurden, was man sagte und waren nach Aussage der Schuldiener gelehriger als die ägyptischen Schüler«.[1]
Und im *Dictionnaire du XIXe siècle* heißt es: Das Altertum kannte unter dem Namen *cebus* eine Affenart, die es unter die Satyre einreihte, und von der Plinius folgendes berichtet: »Bei den Spielen des großen Pompejus war auch das äthiopische Tier namens *cebus* vertreten, dessen Hinterbeine Men-

[1] *Dictionnaire de la Civilisation Egyptienne*, hrsg. v. Fernand Hazan, S. 268, 269

schenbeinen und dessen Vorderfüße Menschenhänden ähneln. Seit damals jedoch sind solche Tiere in Rom nicht mehr gesehen worden.« Und auch Pythagoras spricht von einem höherentwickelten Affen, der am Ufer des Roten Meeres lebte und *kêpos* genannt wurde. Wenn das nicht Grund genug ist, die Menschwerdungsgeschichte wieder aufzurollen!

Ameghinos Homunculus patagonicus

Im 19. Jahrhundert verfocht der argentinische Paläontologe Florentino Ameghino mit wechselndem Glück die These, Südamerika sei die Wiege der Menschheit.
Zu dieser Zeit schwor das Gros der Prähistoriker noch auf Asien. Heute dagegen ist es Afrika: Der erste *irdische* Mensch soll der schwarzen Rasse angehört haben – was im übrigen durchaus möglich ist, wenngleich die Hominiden und die Menschen des alten Ica Wasser auf die Mühle Ameghinos sein dürften. Ihm zufolge hatten unsere im Tertiär in Südamerika auftretenden Vorfahren Tiergestalt und waren noch kleiner als wir: Der *Homunculus patagonicus* stammte von noch primitiveren Hominiden ab und bildete seinerseits den Ausgangspunkt für die Entwicklung einer Grundform, die sich im Laufe der Zeit in den Menschen und den anthropomorphen Affen aufspalten sollte.[1]

[1]Zur Klärung der oft willkürlich gewählten Terminologie hier einige Begriffe aus der Prähistorie:
- Primaten: eine Ordnung der Säugetiere, die die Halbaffen, Affen und menschlichen Urformen mit einem den anderen Fingern gegenüberstehenden Daumen umfaßt.
- Homunculus: kleiner Mensch, Menschlein. Noch nicht vollentwickelte menschliche Urform.
- Hominiden: höherentwickelte Primaten wie der fossile und der Neuzeitmensch.
- Homo: der fossile und der Neuzeitmensch.

Dr. Cabrera in seinem Museum. Rechts von ihm das Bild seines Vorfahren, Don Jeronimo, der die Stadt Ica gründete.
Unten links: der Stein mit dem Kaiserschnitt.

Zwischen dem *Homunculus patagonicus* und dem Menschen nimmt der argentinische Paläontologe eine Reihe von Zwischengliedern an: die *prothomos* (Vormenschen). Dabei stützt er sich auf einige Knochenfunde auf dem Monte Hermoso (bei Buenos Aires), darunter einen Oberschenkelknochen und einen Halswirbel. Ameghino zufolge hätte dieser südamerikanische *homo* nach der Entstehung der Landenge von Panama Nordamerika besiedelt und wäre von dort über die Behringstraße bis nach Asien vorgedrungen. Die mongolische oder gelbe Rasse wäre demnach ein Zweig des *Homo americanus,* und die Besiedlung Europas über die Kontinentalbrücke erfolgt, die Europa zu Beginn des Pleistozäns (des älteren Quartärs) noch mit Kanada verband.

Kaiserschnitt mit Narkose

Als Chirurg ist Dr. Cabrera zu Recht stolz auf seine Steine, die nicht nur die biologischen Kenntnisse unserer höherstehenden Vorfahren beweisen, sondern darüber hinaus, so unglaublich das klingt, die Chirurgie von morgen vorwegnehmen.

Natürlich konnten wir im Laufe des kurzen Nachmittags, den wir in Dr. Cabreras Musem verbrachten, nur einen oberflächlichen Eindruck von den 11 000 gravierten Steinen verschaffen. Aber ein glücklicher Zufall wollte es (und man fragt sich, ob das nicht ein Hinweis auf die physische Überlegenheit der angeblich leblosen Materie ist), daß wir, eigentlich nur bestrebt, unseren Gastgeber mit dem Bild seines Ahnen zu fotografieren, ohne es zu wollen einen Stein mit aufs Foto brachten, dessen Bedeutung uns erst später aufging: die Darstellung eines Kaiserschnittes, der, so versichert Dr. Cabrera, vor 60 Millionen Jahren durchgeführt wurde!

1. Phase: Der Chirurg tastet die auf dem Bett liegende Patientin ab. Das im Mutterleib sichtbare Kind trägt noch keine Hose. Neben der Patientin liegt das Messer, mit dem die Operation durchgeführt werden soll: Das Metallblatt ist mit drei Nieten im Griff festgehalten.

2. Phase: Die Frau mit einer stark geschwungenen Hakennase liegt nackt vor dem Chirurgen, der sie in der klassischen Technik operiert. Offensichtlich jedoch vermischen sich, in der für Mayas und Inkas charakteristischen Weise, Gegenwart, Vergangenheit und Zukunft. So öffnet der Arzt den Bauch der Patientin mit einem in der linken Hand gehaltenen Messer, während er mit der rechten das Kind bereits herauszuziehen scheint . . . das mit einer Hose bekleidet ist! Gerade dieses Detail aber wird häufig ins Treffen geführt um darzutun, daß der Mann, der diesen Stein gravierte, im 16. Jahrhundert gelebt haben muß, als die Kirche die Nacktheit als Sünde abstempelte.
Man beachte auch den Luftstrom aus dem Mund der Frau, der anzeigt, daß sie noch lebt.

3. Phase: An der Geburt nimmt ein Dämon oder seltsames Lebewesen, halb Mensch, halb Stegosaurus, teil, bei dem es sich jedoch offensichtlich nicht, wie bei dem Angriff auf den Dinosaurier, um einen Primaten handelt: Das Wesen trägt eine Art Lendenschurz, der ihm trotz der an einen Stegosaurier erinnernden Knochenplatten auf dem Rücken ein gewisses menschenähnliches Aussehen verleiht.
Die Kranke hat einen Schlauch mit einer Art Gummigebläse im Mund, was zur Beatmung, zur Sauerstoffzufuhr oder zum Einträufeln einer Flüssigkeit gedacht sein mag. Auf jeden Fall aber handelt es sich um ein Gerät, das einen guten Ablauf der Operation gewährleisten soll.
Alles in allem besteht einiger Grund zu der Annahme, daß die Operierte unter Narkose steht.

Die Technik unserer Vorfahren

Da, wo Dr. Barnard scheiterte, wo die besten Spezialisten aus Frankreich, Amerika, England und Deutschland nicht mehr weiter wissen, scheinen die prähistorischen Chirurgen noch immer positive Resultate erzielt zu haben. Den Steinen von Ica zufolge jedenfalls verstanden sie sich vor Tausenden, wenn nicht vor Millionen von Jahren bereits auf Nieren-, Herz-, ja sogar auf Gehirntransplantationen.

Nun ist es allerdings nicht an uns, eine gelehrte Meinung zu diesem Thema zu äußern, weshalb wir uns auch mit einer Beschreibung der einschlägigen Ritzzeichnungen von Ica begnügen wollen. Ein sachkundiges Gutachten mag und wird Dr. Cabrera liefern, der als ausgezeichneter Chirurg und hervorragender Prähistoriker dazu ja geradezu berufen scheint. Sicher wird sein Buch zu einem Meilenstein in der Geschichte der Menschheit. Soviel aber können wir bereits hier sagen: Unserem Lehrmeister und Freund wird es in diesem Werk in erster Linie um den Unterschied zwischen den angewandten Techniken zu tun sein. Verpflanzen die klassischen Chirurgen unserer Zeit wie Chris Barnard nur die beiden Herzkammern und das Herzohr, so transplantieren die prähistorischen Chirurgen zur Zeit unserer höherentwickelten Ahnen dagegen, wie wir anschließend in vierzehn erstaunlichen Bildern sehen können, das ganze Herz samt seinen Vorhöfen, den großen Arterien und Venen.

Herztransplantation in 14 Bildern

Wie in einem 1971 erschienenen Buch[1] bereits berichtet, wurden 1969 in Sowjetisch-Zentralasien an acht Skeletten (so sagt jedenfalls der »Bericht der wissenschaftlichen Marmadschaidschan-Expedition«) Spuren eines chirurgischen Eingriffes an den Knochen am Rande des Brustkorbs gefunden. Nach der Dicke der Knochenhaut zu schließen, war die wohl vor 100 000 Jahren durchgeführte Operation, bei der es sich laut Professor Leonidow Marmadschaidschan um eine Rippenresektion mit Herztransplantation handelte, erfolgreich verlaufen.

Eben diese Operation ist in allen Einzelheiten auf rund zwanzig Steinen aus Dr. Cabreras Bibliothek dargestellt.

Professor Bohn stützt Dr. Cabrera

Wie viele Ritzzeichnungen beweisen, besaßen unsere höherentwickelten Vorfahren von Ica also recht beträchtliche biologische Kenntnisse und waren durchaus imstande, Herztransplantationen durchzuführen.

Aus den die Operation einleitenden Maßnahmen sowie den Besonderheiten der Operation selbst entnahm Dr. Cabrera, daß die Ica-Ärzte die Abstoßung wahrscheinlich durch bestimmte Eigentümlichkeiten, die das Blut von Schwangeren auszeichnen, verhinderten. Dieses Blut besitzt nämlich ein antiabstoßendes Hormon, Voraussetzung für genetische Verträglichkeit, dessen Fehlen zum Abort führt. Umgekehrt

[1] Robert Charroux: *Vergessene Welten.* Auf den Spuren des Geheimnisvollen, Kap. IV: Hunderttausendjährige Skelette. Econ Verlag Düsseldorf, 1974.

kann gegen Ende der Schwangerschaft die Geburt durch eine plötzliche Entziehung dieses Hormons eingeleitet werden. Dieses Hormon nun sollte laut Dr. Cabrera zwischen dem dritten und fünften Schwangerschaftsmonat entnommen werden.
1934 bereits hatte Professor Bohn von der Sorbonne eine These vorgetragen, die die von Dr. Cabrera stützt: Bekanntlich ist der menschliche Organismus so gebaut, daß er gewaltsam eindringende Fremdkörper wie einen Dorn, eine Revolverkugel, eine Nadel abstößt. Dasselbe gilt laut Professor Bohn eigentlich auch für die Spermatozoen, das befruchtete Ei, ja sogar noch für den Embryo. Im Verlauf der Schwangerschaft jedoch wird diese Abstoßungstendenz überwunden, und zwar entweder dank einer dem Trophoblast zugeschriebenen besonderen Wirkung oder einer vorübergehenden Herabsetzung der Abstoßungstätigkeit des reticuloendothelen Systems.[1]
Welch erstaunliche medizinische Kenntnisse verrät also die Verwendung von Blut einer Schwangeren bei Organverpflanzungen! Unsere hochentwickelten Vorfahren waren wohl hervorragende Chirurgen, die sich durchaus auch eine Gehirntransplantation zutrauten – ein Eingriff, den heute nicht einmal die optimistischsten Chirurgen für möglich halten. Als aufsehenerregendste Großtat auf diesem Gebiet gilt momentan die 1974 durchgeführte Operation eines durch Aneurysmaruptur verursachten Blutergusses bei einer lokalen Vereisungsanästhesie von –28° C.
Bei unserem ersten Besuch im *primhistorischen Museum von Ica* hatten wir leider nur wenig Zeit, einmal, weil wir nicht auf

[1] Aus dem Trophoblast entwickeln sich Chorion und Plazenta. Die zweite These wird von den Amerikanern H. Nelson jr. und J. Edward Hall vertreten.

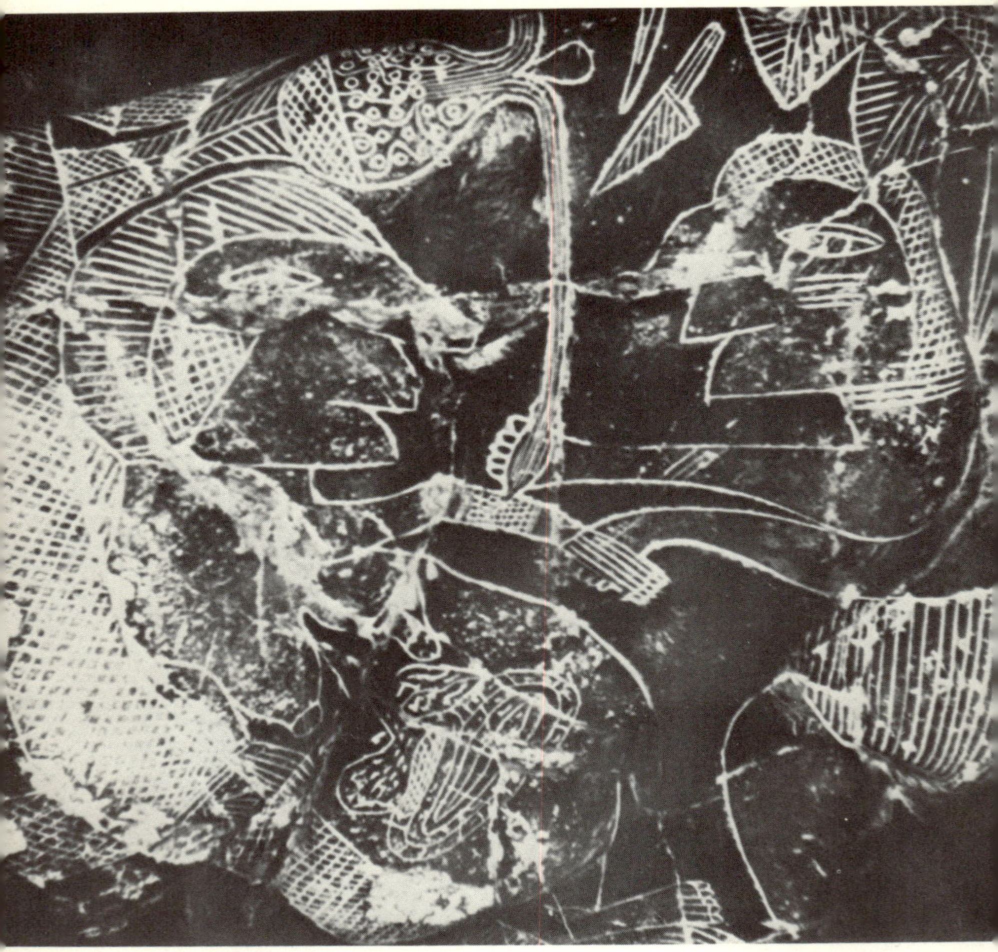

I – Blutentnahme

Der Chirurg rechts entnimmt einer, den starken Brüsten und geschwollenen Brustwarzen nach zu schließen schwangeren Frau Blut, dem offensichtlich die Kraft zugeschrieben wird, die Abstoßung des fremden Organs zu verhindern. Das Handgelenk der Frau ist abgebunden; durch eine in die Ateria radialis eingeführte Nadel wird das Blut mittels einer Pumpe über einen Schlauch in ein Gefäß abgesaugt und dort gesammelt. Die Darstellung des Blutes läßt auf Fachkenntnisse schließen, vorausgesetzt, die wellenförmigen Elemente im Gefäß stellen das Blutplasma dar und die kleinen runden Teilchen die roten Blutkörperchen.

Die Frau liegt auf einer Art Bett mit Beinen, das man sich

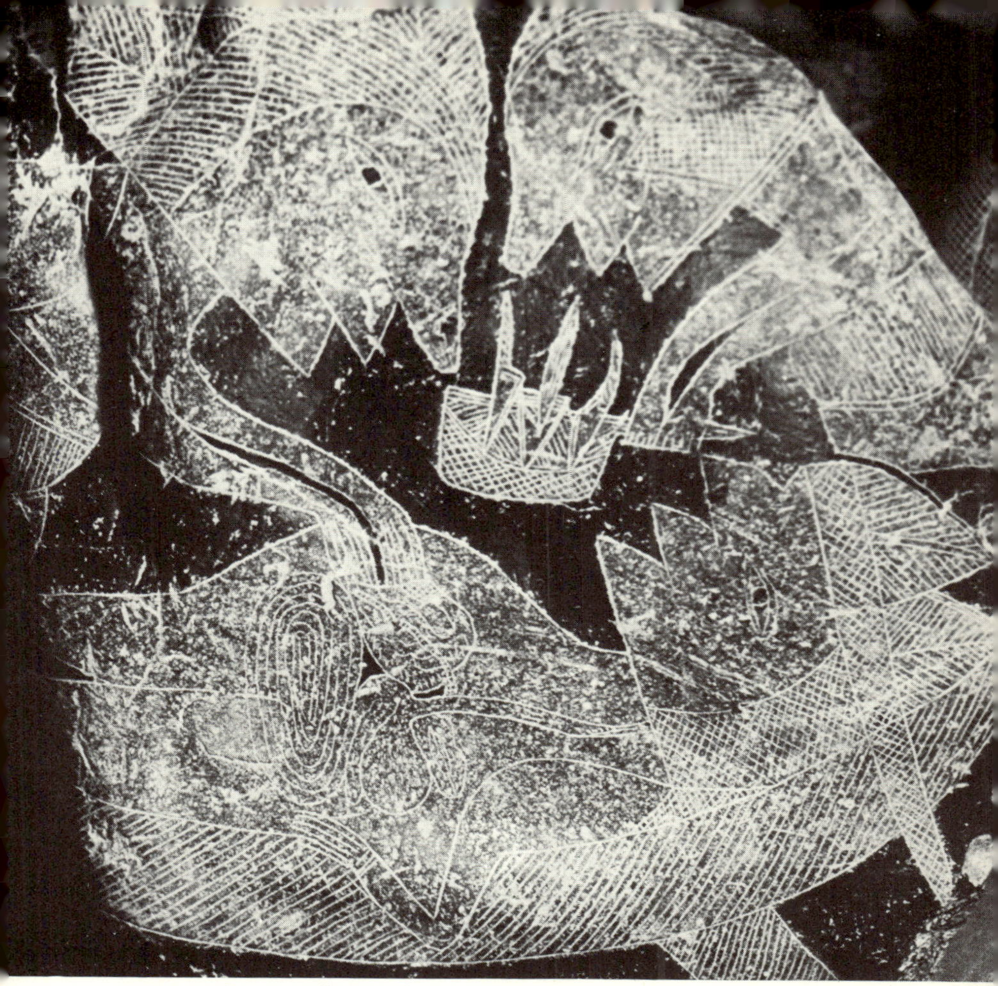

waagerecht vorstellen muß. Dann zeigt sich, daß der Arzt den Arm der Patientin hochhält und der Schlauch zum Sammelgefäß horizontal verläuft. Das Sammelgefäß seinerseits steht in einem Halter am Bettrand. Einzig der Chirurg nimmt eine sonderbare Haltung ein, die wohl durch Platzmangel zu erklären ist.
Als hätte er das zweite Gesicht – was nicht auszuschließen ist –, hat der Zeichner die Eingeweide der Frau mit dargestellt.

II – Operation am Spender
Der Spender liegt auf einem Operationstisch. Der Chirurg tastet das Herz ab, das er herausnehmen wird, während sein Assistent einen Behälter mit chirurgischen Instrumenten bereithält.

III – Extraktion des Herzens
Der Chirurg hat das mit dem Organismus noch durch die Aorta verbundene Herz bereits aus dem Brustkorb herausgenommen. Oben auf der Zeichnung die Hände des Assistenten mit chirurgischem Besteck.

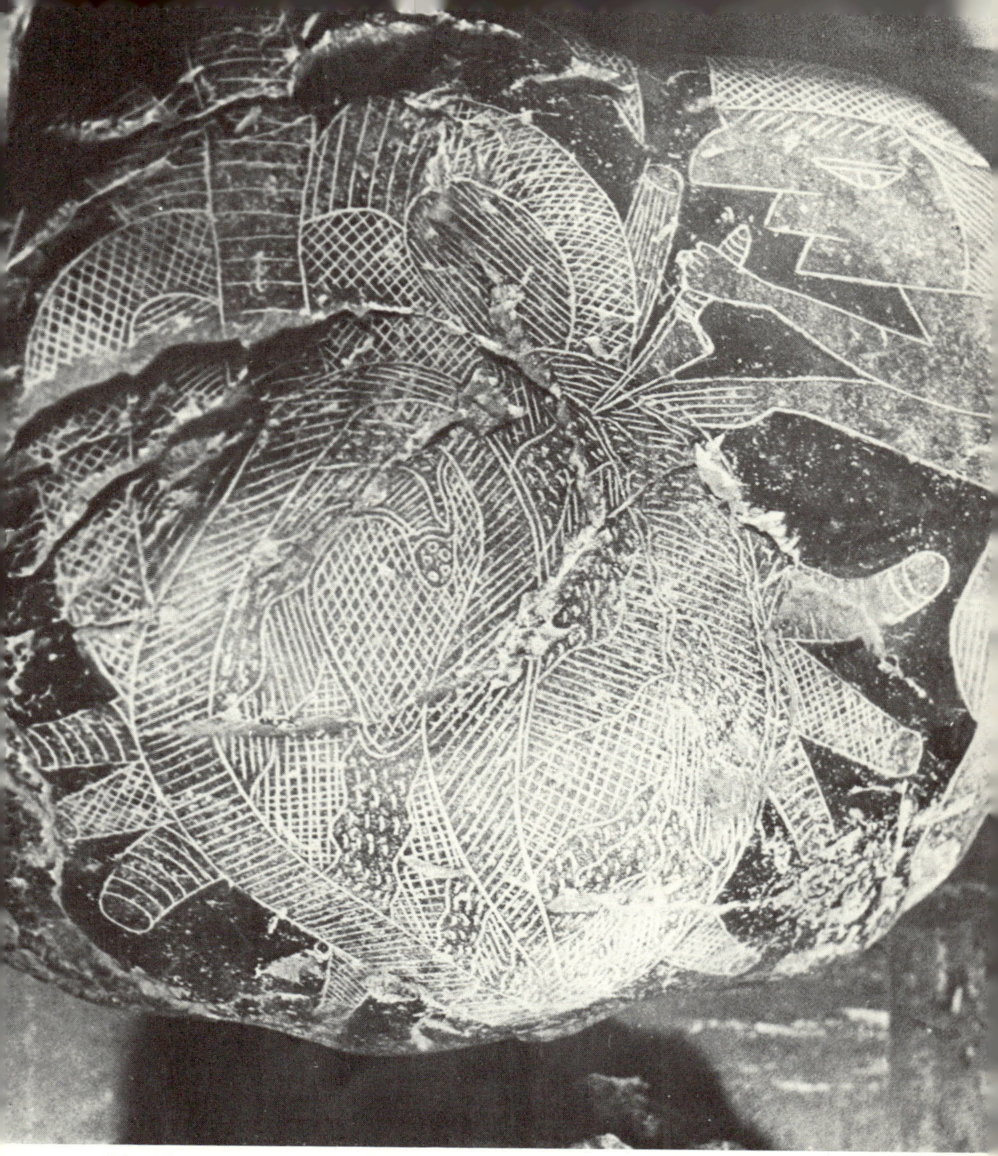

IV – Vorbereitung des Organs
Das Herz ist gänzlich herausgenommen. An den Blutgefäßen ist eine Vorrichtung angebracht, möglicherweise ein Verschluß, möglicherweise aber auch ein Durchspülungsapparat (der zwischen dem unteren Teil des Organs und dem Gefäß befestigt ist). Der Chirurg, der über ein ganzes Arsenal an Messern verfügt, ist gerade beim Säubern des Organs.

V – Blutübertragung
Der auf dem Operationstisch ausgestreckte Empfänger leidet offensichtlich an einer Herzmuskelentzündung (die kranke Stelle ist durch ein schraffiertes Oval auf der Herzoberseite angedeutet). Um ihn auf den Eingriff vorzubereiten und eine Abstoßung des fremden Organs zu verhindern, wird ihm das Blut einer Schwangeren injiziert. Zu diesem Zweck führt der Chirurg eine Nadel in eine Ader am rechten Handgelenk ein, das zuvor abgebunden worden ist. Wie schon auf den voraufgegangenen Ritzzeichnungen sind auch hier Herz, Speiseröhre, Magen und Eingeweide des Patienten abgebildet.
Der Empfänger atmet (ein Luftstrom kommt aus seinem Mund), was vielleicht andeuten soll, daß er nicht betäubt worden ist.

VI – Durchspülung des Herzens
Das Herz des Spenders wird mit arteriellem Blut der Schwangeren durchspült, das ihr mit Hilfe einer beim Knie des Chirurgen erkennbaren Apparatur entnommen wird und das Herz des Spenders auch während der folgenden Operationsphasen ernähren soll. Aus dem Mund der Frau entweicht nicht der geringste Lufthauch: offensichtlich eine Auswirkung der Anästhesie.

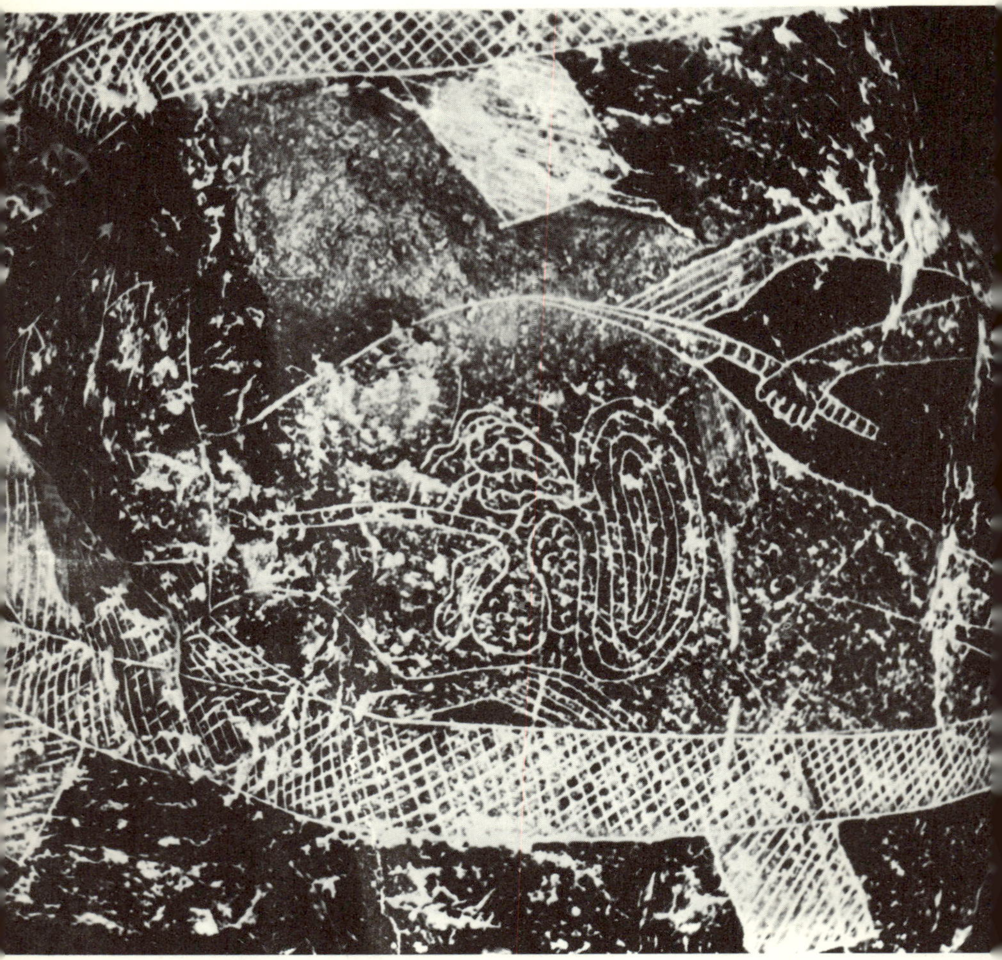

VII – Erste Phase der Transplantation
Der Chirurg schneidet den Bauch auf, erster Schritt der Operation. Offensichtlich hat der Zeichner auf allen Ritzzeichnungen wohl aus Platzgründen Brustkorb und Bauch zusammengelegt – eine Naivität, die darauf schließen läßt, daß er kein Chirurg, sondern lediglich eine Art Reporter war.
Unserer Ansicht nach besaßen die Herzchirurgen der damaligen Zeit durchaus die erforderlichen wissenschaftlichen Kenntnisse, um einen Patienten (womöglich mit Hilfe von Pflanzen) zu betäuben.

VIII – Entfernung des kranken Herzens mitsamt allen Gefäßen
Man beachte unter dem Operationstisch das Blatt, das mit dem Stiel zum Kopf des Kranken deutet – ein Zeichen, daß er noch am Leben ist.

IX – Der Chirurg hält das Herz des Spenders, das an eine Art Herz-Lungen-System angeschlossen ist. Der Empfänger scheint kurze Zeit ohne Herz zu bleiben. Die Erklärung hierfür findet sich womöglich auf anderen Steinen, die bislang noch nicht ans Licht gekommen sind. Vielleicht glückt es mit Hilfe von Antigerinnmitteln, vielleicht aber auch durch eine künstliche Drosselung der organischen Funktionen.

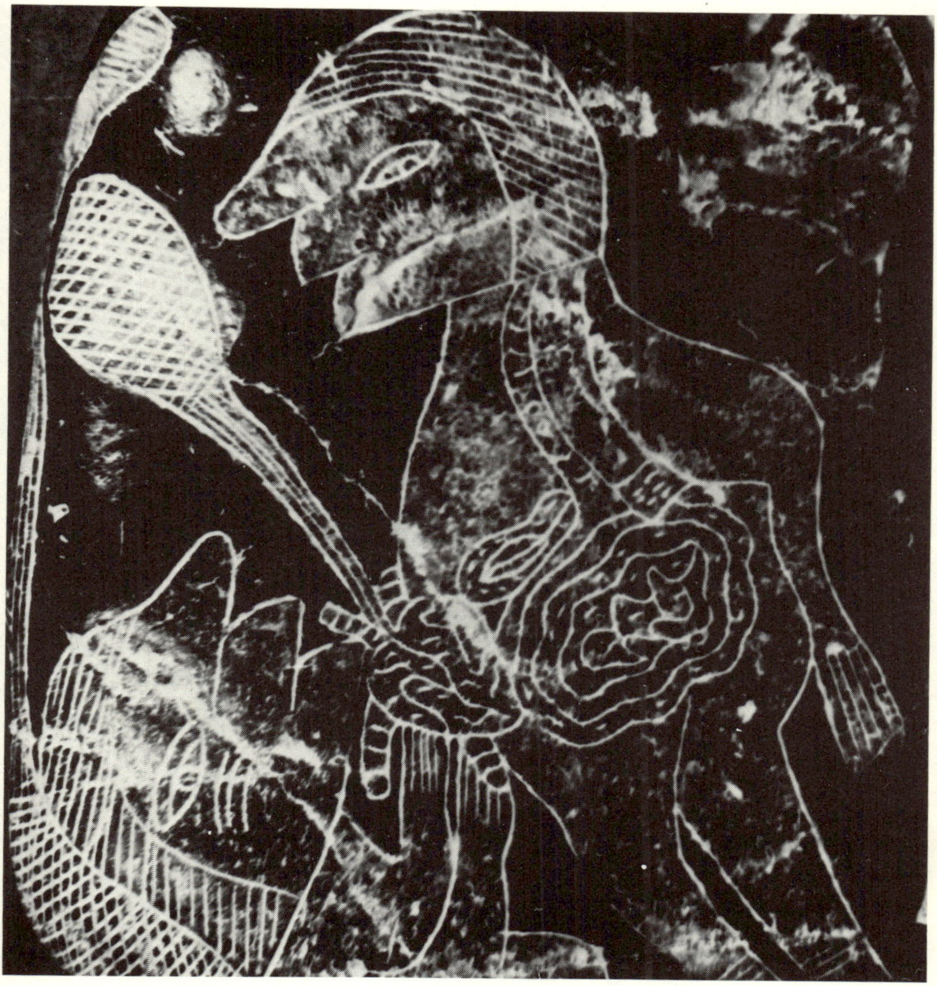

X – Einpflanzung des gesunden Herzens in den Brustkorb
Das Organ ist an einen Ballon angeschlossen und wird auf diese Weise mit dem Blut der Schwangeren ernährt.

XI – Einrichtung des Herzens
Das Herz wird immer noch durch Blutübertragung ernährt. Unten auf demselben Stein die erste Phase der Herztransplantation: die Öffnung der Bauchdecke.

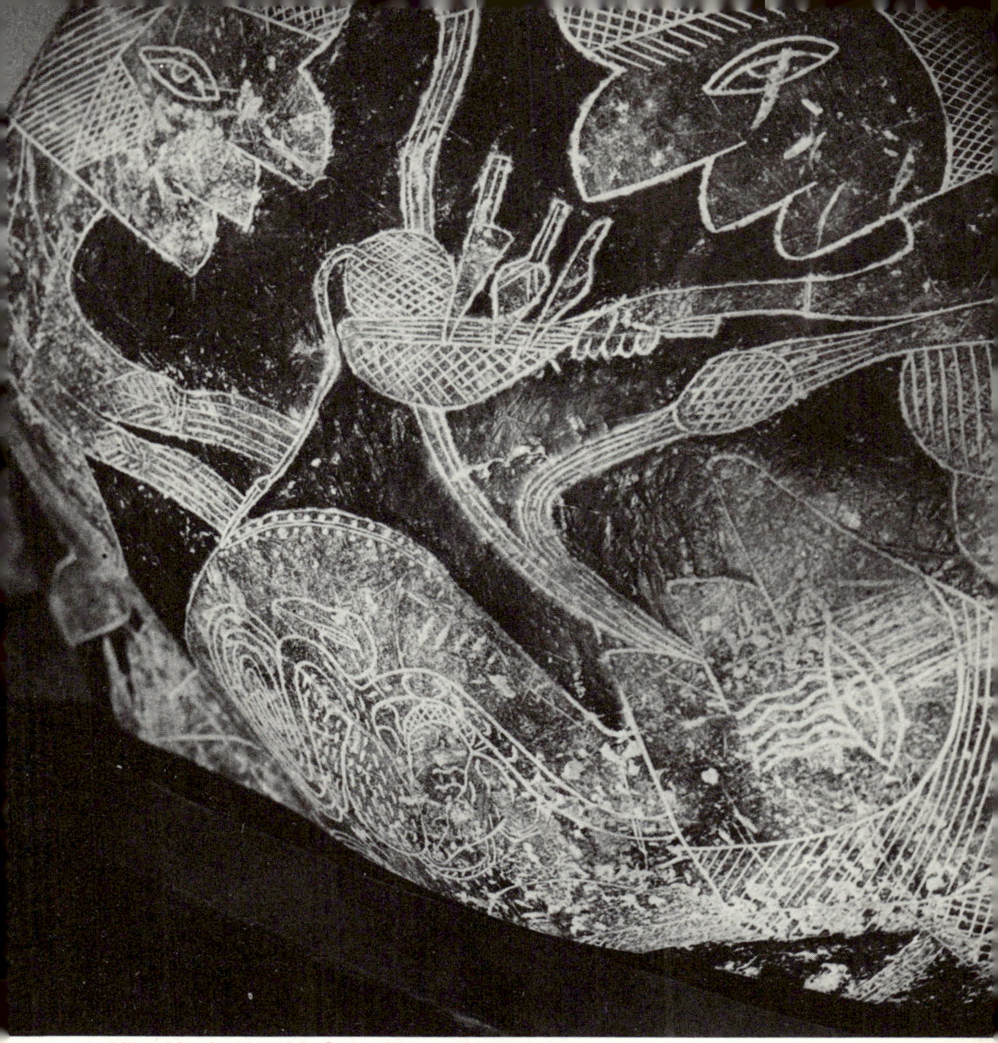

XII – Nach Abschluß der Transplantation

Der Arzt vernäht Bauchhaut und Brustkorb mit Nadel und Faden bzw. koaguliert sie mit dem Elektrokauter. Sein Assistent hält ein Gefäß mit Chirurgenbesteck. Mit der anderen Hand bedient er ein Gebläse, vermutlich, um den Patienten mit Sauerstoff zu beatmen. Zudem hängt der Kranke an einer Art Assistor, durch den womöglich allerdings auch eine Flüssigkeit eingeträufelt werden könnte.

Aber welche Bedeutung dieser Operation im einzelnen auch immer zukommen mag, eins jedenfalls steht fest: Der Zeichner war bei zahlreichen chirurgischen Eingriffen zugegen, auch wenn er nicht assistierte und bei der Beschreibung sogar den einen oder anderen Fehler begangen haben mag.

XIII – Versorgung nach der Operation
Die Operation ist, dem symbolischen Blatt unter dem Operationstisch nach zu schließen, geglückt. (Wenn der Patient gestorben wäre, würde der Stiel in die andere Richtung weisen – ein Symbolismus, der sich auf zahlreichen Steinen von Ica wiederfindet.)
Der Chirurg hat ein Stethoskop im Ohr, um die Herztätigkeit zu überprüfen. In der Hand hält er eine eingefädelte Nadel oder den Elektrokauter. Das Stethoskop soll (noch dazu nur in Holz) um 1800 von dem französischen Arzt Laennec erfunden worden sein. Das auf dem Stein dargestellte Instrument ist mehrere Jahrtausende alt und scheint mit Gummischläuchen ausgestattet zu sein.

XIV – Letzte Phase des Eingriffs
Der Chirurg entfernt wohl das Beatmungsgerät. Alles deutet darauf hin, daß die Operation geglückt ist.

eine solch wichtige Entdeckung gefaßt gewesen, und zum anderen, weil unser Flug zu dem berühmten archäologischen Ort San Agustin bereits gebucht war. So mußten wir eine eingehende Besichtigung all der Schätze bis zum nächsten Mal verschieben. (Dafür kehrten wir bereits im darauffolgenden Jahr, im März 1974, zurück.)

Doch ehe wir aufbrachen, schrieb ich Dr. Cabrera ins Goldene Buch:

Heute, am 29. April 1973, hat Doktor Cabrera ein Buch mit sieben Siegeln vor mir aufgeschlagen und mich einen Blick in die nahezu unglaubwürdige Vergangenheit der Menschheit werfen lassen. Diese Enthüllung, ja Offenbarung, wird nicht ohne Einfluß auf mich und meine Leser bleiben. Doktor Cabrera Darquea ist nicht nur der größte Entdecker des Jahrhunderts, sondern aller Zeiten. Sein steinernes Museum und seine Thesen werden in ein paar Jahren die Tür zum wahren *Wissen* aufstoßen, das uns bis jetzt durch die Verschwörung all der Fehlurteile verborgen geblieben ist. Ich wäre stolz, mich seinen Schüler nennen zu dürfen und möchte ihm an dieser Stelle meine ganze Bewunderung und Zuneigung aussprechen.

R. Charroux

Zeugen des Unglaublichen

Unsere Entdeckungen in Ica erschienen uns selbst so phantastisch, daß wir im Bewußtsein, wie schwierig es trotz unserer fotografischen Belege sein würde, die Prähistoriker, ja sogar ein wohlgeneigtes Publikum zu überzeugen, bei unserem zweiten Besuch am 11. März 1974 Monsieur Robert Laffont, unseren Verleger, und Monsieur Francis Mazière, den Herausgeber dieser Reihe, baten, mitzukommen. Beide Herren

Zwei Chirurgen bearbeiten die Kopfhaut des Patienten mit dem sonderbaren Instrument, das uns schon von der Herztransplantation her bekannt ist. Diesmal jedoch hat das Gerät zwei Arme mit Gelenken. Trotzdem dürfte es sich um einen Elektrokauter handeln oder, der weißgepünkelten Zone nach zu schließen, wahrscheinlicher noch um einen mechanischen Wundenvernähapparat.
Die Zeichnung ist offensichtlich äußerst stark schematisiert, und zwar vom Einfachsten (Bett und Bekleidung der Ärzte sind gerade noch angedeutet, Binden fehlen überhaupt) bis zum Wichtigsten, der Operation und dem chirurgischen Werkzeug.

Der Patient liegt auf einem Bett oder Operationstisch, der Schädel ist kahlrasiert, und der Chirurg scheint einen Einschnitt mit dem Messer vorzunehmen. Das gewundene Häufchen hinter seinem Rücken läßt darauf schließen, daß er etwas herausgenommen hat.

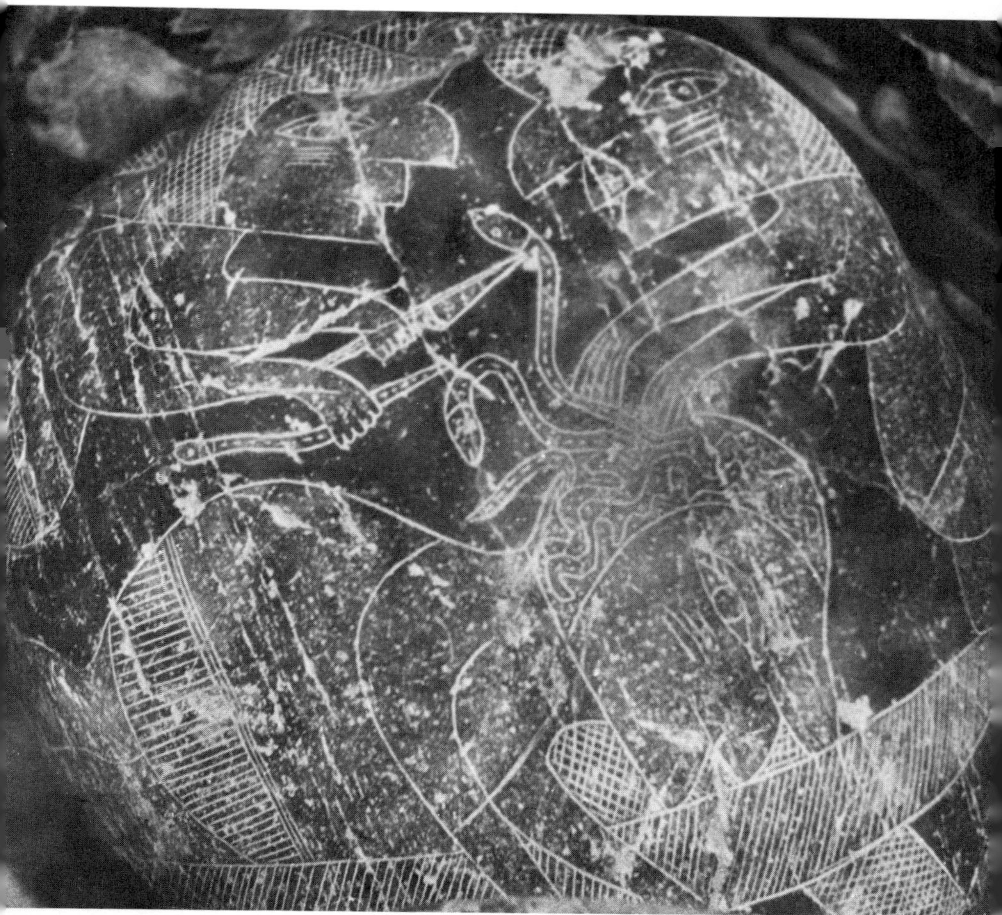

Hier ziehen Chirurgen Schlangen aus dem Schädel eines Kranken (zweifellos eines »Besessenen« oder Verrückten). Der Glaube, daß Würmer, Schlangen, Steine etc. bestimmte Krankheiten verursachen, entbehrt nicht jeder Grundlage, sind doch die Viren durch eine verzerrte traditionelle Überlieferung nicht selten zu Würmern oder gefährlichen Reptilien geworden. Ähnlich nahe liegt es, bei Arterienverkalkung, Blasen- und Nierensteinen an Steine überhaupt zu denken.
Trotzdem bleibt es befremdlich, daß sich in einer wissenschaftlich so fortgeschrittenen, bereits Organtransplantationen durchführenden Zeit der Aberglaube an Schlangen noch halten konnte.

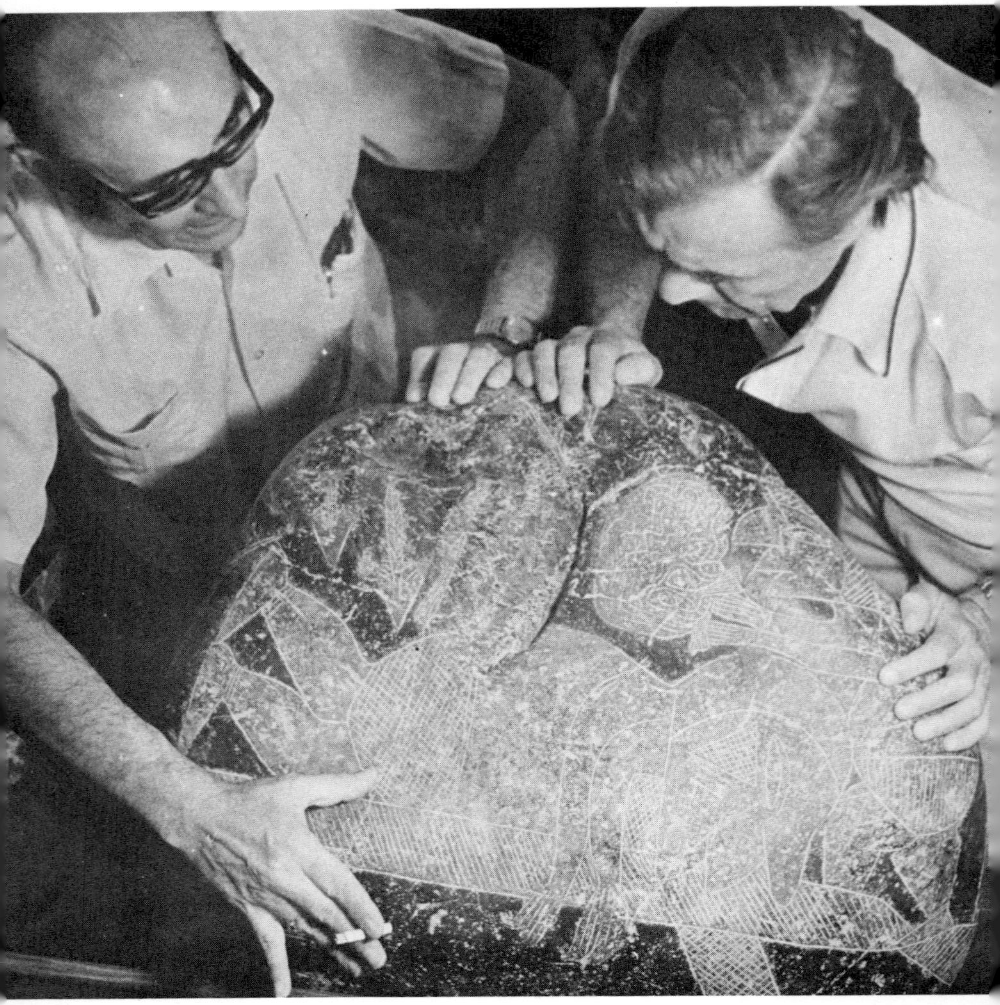

Dr. Cabrera und Francis Mazière bei der Betrachtung eines großen Steines, der eine Gehirnverpflanzung schildert.

konnten sich zwei Tage lang in Dr. Cabreras Museum völlig ungestört umsehen. Ebenso begleiteten uns beide am 14. zu den *pistas* der Pampa von Nazca und am 15. zum *Candelabro de los Andes.*

In Ica waren übrigens noch weitere Zeugen anwesend: Oberst Omar Chioino Carranza, Direktor des aeronautischen Museums von Peru, und Monsieur Edmond Borit von Ica, die uns auch zu den anderen Sehenswürdigkeiten begleiteten.

Darüber hinaus können wir noch Professor Alejandro Pezzia, Konservator des Museums von Ica, der selbst rund fünfzig Steine besitzt, Alain Elias, unseren *ingeniero agrónomo,* und Monsieur J. J. P. Van Hemelrijck, Direktor des Hotels Turista, als Zeugen angeben.

Nach der Besichtigung sagte Oberst Omar Chioino Carranza abschließend: »In diesem Museum befinden sich mindestens 20 000 Steine, wahrscheinlich sogar weit mehr. Sie sind sehr alt, und wir sehen nicht den geringsten Anlaß, an ihrer Echtheit zu zweifeln« – womit er gewiß die Meinung aller Beteiligten traf.

II. DIE VERSCHWÖRUNG DER RECHTGLÄUBIGEN

Nach achtjähriger unermüdlicher Forschungstätigkeit hat Dr. Cabrera eine These aufgestellt, die von der üblichen Meinung der Prähistoriker entschieden abweicht, über kurz oder lang aber die offizielle Lehrmeinung verdrängt haben wird.
Für Dr. Cabrera nämlich stammt der Urmensch nicht vom Affen ab, sondern stellt eine selektive Mutation vom Stamm der Primaten dar, von jenem Stamm also, der am Ursprung der intelligentesten biologischen Tiergruppe steht. In seinen Augen ist das Auftauchen des Menschen in der irdischen Evolutionsgeschichte ein absolut einmaliges Abenteuer.

Eine Menschenrasse mit Kaulquappenschwanz

Dieser primitive Mensch nun hatte, wie uns die Steine von Ica lehren, einen langen, dünnen Daumen, eine langgezogene Schnauze und einen bis zum Boden reichenden Schwanz und wurde – hier gehen die Meinungen allerdings auseinander – von intelligenteren und überlegenen Extraplanetariern in die Schule genommen. Dr. Cabrera verwirft diese Annahme, wenn er sie auch nicht für ausgeschlossen erklärt. Wir dagegen schließen uns unserem Freund und Meister in diesem Punkt ausnahmsweise nicht an, hieße das doch gleichzeitig die Mythologien oder richtiger, was hinter ihnen steht, und die Wahrscheinlichkeitsrechnungen der fortschrittlichsten Astronomen unserer Zeit bestreiten.
Der amerikanische Physiker Murray Gell-Mann zum Beispiel hält aufgrund der in der Astronomie und Physik verzeichneten Fortschritte die Existenz außerirdischer Kulturen für durchaus möglich; Professor Guérin veranschlagt die Zahl der intelligenten Gesellschaften in unserem Milchstraßensystem sogar auf 500 000, von denen uns die meisten in

Wissenschaft und Technik um Millionen, ja Milliarden Jahre voraus sind, während nur rund 1000 auf unserem Niveau bzw. darunter stehen; und was das Problem der mysteriösen leuchtenden Himmelsmaschinen angeht, so scheint die allgemeine Meinung mehr und mehr geneigt, darin Versuche außerirdischer Völker zu sehen, mit uns Kontakt aufzunehmen. Wie der Amerikaner Dr. Emerson W. Schildeler sagt: »Die UFOs (nicht identifizierte Flugobjekte) stammen ganz gewiß nicht alle von unserer Erde, eine Ansicht, die laut Aufstellung der Revue Bufoi[1] auch seine Kollegen Dr. Allen Hynek, der Direktor des Dearborner Observatoriums (Illinois), sowie die amerikanischen Dozenten und Universitätsprofessoren Dr. Robert Creegan, Dr. Leo Sprinkel, Dr. John Munday, Dr. Frank Salisbury u. a. teilen; alles Wissenschaftler, die 1971 an einer einschlägigen, an der Universität Arizona abgehaltenen Konferenz teilnahmen.
Von dieser Meinungsverschiedenheit abgesehen, teilen wir jedoch Dr. Cabreras Meinung, daß der primitive Mensch im Grunde dem eingeborenen Erdenmenschen sehr ähnlich war und unser Problem letztlich gar nicht so sehr um die überlegenen Vorfahren kreist als vielmehr um die Frage, wann auf unserem Planeten der *Homo sapiens* erstmals auftauchte.

Der Mensch ist vor 30 Millionen Jahren entstanden

Der Mensch ist keineswegs, wie man uns bis heute hat glauben machen wollen, erst vor 1 Million Jahren entstanden. Mittlerweile hat man nämlich in Kenia, östlich vom Rudolf-See, über 2 800 000 Jahre alte Skelettreste gefunden und wird

[1] *Bufoi,* 13 Berkenlaan – 2610 Wilrijk-Antwerpen.

zweifelsohne, wo auch immer, noch weit ältere Spuren des *Homo habilis* oder *sapiens* entdecken.

Bis jetzt galt folgende »klassische« Datierung:

Ramapithecus: Primaten auf dem Weg zur Hominisation – vor 14 Millionen Jahren;

Australopithecus: bereits ein Mensch; grobe Werkzeuge – vor 5 Millionen Jahren;

Keniamensch: immer noch grobe Werkzeuge – vor 2 800 000 Jahren;

Homo habilis: wohl geformte Werkzeuge – vor 2 000 000 Jahren;

Homo erectus: völlig aufrechter Mensch, und physisch bereits ähnlich – vor 1 000 000 Jahren[1];

Homo sapiens: Neuzeitmensch (Neandertaler) – vor 80 000 bis 100 000 Jahren, nach Meinung mancher vor 200 000 Jahren.

Neuerdings jedoch gehen wirklichkeitsbezogenere Prähistoriker und Antropologen ein gutes Stück weiter. So setzt Professor A. Delmas von der Académie de médecine in Paris den ersten Menschen vor mindestens 30 Millionen Jahren an. Zur Begründung seiner These führt er an, daß sich unsere aufrechte Haltung erst nach Jahrmillionen wirklich fest hat einbürgern können; unsere Hintergliedmaßen nicht so kurz und unsere Arme nicht überlang sind wie beim Affen; und sich überdies auch unser Schädel in Form, Lage und Volumen grundlegend von dem des Affen unterscheidet. Zum Schluß seiner Ausführungen schreibt er: »Die Vierbeinigkeit, die Fähigkeit, sich schwingend und hangelnd von Ast zu Ast fortzubewegen und die Zweibeinigkeit scheinen nicht als

[1]Diese Angaben sind jedoch bereits überholt. 1971 hat Professor Bryan Patterson von der Harvard Universität in Lothagam (Kenia) Knochen eines Menschen gefunden, der schon aufrecht ging.

Stufenfolge der Evolution gelten zu können, sondern eher als sehr frühe und ziemlich ausschließliche *Spezialisierungen.*«[1]

Bewohner anderer Sterne

Aufgrund dieser Sicht glauben wir uns auch bei unseren von den Prähistorikern verworfenen Thesen auf Professor Delmas berufen zu können:

- daß es, wenn es seit 30 Millionen Jahren Menschen auf der Erde gibt, gewiß schon sehr fortgeschrittene Kulturen gegeben haben muß, die im Lauf der Zeit leider geologischen Katastrophen zum Opfer gefallen sind;
- und daß wir höherentwickelte Vorfahren gehabt haben. Das jedenfalls scheint uns die wahrscheinlichste Hypothese, wenn wir deshalb auch nicht (sowenig wir daran glauben) die Existenz einer vorsintflutlichen Erde ohne eine eingeborene Form des *Homo sapiens* völlig ausschließen wollen.

Besagte frühere Kulturen aber lassen sich eigentlich nur durch die Einbürgerung oder Einmischung von Menschen von einem anderen Planeten erklären. Doch gleichviel, ob Einbürgerung oder Einmischung, dieser *Homo princeps,* der erste von allen, muß vor Millionen und aber Millionen Jahren von einem räumlich wie zeitlich fernen, zweifelsohne sogar außerhalb des uns bekannten Universums gelegenen Stern gekommen sein.

[1]Dr. Carl Johanson, Paläontologe an der Universität Cleveland, hat in der Nähe des Dorfes Dessye (Provinz Ouallo, Äthiopien), 300 km nordöstlich von Addis Abeba, die versteinerten Knochen eines Menschen gefunden, der bereits vor über 3 Millionen Jahren *aufrecht* ging.

Das freilich heißt die überholten Theorien der Prähistoriker mit einem Streich vom Tische fegen und verpflichtet uns deshalb auch, unsere Sicht der Vergangenheit und unsere Auffassung vom Unterschied zwischen Tier und Mensch[1] etwas ausführlicher darzulegen. Diese Darlegung aber wird den Leser überzeugen, daß wir unsere phantastische »Primhistorie« ganz zu Recht an die Stelle der versteinerten Prähistorie setzen.

Vielsagende Spuren

Dreitausendjährige heilige Bücher aus Indien, den nordischen Ländern und unserem keltischen Abendland bezeugen, unterstützt von Überlieferungen und Schriften, die von Platon bis Eugène Beauvois[2] reichen, daß unsere Vorfahren hochzivilisierte Wesen gewesen sein müssen, die ebenso großartige, ja in manchem wohl sogar noch fortgeschrittenere Kulturen geschaffen haben als wir.
Doch leider haben diese Menschen früher Zeiten nur wenige, oft doppeldeutige, leicht verwischbare Spuren hinterlassen, denen ihre »gelehrte« Aufmerksamkeit zu widmen die sogenannten klassischen Prähistoriker natürlich verschmähen. Zwar ist aus Überlieferungen und Darstellungen längst bekannt, daß in Mexiko, Phönizien und im assyrisch-babylonischen Reich vom Planeten Venus stammende Götter herrschten. Und aus alten indischen Schriften (Mahavira, Drona

[1]Der grundlegende Unterschied zwischen Mensch und Tier dürfte wohl in der Fähigkeit, vorauszuschauen und vorauszuplanen liegen, die beim Menschen, der ja seinen Geist dem Zeit-Raum-Kontinuum besser anzupassen versteht, zweifellos stärker ausgeprägt ist als beim Tier.

[2]Eugène Beauvois, hervorragender traditionalistischer Schriftsteller. Man lese vor allem sein 1907 erschienenes Buch *Le Paradies de l'Atlantique.*

Parva) weiß man, daß die Götter einen regelrechten Atomkrieg gegeneinander führten, eine Art Flugmaschine benutzten, um sich in die Luft und bis zu den Sternen zu erheben, astronomische Observatorien kannten und die heikelsten chirurgischen Operationen durchführten. Für die Doctores der »wahren« Wissenschaft aber ist das alles Unsinn, Einbildung!

In Mexiko, in Palenque, wurde eine Steinplatte gefunden, die eine von einem Kosmonauten gesteuerte Raumrakete darstellt, in Tibet, in den Höhlen von Bajan-Kara-Ula, steinerne Schrifttafeln und schallplattenartige Steinteller, die laut der Übersetzung von Professor Tsum-Um-Nuis von der Prähistorischen Akademie Peking von früheren Astronauten hinterlassen worden waren – wieder nichts als Einbildung!

Und mit derselben sittsam-züchtigen Verachtung tun die archäologischen Oberpriester Tiahuanaco, die elektrische Kondensatorenlade Mose und die elektrische Lampe, die den Rabbiner Jechielé zur Zeit Ludwigs des Heiligen erleuchtete[1], als unsinnige Spekulationen ab, denn eine Kultur erkennt man nur an und nach ihren Dokumenten, Bauten, gravierten Steinen, kurzum, nach ihren wissenschaftlich verwertbaren Zeugnissen.

Dennoch wagen wir noch zu fragen: Und Atlantis?

Ein Traum, geboren aus dem Bedürfnis der Menschen, sich höhere Ahnen zu erfinden; jedenfalls, sofern es die Atlanter tatsächlich gegeben haben sollte, hindert uns nichts daran anzunehmen, daß sie eine höhere Kultur und Wissenschaft hatten als wir.

[1] Vgl. dazu unser *Livre des Secrets Trahis* (Buch der Verratenen Geheimnisse), Kap. II, Verbrannte prähistorische Städte; Kap. III, Atomexplosion in der Mongolei, Sodom; *Histoire inconnue des Hommes depuis 1 000 000 ans* (Unbekannte Geschichte der Menschheit seit 1 000 000 Jahren); Kap. VIII, Atomkrieg in Indien – Eine elektrische Lampe unter Ludwig dem Heiligen – Die Kondensatorenlade der Bibel, etc.; *Die Meister der Welt,* Kap. XVI.

Im übrigen haben diese strengen Rationalisten nicht in allem so ganz unrecht. Wir müssen zugeben, daß keine dieser alten Kulturen – weder die ägyptische noch die der Inkas noch die von Mexiko oder Lepenski Vir oder Medzamor, ja nicht einmal die der Steine von Ica – nachweislich die Stufe des Handelsflugzeuges, des Autos, der Eisenbahn, der Kybernetik etc. erreichte. Dagegen steht allerdings, daß in jüngster Zeit bei Bimini vor Florida[1] Überreste *untergegangener, versunkener* Städte gefunden wurden und man wohl mit Fug und Recht auf weitere solche Funde hoffen darf.

Eine schmerzliche Wahl: Christentum oder Archäologie

Unbeugsam und giftig haben Archäologen, Geologen und Prähistoriker alles in Bann getan, was ihnen nicht in den Kram paßt. Als rechtgläubige Christen beteuern sie zwar lautstark, an die Sintflut und Jesus Christus zu glauben; in die Enge getrieben aber geben sie hinter vorgehaltener Hand unter dem Siegel der Verschwiegenheit zu, mit den christlichen Mären nicht viel anfangen zu können.[2] Natürlich darf das dem Herrn Bischof und der besitzenden Bürgerschicht, die für Ordnung in der Politik und für Beförderung in der Verwaltung sorgen, nicht zu Ohren kommen!

[1] Vgl. *L'histoire commence à Bimini* (Die Geschichte beginnt in Bimini) von Pierre Carnac, Ed. Robert Laffont.

[2] Im übrigen muß man hier genau unterscheiden. Die Sintflut wird von allen alten Völkern und Überlieferungen bezeugt, s. *Mondes en Collision* von Immanuel Velikovsky (Ed. Stock), wohingegen bei Jesus Christus gerade die Nichtexistenz durch ägyptische Papyri bewiesen wird, die, obwohl 1500 Jahre vor dem Erscheinen des Messias abgefaßt, bereits dieselben Einzelheiten berichten wie die Evangelien. Vgl. *Le Livre du Passé Mystérieux* von Robert Charroux (Ed. Robert Laffont), Kap. XIX.

Nun ist es wohl auch für einen waschechten Prähistoriker nicht immer ganz einfach, gleichzeitig zu glauben, daß der Mensch ein Geschöpf Jehovas ist und von einem Anthropoiden abstammt; daß die Sterne einzig zu dem Zweck, unsere Erde zu erleuchten, erschaffen wurden und daß unser Erdball eine winzige, unbedeutende Partikel in einer Sternenanhäufung ist; daß das Universum vor 16 000 Jahren von Gott erschaffen wurde und daß es Milliarden von Jahren früher durch einen großen Knall entstand; daß unser erster Vorfahr, ein gewisser Adam, das Paradies auf Erden bewohnte und gleichzeitig ein so armer Teufel war, daß er sich vor der ihm feindlichen Umwelt und den darin auf ihn lauernden Gefahren fürchten mußte.
Doch was macht's! Unsere Apostel werfen sich in die Brust und erklären mit professoralem Ton: Die Menschen der Vorgeschichte haben mit Tierfellen bekleidet in Höhlen gelebt und vor rund 3500 Jahren die Bronze erfunden. In dieser Überzeugung sind sie auch nicht durch Entdeckungen wie die bereits vor 10 000 Jahren erbauten Dörfer von Lepenski Vir (Jugoslawien) oder die aus derselben Zeit stammenden Fabriken von Medzamor (Sowjetisch-Armenien) zu erschüttern, in denen die keulen- und steinaxtschwingenden »Rohlinge« – achtzehn verschiedene Bronzemischungen gossen ... man denke, 6500 Jahre, ehe sie die Bronzelegierung überhaupt erfunden hatten!

Was wissen sie eigentlich?

Wird ein Coelacanthus vor Madagaskar gefangen, erklärt die Verschwörung: Unmöglich, die Art ist seit 200 Millionen Jahren ausgestorben!
Und die Dinosaurier?

Gibt es seit 60 Millionen Jahren nicht mehr!
Aber man hat doch ... Nun gut. Bleibt ja noch Glozel.
Glozel ist authentisch!
Glozel? Noch nie davon gehört, geben unsere wackeren Gelehrten zur Antwort, für die die 400 Kilometer lange Strecke Paris–Vichy–La Ferrière-sur-Sichon mit Magnetzäunen von der Art gesäumt ist, wie sie den Potala des Dalai Lama vor der Invasion chinesischer Truppen schützten.
Und der Andenleuchter, die *pistas* von Nazca – was halten Sie davon?
Doch da wittern die guten Apostel eine Falle und blasen klüglich zum Rückzug, denn beide sind in der Vorgeschichte wie in der Archäologie absolut unbekannt. Jedenfalls wurden sie noch 1973 in keinem Handbuch erwähnt. Dabei handelt es sich um Gebilde von schätzungsweise 3000–4000 km Ausdehnung. Aber das ist bei Forschungsgeldern von mehreren Millionen Francs wohl eine Kleinigkeit, die man leicht übersieht.
Wirklich rot aber sehen unsere Verschwörer, wenn so ein dahergelaufener Unbefugter gar einen archäologischen Fund tut, eine unbekannte Stadt, einen versunkenen Tempel, Tafeln und Töpfereien einer unbekannten Kultur entdeckt. Dann erhebt sich in den verstaubten Museen der Prähistoriker ein großes Kriegsgeschrei.
Fälschung, nichts als Fälschung!
Versteht sich, tönt es von rechtgläubiger Seite. Welche Unverschämtheit!
Armer Boucher de Perthes, armer Champollion, armer Schliemann, armer Marcelino de Sautuola, armer Emile Fradin, armer Dr. Morlet, welche Beleidigungen, welche Demütigungen mußten sie erdulden, ehe sich die Verschwörer geschlagen gaben.

Die Verschwörung gegen Glozel

Selbst 1974 fällt die archäologische Bilanz in Frankreich noch immer äußerst deprimierend aus, zumindest was die »alten« Hohenpriester, die Macher von Opas Archäologie angeht. Aber auch auf internationaler Ebene haben sich nur wenige von dieser alten Garde zur Realität der Tatsachen aufgeschwungen. Zu diesen begrüßenswerten Ausnahmen gehören: Amédée Brouillet, Salomon Reinach, A. van Gennap, E. Esperandieu, J. Loth, Constantinescu-Iasi, V. Madsen, Birger Nerman etc., lauter berühmte Professoren, Konservatoren, Ethnographen oder Archäologen aus Frankreich, Portugal, Norwegen, Belgien, Rumänien, Dänemark, Schweden und der Schweiz; und natürlich die sogenannten »wilden« Archäologen, die auf eigene Kosten, oft unter Einsatz ihres Lebens, äußerst wichtige Entdeckungen über unbekannte Epochen und Kulturen gemacht und von den gegen die Wahrheit verschworenen Hohenpriestern nur Hohn und Spott geerntet haben.

Erfreulicherweise jedoch fangen die Prähistoriker der neuen Generation seit einigen Jahren an, mit den Irrtümern ihrer Vorgänger aufzuräumen. So wissen immerhin schon einige von ihnen, daß die Höhlen nur gelegentlich bewohnt wurden; daß es vor 20 000 Jahren bereits Kleider gab (Hüte, Jacken, Hosen, Schuhe); daß die Menschen des Magdalénien[1] geistig schon ebenso beschaffen waren wie wir, daß sie nachdenken, kombinieren, schreiben, rechnen, modellieren, Plastiken machen, zeichnen, malen, den Himmel erforschen, Metalle schmelzen, Schiffe bauen, Mineralien verarbeiten und chirurgische Operationen durchführen konnten.

[1]Magdalénien: jüngste Stufe der Altsteinzeit oder Zeitalter des Rens, von 15 000 bis 30 000 v. Chr.

Und die ausländischen Prähistoriker gehen sogar noch viel weiter. Ihrer Ansicht nach lebten schon vor mehr als 30 000 Jahren äußerst fortschrittliche Menschen auf der Erde, die Städte bauten, von Kontinent zu Kontinent reisten[1] und ein besser entwickeltes Gehirn besaßen als wir, weitaus geeigneter als unseres, die Geheimnisse des Unbekannten, der Mathematik und der Philosophie zu erfassen.

Ja, zwischen den beiden Prähistorikerschulen klafft eine solche Kluft, daß M. A. Bjorn, Konservator am Universitätsmuseum von Oslo, im Hinblick auf das Museum von Glozel nach 1930 indigniert schreiben konnte: »Nur Blinde oder Lügner können die Echtheit von Glozel bestreiten.« Und M. A. Mendès-Correa, Professor der Anthropologie und Dekan der Naturwissenschaftlichen Fakultät der Universität Porto, im Hinblick auf die französische Verschwörung Worte fand wie: »Die Welt von morgen wird nicht glauben wollen, wie bedenkenlos sich Mißgunst und Einbildung über die Tatsachen hinwegsetzten.« M. A. Desforges schließlich, Gründungsmitglied und Delegierter der französischen Prähistorischen Gesellschaft sowie korrespondierendes Mitglied der Kommission für historische Denkmäler, der sich zum Sprachrohr der echten Prähistoriker machte, meinte: »Man kann die Gelehrten in zwei Kategorien einteilen: *in solche, die arbeiten, und in solche, die von den Arbeiten der anderen leben.*«

Diejenigen aber, die die Arbeit leisten, d. h. die Ausgrabungen machen, haben nie an der Authentizität von Glozel gezweifelt. Die anderen dagegen wollen nichts davon wissen, weil man sie den Fund nicht hat ausbeuten lassen.

[1] Professor Thomas Jacobsen von der Universität Indiana hat in einer Höhle von Franchti (Griechenland) den Beweis dafür gefunden, daß im Mittelmeerraum bereits vor 90 bis 95 Jahrhunderten Seeverbindungen bestanden (*Science et Vie,* Nr. 674, S. 96).

Mit Acht und Bann belegte Archäologen

Mit welchem Dünkel, mit welcher Herablassung und Wut haben sich die Verschwörer über die großen »wilden« Entdecker mokiert, die sich ruinierten, um der Wahrheit an den Tag zu verhelfen. Sie haben keine Mühe gescheut, Männer wie die folgenden als Fälscher, Schwindler und Scharlatane abzutun:

- *Platon,* der als erster von Atlantis sprach;
- *Heinrich Schliemann,* den Entdecker von Troja, der offiziellerseits in sage und schreibe 90 Schmähschriften zum Dilettanten und Hanswurst abgestempelt werden sollte;
- *Champollion,* der, mit Schimpf und Schande aus seiner Professur entlassen, wegen »Hochverrats« außer Landes gejagt, ständig vom Hungertod bedroht, den »Stein von Rosette« und damit die ägyptischen Hieroglyphen entzifferte, starb unbekannt und verachtet und wurde erst 64 Jahre nach seinem Tod rehabilitiert;
- *Emile Beauvois,* einer der größten Protohistoriker vom Anfang unseres Jahrhunderts (1907), der über Thule, das präkolumbianische Amerika, die Kelten, Atlantis etc. schrieb, und dessen Bücher zusammen mit den Werken Herodots und Velikowskys zu den wichtigsten über die alten Kulturen gehören, wurde so erfolgreich angefeindet, daß seine Untersuchungen heute nur noch wenigen Gelehrten bekannt sind;
- *Marcelino de Sautuola,* der die Höhlenmalereien von Altamira in Spanien entdeckte, mußte sein ganzes Leben lang um die Anerkennung der Echtheit seines Fundes kämpfen;
- *Immanuel Velikowsky,* amerikanischer Professor der Medizin und Schrittmacher oder richtiger, Revolutionär der avantgardistischen Prähistorie, der mit den absurden Theorien seiner Zeitgenossen endlich Schluß machte und die für

die Vergangenheit der Menschen und die alten Kulturen so erhellenden großen kosmischen Ereignisse wieder in einen logischen Zusammenhang brachte, wurde ebenfalls offiziellerseits aufs heftigste befehdet. Und heute zählt sein Hauptwerk, *Mondes en Collision,* für die Forscher zu den heiligen Schriften;

- *Emile Fradin* und *Dr. Antonin Morlet* aus Vichy, Entdekker der heute in aller Welt anerkannten Kultur von Glozel, mußten sich 50 Jahre lang gegen den Haß und die Verleumdung der Verschwörer zur Wehr setzen, die ihren Fund zunächst für sich verbuchen wollten, um ihn dann, als das nicht gelang, stracks zu diskreditieren;
- und was, schließlich und endlich, sagt man heute nicht alles über *Louis-Claude Vincent,* Professor am anthropologischen Institut von Paris, der sich für den durch die Sintflut verschlungenen Kontinent Mu[1] stark macht und sich für unsere Entdeckungen und Thesen einsetzt?[2]

Als ein Planet in Asteroiden zerbarst

Immer deutlicher zeigt sich, daß die Prähistoriker in fast allem unrecht haben, ihre Werke ebenso veraltet sind wie die Panzerhemden und Armbrüste des Mittelalters. Von ihnen abgesehen zweifelt heute wohl kaum mehr jemand daran, daß die Menschen der Alten Welten, die Bewohner von Mu,

[1] *Le Paradis Perdu de Mû.* Editions de la Source – 63 200 Marsat.

[2] Wie unsere Leser zweifelsohne wissen, genießen wir bei Fernseh- und Rundfunkanstalten die zweifelhafte Ehre eines offiziösen Sendeverbots, wie uns auch die rechtgläubigen Zeitungen auf die schwarze Liste gesetzt haben. In gewissen Zeitabständen werden wir von der ORTF sogar unfehlbar verunglimpft und verleumdet, ohne daß wir uns unsererseits auf igendeine Weise zur Wehr setzen könnten.

Atlantis oder Präatlantis, durch gewaltige geologische Katastrophen ums Leben gekommen sind und daß diese Katastrophen durch eine verbrecherische Wissenschaft ausgelöst wurden; eine Wissenschaft, die ihnen »vom Himmel herabgekommene Lehrmeister«, »Engel« oder »Götter«, mitgebracht hatten. Im zweiten Drittel des 20. Jahrhunderts fragt man sich eigentlich nur noch, ob sie diese »Engel« gerufen hatten oder ihre Opfer wurden.

Zwischen 1930 und 1974 hat die Menschheit mehr über sich gelernt als in den vergangenen drei Jahrtausenden. Nimmt ihr Wissen weiterhin so arithmetisch zu, wird der Wissensstand in einem einzigen Jahrhundert unseren heutigen in einem geradezu unvorstellbaren Ausmaß überflügelt haben. Wer weiß – aber das ist nur eine Hypothese –, ob wir nicht sogar unsererseits von der angeblich phantastischen Wissenschaft der Raumvölker profitieren oder womöglich selber durch persönliche Askese zu interplanetarischen Lehrmeistern irgendwelcher weniger fortgeschrittener Völker aufrücken? Doch die letztgenannte Möglichkeit wird selbst von den Ufologen nur zögernd in Betracht gezogen. Dabei ist doch unsere ganze Raumfahrtindustrie darauf angelegt, Verbindung zu anderen Planeten bzw. intelligenten Lebewesen unseres Milchstraßensystems herzustellen. Schließlich wurde bis jetzt noch keine Landung fliegender Untertassen auf der Erde nachgewiesen, während Flugkörper von der Erde – Sonden, Lems, Raketen – sehr wohl schon auf anderen Sternen gelandet sind.

Aber was für das 21. Jahrhundert kein Problem mehr darstellen wird, war vor Millionen oder Tausenden von Jahren, als Wesen einer außerirdischen Kultur auf unsere Erde kamen, mit erheblichen Schwierigkeiten verbunden. Diese vor 12 000 resp. 5000 Jahren[1] auf unserem Planeten gelandeten Extrater-

[1]Wir haben diese These schon in verschiedenen anderen Büchern dargelegt, so vor allem in *Le Livre des Secrets Trahis* (Ed. Robert Laffont, 1965).

restrier dürften übrigens angesichts der wenig entwickelten Gesellschaften und Menschen wohl kaum den Wunsch nach einem längeren Aufenthalt verspürt haben. Dennoch weist alles darauf hin, daß sie, nachdem sie einmal da waren, unsere Vorfahren bis zum Erblühen der ersten Kulturen in die Lehre nahmen. Danach sind sie wohl wieder auf ihren Heimatplaneten zurückgekehrt oder vielleicht auch in der Masse untergegangen.

Die Heimat dieser Fremdlinge, der *Engel* der Bibel, der *Väter* und *Wächter,* war ein ferner Stern oder, wahrscheinlicher noch, jener Planet, der ehedem die Stelle der 200 Millionen Kilometer von der Erde entfernten Asteroiden einnahm.[1] Ein Teil dieses Planeten mag übrigens der feurige Komet der Überlieferungen gewesen sein, der, von unserem Sonnensystem eingefangen und dingfest gemacht, vor ca. 5000 Jahren zum Planeten Venus wurde.

Die Wahrheit kommt an den Tag

Das war alles, was wir bis heute wußten, wenn wir versuchten, uns die Vergangenheit vorzustellen und in das Problem der höherentwickelten Ahnen einzudringen.

Aber gemäß der Verheißung der Heiligen Schrift: »Was verborgen ist, wird offenbar werden«, sind plötzlich erstaunliche, großartige, unwiderlegbare Dokumente an den Tag gekommen, und zwar keineswegs durch die Hand der Prähistoriker. Vielmehr blieb es einem Auserwählten, einem Ein-

[1] Ein Teil der durch die Explosion des ursprünglichen Planeten entstandenen Asteroiden hätte demnach die in den Überlieferungen aller alten Völker erwähnte »Venus mit dem feurigen Schweif« gebildet, während die restlichen Asteroiden (mehrere tausend Trümmer) heute noch einen rund 200 Millionen Kilometer weiten Bogen zwischen Mars und Jupiter beschreiben.

geweihten vorbehalten, das Evangelium, die Offenbarung unserer bis dahin unbekannten Geschichte vorzulegen: Dr. Javier Cabrera Darquea, Chirurg in Ica (Peru), am Rande jener magischen Pampa gelegen, in der die nur vom Himmel aus erkennbaren *pistas* und Riesenzeichnungen selbst den beschlagensten Archäologen ein unlösbares Rätsel aufgeben.
So können wir uns allmählich ein Bild von jener fernen Vergangenheit und unseren hochentwickelten Vorfahren machen, deren Existenz wir vordem nur intuitiv oder, richtiger, aufgrund mythologischer Hinweise postulierten.
Allem Anschein nach ist jetzt erwiesen, daß:
- der Mensch nicht vom Affen abstammt, da er, wenn schon nicht vor den Anthropoiden, so doch zumindest gleichzeitig mit den geschwanzten Humanoiden lebte, die ihrerseits mehr Sauriern oder Fischen als Gibbons oder Orang-Utans glichen;
- die Initiatoren vom Himmel herunterkamen;
- die damaligen Menschen unterrichteten und zu unseren hochentwickelten Ahnen (Atlanter oder Präatlanter) heranbildeten, auf die wir schon des öfteren Bezug genommen haben.

Diese großen Ahnen haben, wenn man den Steinen von Ica, den *pistas* von Nazca, den Vermächtnissen des alten Ägypten und des Inkareichs, den Überlieferungen von Mexiko, Lepenski Vir und Medzamor etc. glauben darf, Hochkulturen entwickelt, ohne doch das Rad (das offensichtlich tabu war) und damit zivilisatorische Annehmlichkeiten wie Luftfahrt, Automobil, Eisenbahn etc. zu kennen.
Diese sonderbare Tabuisierung des Rades stellt uns heute noch vor ein Rätsel. Vermutlich jedoch hatten die vor der Sintflut entwickelten Kulturen andere Mittel und Wege gewußt.

All das mußte, sosehr es teilweise auch im Rahmen von Behauptungen bleibt, vorausgeschickt werden, ehe wir uns nun im folgenden den Geheimnissen der *primhistorischen Bibliothek* und den *pistas* der Pampa von Nazca im einzelnen zuwenden können.

III. DAS VERMÄCHTNIS DER ATLANTER

»Wir stehen vor einer großen Schlacht«, soll Schliemann nach der Entdeckung von Troja gesagt haben. Genau das könnten auch wir nach der Entdeckung der Steine von Ica sagen, denn sie versetzt nicht wenigen Theorien der Prähistoriker und Archäologen der alten Schule den Todesstoß.
Was! höre ich unsere guten Freunde sich entrüsten, die Welt soll nicht in Sumer entstanden sein? Auch nicht in Indien, Ägypten oder Phönizien oder bei den Australo- oder Africopitheken?
Daß der Weg von Paris oder Rom, von London oder New York nach Ica zeitlich und räumlich sehr lang sein wird, ist tatsächlich jetzt schon abzusehen, hat doch ein namhafter Prähistoriker aus Poitiers zehn Jahre mit dem Fahrrad bis zum berühmten Feuersteinfeld von Grand Pressigny gebraucht und die überwiegende Mehrheit der französischen Gelehrten es noch immer nicht bis Glozel gebracht. Wer begriffe auch nicht, wie unvergleichlich bequemer es ist, vom Sofa aus schlicht und einfach die Echtheit zu bestreiten. Wieviel Wasser unter diesen Umständen die Seine noch hinunterfließen muß, ehe sich die Herren zu einem Besuch in Dr. Cabreras primhistorischem Museum aufraffen, ist freilich kaum abzusehen. Gepriesen sei die Macht der Trägheit und Mißgunst, der Bosheit und Unwissenheit!

Der Fundort der Steine von Ica

Nun will der Entdecker der Steine von Ica aber gar nicht, daß man ihm blindlings glaubt und vertraut. Er wünscht, ja erbittet sich im Gegenteil sogar möglichst viele und gründliche Gutachten. Bleibt freilich noch die Frage nach dem Fundort, zu der Dr. Cabrera freimütig erkärt:
»Gewiß wird die Stelle eines Tages zur Besichtigung freigege-

ben, und zwar allen voran für die Experten. Im Augenblick allerdings will ich damit noch etwas warten. Ich will erst meine, bis jetzt aus 11 000 Steinen bestehende Sammlung ergänzen, ehe Amateure und Touristen sich darauf stürzen. Außerdem wird es sinnvoll sein, zuvor eine Expertenkommission zu bilden, der ich selbstverständlich angehören muß.[1] Eine weitere Voraussetzung ist die Garantie der peruanischen Regierung, den Fundort permanent bewachen zu lassen.«
Die genaue Angabe der Stelle, wo die Andesitsteine zu finden sind, 80 Millionen Jahre altes Lavagestein, das beim Aufbruch des Andenmassivs im Mesozoikum zutage gekommen und heute mit einer dicken, die Echtheit der Ritzzeichnungen verbürgenden Oxydationspatina überzogen ist, soll natürlich Dr. Cabrera selbst überlassen bleiben. Wir wollen dem Leser hier nur soviel verraten, daß es sich um rund 30 Kilometer südsüdöstlich von Ica bei Ocucaje in der Nähe des Icaflusses gelegene Höhlenheiligtümer und Gräber handelt. In dieser halb wüstenartigen Region mit ihren steinreichen und futterarmen Pampas haben die Menschen der Alten Zeiten allem Anschein nach die mnemotechnische Zentrale der irdischen Geschichte eingerichtet. Jedenfalls wurden hier vor mehr als zwanzig Jahren die *pistas* von Nazca entdeckt, was allerdings keinen Menschen in ganz Peru gekümmert hat, und vor nun gut zehn Jahren die Steine von Ica. Auch das hat die Peruaner, die sich mehr für Fußball oder Folklore erwärmen als für Archäologie, Naturwissenschaften und Literatur, nicht hinterm Ofen hervorlocken können – von jener kleinen Elite in Lima, Trujillo, Arequipa etc., die den subtilen Geist ihrer spanischen Vorfahren hochhält, freilich abgesehen.

[1]Dr. Cabreras Mißtrauen ist im übrigen nicht unbegründet. Gewisse Prähistoriker schrecken, wenn es um Ruhm und Ehren geht, vor nichts zurück. Wer z. B. hat von der Entdeckung der Höhle von Lascaux profitiert und wer vom Fund der prähistorischen Bibliothek von Lussac-les-Châteaux? Die Entdecker jedenfalls nicht.

Huaqueros und andere Plünderer

Die ersten Sammler tauchten um 1955 auf, die Brüder Carlos und Pablo Soldi, die sich gleich in der Nähe jener Stelle, an der die Bauern die ersten gravierten Steine gefunden haben wollten, in einer Hacienda niederließen, in der Carlos 1967 und Pablo ein Jahr darauf starb. Ihr gesamter Besitz von 114 Steinen fiel an das Museum von Ica. Ungefähr zur gleichen Zeit kaufte Kommandant Elias, bis 1973 Direktor des Marinemuseums von Callao, den Bauern von Ocucaje etwa 300 Steine für sein Museum ab. Und ein paar Jahre später nahm der Architekt Santiago Agurto Calvo, ehemals Rektor der nationalen Technischen Hochschule, zusammen mit Professor Alejandro Pezzia, Direktor des Museums von Ica, unweit der Hacienda der Brüder Soldi Ausgrabungen vor, bei denen sie in präkolumbianischen Gräbern drei gravierte Steine entdeckten. Dieser Fund war in der Museumszeitschrift aufgeführt und in der Sonntagsnummer vom 11. Dezember 1966 der Zeitung *Le Commerce* erwähnt.
All diese Archäologen, im Grunde wohl mehr Sammler, wagten sich nicht recht an eine genauere Bestimmung der Steine, scheuten aber keine Mühe, ihre Echtheit nachzuweisen, was Santiago Agurto denn auch gelang. Eine Folge davon war leider, daß seit 1965 zahlreiche mehr oder weniger kundige Amateure von der Nachlässigkeit der peruanischen Kulturbehörden profitierten und Hunderte gravierter Steine an sich brachten, die nun natürlich in Dr. Cabreras Sammlung fehlen.
Dr. Cabrera selbst erhielt den ersten Anstoß zu seiner Sammlung von einem Freund namens Felix Lhona, der ihm einen von einem *huaquero* (wie die Sucher alter Töpferwaren genannt werden) oder einem an den Steilufern des Rio Ica weidenden Hirten gefundenen Stein schenkte. Wo diese Art

Steine genau herkam, blieb das Geheimnis der Entdecker, die mit Amateurarchäologen ein gutes Geschäft zu machen gedachten. Einem Gerücht zufolge soll ein Totengräber aus Ocucaje um 1960 den ersten Fund gemacht haben.

Das Dorf in der Wüste

Auf der Strecke von Ica nach Palpa weist bei Kilometer 325 ein riesiges Schild auf die Abzweigung nach Ocucaje hin, einen kleinen Fahrweg, der sich zwischen Baumwoll- und Maisfeldern hindurch den Berg hinaufschlängelt, sich nach etwa einem Kilometer aber bereits im Sand verliert. Hat man den Berg umfahren, tauchen inmitten einer unendlichen Sandwüste, die an die Sahara erinnert, schattenlos in der unbarmherzigen Hitze schmorend, plan- und ziellos verstreut, etwa zwanzig armselige Hütten auf: Ocucaje.
Unsere Ankunft im Auto löst natürlich eine Sensation aus; ein Schwarm neugieriger, teilweise unverschämter Lauser umdrängt uns. Sie ahnen den Zweck unseres Besuches, denn zweifelsohne sind wir nicht die ersten »Touristen«. Kleine Mädchen zupfen uns sogar am Ärmel und versuchen, uns mitzuziehen: *Señor, por allí . . . Desea usted piedras?*
Aber eigentlich sind wir gar nicht so sehr der Steine wegen gekommen. Vielmehr hat uns die Neugierde hergetrieben, und außerdem lag Ocucaje ohnehin an unserem Weg. Wir hofften nicht – ja hatten auch gar nicht die Absicht –, das eifersüchtig gehütete Geheimnis Dr. Cabreras aufzudecken. Deshalb möchten wir an dieser Stelle auch unseren Freund und Meister um Verzeihung bitten und ihm versichern: Nicht wir haben Ocucaje ausgekundschaftet, es hat sich uns ganz von selbst enthüllt. Im übrigen können wir den Ort heute ruhig erwähnen ohne befürchten zu müssen, eine Indiskre-

tion zu begehen; denn bald wird Dr. Cabreras Werk erscheinen und alle Welt erfahren, woher die *piedras* von Ica stammen.
Schon Professor Alejandro Pezzia, der Direktor des Museums von Ica, hatte uns gesagt: »Sie brauchen bloß zu den Bauern von Ocucaje zu gehen; dort können Sie kaufen, was Ihr Herz begehrt.«
Und das stimmte!

Ocucaje, bis jetzt ein armseliges Wüstendorf, wird bald berühmt sein.

Dr. Cabreras Geheimnis war ein offenes Geheimnis ... nur ... wie es ihm sagen, ohne in ihm das Vertrauen des Sammlers und Archäologen zu erschüttern. Im Grunde kann heute tatsächlich jeder nach Ocucaje gehen, eine runde Summe auf den Tisch legen und mitnehmen, was ihm gefällt – auch Steine, die eigentlich unbedingt in Dr. Cabreras primhistorische Bibliothek gehörten.
Möge uns Dr. Cabrera unsere Offenheit nicht als Vandalismus auslegen. Wir sagen nur die Wahrheit. Kaum waren wir nämlich im Dorf, stürzten sich auch schon die Stein- und Tonwarenhändler auf uns.

Piedras im Hühnerhof

In ganz Ocucaje gibt es keine Hütte und kein Haus, in dem es nicht von den wunderbarsten schwarzen[1] Andesitsteinen mit jahrtausendealten Ritzzeichnungen von Vögeln, Fischen und Menschen wimmelte. Überall in den kleinen, durch Schilfzäune notdürftig vor Wind und Sand geschützten Gärten liegen große gravierte Steine herum, zwischen denen sich Hühner und Enten tummeln. Offensichtlich wissen die Dorfbewohner, wo die *piedras* zu finden sind. Sicher ist es ihre lukrativste Einnahmequelle, die sie nach Bedarf ausbeuten.
Wir verzichten darauf, mit Fragen in sie zu dringen. Die Geheimhaltung des Fundortes ist ein gewisser Schutz für die Steine. Gerne wüßten wir hingegen, ob die Tonwaren, die uns auch angeboten werden – äußerst wertvolle, zwei bis drei Jahrtausende alte Stücke –, die wir jedoch ausschlagen, an

[1] In Wirklichkeit sind die Steine grau oder ocker, von einer dunklen Patina überzogen; aber überzeugt, sie dadurch interessanter und schöner zu machen, helfen die Bauern dieser Patina mit ... schwarzer Schuhcreme nach!

derselben Stelle gefunden wurden, also in etwa aus derselben Zeit stammen. Aber das ist eine Frage für Dr. Cabrera und die peruanischen Behörden.
Die Echtheit der Funde selbst steht jedenfalls außer Zweifel; Zeuge dafür unser Freund Francis Mazière, der die *huaqueros* schon im März 1974 aufgesucht hatte, die übrigens unserer Ansicht nach die interessantesten Stücke mit Szenen aus dem Alltag unserer hochentwickelten Vorfahren, ihren Erfindungen und wissenschaftlichen Kenntnissen für den Doktor aufheben; aber das ist nur eine Vermutung.

Huaqueros verkaufen piedras

Zum Glück kommen so gut wie keine Touristen nach Ica, denn seit die *huaqueros* den Wert der Steine kennen, schleichen sie sich vormittags immer wieder einmal ins Hotel Turista, um ihre Schätze anzubieten. Und welcher Archäologe oder Sammler könnte einem solch verlockenden Angebot schon widerstehen?
Auch wir sind schließlich schwach geworden und haben jeder ein Halbdutzend Steine erstanden. Sie sind z. T. in einem rötlichen Ockerton gefaßt und zeigen Darstellungen von Vögeln, Tieren und Personen, die jedoch für die primhistorische Bibliothek von Ica ohne besonderes Interesse wären. Jedenfalls gleichen sie stark den etwa 50 *piedras* in Professor Pezzias Museum. Dennoch haben wir nicht gewagt, Dr. Cabrera unsere Eskapade einzugestehen, sosehr waren wir selbst vom Ausgang unseres Ausflugs überrascht. Außerdem mußten wir schon am nächsten Morgen nach Paracas weiter.
Eines aber wollen wir hier noch einmal festhalten: Die Steine sind eindeutig echt. Sie stammen aus nur den *huaqueros* bekannten, jahrtausendealten Verstecken und sind keinesfalls

Zwischen den im kleinen Hofraum eines Bauern von Ocucaje herumliegenden wertvollen *piedras* hausen ganze Entenfamilien.

Produkte unserer Zeit. Im übrigen sind diese *grabados* schon lange bekannt, mindestens wohl schon seit dem 17. Jahrhundert.[1] Nur haben sie, da sie auf den ersten Blick nichts Aufsehenerregendes an sich tragen, nicht mehr Aufmerksamkeit erregt als die einfachen behauenen Feuersteine oder Töpferwaren von Paracas. In der Tat stellen die meisten *piedras* relativ banale Szenen dar, solange man sie zeitlich nicht fixieren kann. Erst 1960 fielen Dr. Cabrera wirklich aufschlußreiche Exemplare in die Hand: Darstellungen von Dinosauriern, Brontosauriern, Riesentermiten, auf denen z. T. sogar Menschen zu sehen waren. Und was an zwei oder drei noch nicht klar wurde, machte die Wiederholung auf zehn oder zwanzig deutlich: Es handelte sich um Szenen aus dem Mesozoikum oder Tertiär. Eine umwälzende Entdekkung, die Dr. Cabrera vorbehalten blieb, obwohl vor ihm schon zahlreiche andere Archäologen Steine von Ica in der Hand gehabt hatten.

Die Welt ist in Ica entstanden

In Peru ist die »Affäre von Ica« mehr oder minder mit Schweigen übergangen worden, sofern nicht sogar Parolen ausgegeben wurden, die Sache zu vertuschen. Die Peruaner scheinen ihrem eigenen Land die Ehre, Wiege der Menscheit zu sein, absprechen zu wollen.
»Die Welt«, verkündete Dr. Cabrera, »ist in Ica entstanden!« Doch das schien die Leute von Lima, vom Präsidenten bis herunter zum einfachsten *huaquero,* nicht zu beeindrucken –

[1]Um 1958 herum hat uns Gregori B, Erneuerer der Sonnenreligion der Inkas (Postfach 25, Passage des Princes, 75002 Paris), eine von Mexikanern oder Präinkas nach der Natur gezeichnete Darstellung eines Tieres, einer Art Tapir-Nashorn aus dem Tertiär, gezeigt. Es geht im Geschirr.

wie sich ja auch in Frankreich von Präsident Giscard d'Estaing bis zu den Hirten im Zentralmassiv niemand um die Wunder von Glozel kümmerte. Sie werden heute noch wider allen Augenschein wütend bestritten. Was Wunder also, daß auch in Ica die Feinde des Neuen, die alles, was sie verunsichern könnte, hassen, behaupten, durchtriebene Bauern von Ocucaje hätten die Steine graviert. Je mehr sie für Dr. Cabrera hergestellt und je mehr er ihnen abgekauft habe, desto fester sei er von ihrem Alter überzeugt gewesen. Wie sehr schaden solche Leute ihrem Land!

Wir haben in ganz Ocucaje kein Haus betreten, das keine *piedras* gehabt hätte.

Der Fall Glozel

Natürlich hängt die Frage, wieweit die Botschaft der 11 000 Steine Geschichte und Vorgeschichte revolutionieren wird, vom Beweis ihres Alters ab. An diesem Punkt also werden sich die Leidenschaften entzünden. Bis jetzt hat die Verschwörung, wie nicht anders zu erwarten, sich so verhalten, wie im Fall Glozel oder Carnac, d. h. sie hat die Sammlung in Bausch und Bogen verdammt, ohne auch nur einen Blick darauf zu werfen.
Nun darf man aber zum Beweis der Echtheit der *piedras* anführen, daß die schönen schwarzen Steine, die aussehen wie große Kieselsteine aus Wildbächen, aus dem Tal des Icaflusses stammen. Falls es sich also um Fälschungen handelt, müßten sie von Einheimischen aus einheimischen Materialien hergestellt worden sein: von pfiffigen Bauern vielleicht oder Facharbeitern in eigens dazu erbauten Fabriken, von Dr. Cabrera oder von einer Sekte wilder, aber gescheiter Prähistoriker, die so das, was sie für die Wahrheit halten, an den Tag bringen wollen. Letzteres aber scheint in Anbetracht der aufgewendeten Summen und Mühen höchst unwahrscheinlich. Wie wir also Dr. Cabrera ausklammern können, dürfen wir umgekehrt wohl auch die Bauern ausnehmen. Zwar hätten sie sicherlich die Geschicklichkeit dazu, nicht aber die nötigen kulturgeschichtlichen Kenntnisse, um sich Ungetüme aus der Vorgeschichte, die Abtrift von Kontinenten, Herz- oder Nierenverpflanzungen und Gehirnoperationen auszudenken.

Betrug ist ausgeschlossen

Nun könnten Skeptiker immer noch einwenden: ein Bauer aus Ocucaje habe die *grabados* im Auftrag eines Gebildeteren

nach Fotos und Zeichnungen ausgeführt. Nur, daß er dazu dreißig Jahre lang in absoluter Heimlichkeit hätte arbeiten müssen. Das jedoch ist nirgendwo auf der Welt möglich, ohne die Aufmerksamkeit von Nachbarn oder Behörden zu erregen.[1] Dazuhin hätte unser Bauer bei 11 000 Ritzzeichnungen nicht nur über dreißig Jahre lang täglich zehn Stunden arbeiten, sondern auch das Material suchen, zu seiner Werkstatt schaffen, Vorlage und Steinform aufeinander abstimmen und den Abfall beseitigen müssen. Obendrein wäre es nicht ohne einen Mäzen gegangen, der es sich hätte leisten können, sein Geld in ein so unrentables Unternehmen zu stecken.
Ein solcher Mann aber müßte ein Narr sein! Wenn auch ein genialer und bewunderungswürdiger Narr – also genau das, wozu man Emile Fradin im Falle von Glozel abzustempeln versuchte.

Die Expertise irrt

»Nun mag ich zwar ein Narr sein«, räumte Emile Fradin ein, »ein Genie aber bin ich bestimmt nicht!«
Außerdem ist im Falle von Glozel die Echtheit der Schrifttafeln heute erwiesen. Mit Hilfe der Thermolumineszenz-Datierungsmethode haben die Professoren Arne Bjor und Vagn Mesdal, Leiter des Forschungszentrums des dänischen Nationalmuseums, Lerje, Leiter des Atomforschungszentrums von Risör (Norwegen), und Silow vom Limhan Museum (Schweden) das Alter der Tafeln bestimmt. Die Genauigkeit dieser Datierungsmethode läßt noch zu wünschen

[1] Außerdem wäre unter diesen Voraussetzungen nicht zu erklären, wieso die Bauern täglich neue Steine finden und gewiß noch auf Jahre hinaus finden werden.

übrig. Die Forscher haben das Alter der Tafeln auf 2700 bis 2900 Jahre festgelegt. Unserer Schätzung nach müßten sie aber ca. 7000 Jahre alt sein, da es zu dieser Zeit in Frankreich noch Rene[1] gegeben haben dürfte, um 2900 dagegen höchstwahrscheinlich schon nicht mehr.

Wichtiger noch als eine Datierung der Funde von Glozel auf das Magdalénien oder das Neolithikum aber ist uns der Nachweis, daß sich all die Pseudoprähistoriker und Feinde der Fradins, allen voran die »großen« Prähistoriker Capitan, Abbé Breuil, Payroni etc., der ihnen unvorsichtigerweise verliehenen hohen Funktionen unwürdig erwiesen haben. Sie waren nichts als abgefeimte Hanswurste oder ignorante Erzschurken oder womöglich beides.

Um so mehr Dank gebührt den Mitkämpfern Fradins, denen es nicht mehr vergönnt war, den Sieg der Gerechtigkeit zu erleben: Claude und Antoine Fradin, Emiles Großvater und Vater, Dr. Antonin Morlet aus Vichy und Kanonikus Léon Cote, die sich beide so mutig für die Sache eingesetzt haben.[2]

Und wie es im Falle von Glozel gelungen ist, trotz der Mafia der Prähistoriker und Journalisten vom ORTF die Echtheit der Urnen, gravierten Knochen und Schrifttafeln nachzuweisen, so wird es im Laufe der Zeit wohl auch bei den Steinen von Ica gelingen.

Eins aber können wir heute schon mit Sicherheit sagen: Ein Betrug kommt, wie bei Glozel, allein schon aus technisch-

[1]In Emile Fradins Museum finden sich viele gravierte Renknochen und Rendarstellungen.

[2]Léon Cote, *Glozel trente ans après.* Imprimerie Dumas, 4, rue G. Dupré, Saint-Etienne (vergriffen).
A. Morlet: *Corpus des Inscriptions – Petit historique de l'affaire de Glozel.* Erhältlich im Museum von Glozel, 03250 Ferrières-sur-Sichon, oder Editions de la Source, 63200 Marsat.
A. Morlet: *Glozel I* (vergriffen) – *Glozel II.*

materiellen Gründen nicht in Betracht. Die Steine von Ica sind echt; sie stammen von unseren genialen Vorfahren.[1]
Im übrigen sind laut Befund des Mineralogen Mauricio Hochschild aus Pisco Steinoberfläche und Einkerbungen gleichermaßen oxydiert, was beweist, daß die *grabados* zumindest mehrere Jahrhunderte alt sein müssen.
Ebenfalls von der Echtheit der Steine überzeugt ist Oberst F. A. P. Omar Chioino Carranza, Direktor des peruanischen Luftfahrtmuseums, nach dessen Ansicht es sich um die jahrtausendealte Botschaft eines heute längst vergessen Volkes handelt. »Diese Steine», erklärt er, »sind in Peru schon seit langem bekannt; allein mein Museum besitzt über vierhundert davon.«

Das Problem der Konservierung von Ritzzeichnungen

Würde man sich nach den Thesen der Prähistoriker und Paläontologen richten, müßten die Steine mindestens 60 Millionen Jahre alt sein; um diese Zeit sollen die Dinosaurier auf der Erde ausgestorben sein. Nur darf man es nicht, denn sie täuschen sich, was sie im übrigen sogar selber wissen.

[1]In Glozel hat Dr. Morlet Frl. Garrod, die Sekretärin Abbé Breuils, »auf frischer Tat ertappt, wie sie während der Arbeiten der Untersuchungskommission Fälschungen unterzuschieben versuchte«. Ähnliche Manöver sind gewiß auch in Ica nicht ausgeschlossen. Aber schließlich erklärt man den Louvre auch nicht zu einem Museum von Fälschungen, nur weil eine Anzahl von Bildern Tizian, Leonardo da Vinci oder Raffael »zugeschrieben« werden.

Emile Fradin lächelt. Die Funde von Glozel sind von dänischen, norwegischen und schwedischen Experten als echt anerkannt worden. Der kleine französische Bauer hat über die Päpste der Prähistorie, die Capitans, Peyronis und Breuils gesiegt.

Immerhin geben sie zu, daß sich diese Tiere mancherorts weit länger hielten als gemeinhin angenommen[1], *vor allem in Amerika.*

Oder nehmen wir die Sowjetunion, wo sich dreißig Kilometer von Baku ein Felsen in Dinosauriergestalt erhebt, der nach Meinung der Geologen nicht durch natürliche Erosion entstanden ist. Wahrscheinlich handelt es sich um ein Werk von Menschenhand, das vor rund 10 000 Jahren geschaffen wurde, das aber hieße 50 Millionen Jahre nach Aussterben der dargestellten Tierart!

Um es kurz zu machen, heute nimmt man an, daß es zu Beginn des Quartärs noch vereinzelt Dinosaurier gegeben hat.

Nun erhebt sich aber die Frage nach der Erhaltung von Ritzzeichnungen überhaupt.

Die rund 2640 Jahre alten Tontäfelchen der »Bibliothek Assurbanipals« (aus Ninive, Assyro-Babylonien) sind tadellos erhalten. Die über 20 000 Jahre alten Zeichnungen auf Kalkkieseln von Lussac-les-Châteaux sind leicht verkalkt. Der Andesit der *grabados* von Ica nun ist zwar härter als Ton, aber weicher als Kalk, und schon bei einer Kalkritzzeichnung würde man bei weitem keine Lebensdauer von 100 000 Jahren ansetzen. Ein Alter von 60 Millionen Jahren ist also absurd.

Dazu kommt außerdem noch der Fundort. Ist es nicht äußerst erstaunlich, daß solche Schätze ausgerechnet in einem Gebiet gefunden wurden, das selbst zur Zeit der Inkas kulturell nur ein Abglanz der großen Nachbarkulturen von Cuzco, Arequipa, Pachacamac, Chavin etc. war? Gewiß brachte Nazca vor etwa 2000 Jahren selbst eine große Kultur hervor, nur gab es zu diesem Zeitpunkt schon lange keine

[1] Im Amazonastal sind Felsmalereien von Dinosauriern entdeckt worden.

großen Saurier mehr. Nun müssen aber zumindest die ersten Künstler (vermutlich gab es ganze Generationen) selber noch Dinosaurier gesehen haben oder Zeitgenossen wissenschaftlich versierter Menschen gewesen sein.
Jüngste Entdeckungen der neuen Archäologen-Avantgarde nicht nur in Amerika, sondern auf allen anderen Kontinenten, bringen heute endlich Licht in diese Ungereimtheiten.

Unbekannte Pyramiden und fliegende Zylinder in China

In Swasiland (Südafrika) haben zwei australische Gelehrte, der Anthropologe Adrian Boshier und der Geologe Peter Beaumont, eine alte Hämatitader freigelegt, die vor etwa 43 224 Jahren ausgebeutet wurde.
Der Sachbuchautor Jacques Bergier berichtet von einem vom sowjetischen Gelehrten Alexander Kazantzew aus dem sibirischen Schnee ausgegrabenen Bisonskelett, dessen Schädel vor ca. 40 000 Jahren von einer *Kugel* zertrümmert wurde. Er wirft die Frage auf, wer zu dieser Zeit wohl im Besitz von Schußwaffen gewesen sein mag.
Und chinesische Archäologen, darunter Professor Tschi Penlao von der Universität Peking, haben im Tungling Hu in der Provinz Hunan mehrere 300 m hohe Pyramiden entdeckt, die vor über 3000 Jahren bei einem Erdbeben in diesem See versunken sein müssen. Auf einer Insel sowie auf den Granitfelsen der Umgebung sind Personen dargestellt, die große hörnerförmige, allgemein für Waffen gehaltene Gebilde tragen. Darüber sind rätselhafte zylindrische Flugmaschinen zu sehen, deren Besatzung mit ähnlichen, wenn auch kleineren Objekten wie den oben geschilderten bewaffnet ist.[1] Das Alter dieser Felsmalereien wird auf ca. 45 000 Jahre geschätzt.

[1]Bericht aus der deutschen Zeitschrift *Der Bund,* übernommen von der französischen Zeitschrift *Ouranos,* Nr. 8, Oktober 1973, S. 5.

Teleskope vor 30 000 Jahren

Das Teleskop[1] hat eine lange Geschichte. Im Abendland im 13. Jahrhundert von Roger Bacon, dem *doctor admirabilis*, und um 1650 vom Jesuitenpater Athanasius Kircher beschrieben, wurde es in China bereits in dem berühmten chinesischen Geschichtsbuch des Tschu Hi erwähnt: »Der Nachfolger des Kaisers Yao (gest. 2258 v. Chr.) sah beim Betreten der Ahnengalerie mit ihrer Nachbildung des Himmelsgewölbes auch das Rohr, mit dem die Sterne beobachtet wurden.« Anscheinend war das Fernrohr nach Yaos Tod in Vergessenheit geraten, woraus man schließen darf, daß es bei den Vorfahren mehrere Jahrtausende früher, womöglich schon sieben- bis achttausend Jahre vor unserer Zeitrechnung, in Gebrauch war.

Nach der Überzeugung von Professor Michanowsky sollen bereits die Vorfahren der Inkas Observatorien und astronomische Fernrohre besessen haben, die den unseren in nichts nachstanden. Die NASA-Astronomen neigen ebenfalls ähnlichen Ansichten zu. So glauben sie z. B., daß vor 30 000 Jahren von unserer Erde aus Novae-Ausbrüche beobachtet wurden, die mit blankem Auge nicht zu erkennen waren.

Professor Michanowsky fand 1956 in Bolivien einen über und über mit astronomischen Zeichen bedeckten Stein. Durch die

[1]Als hier einschlägig sind zu erwähnen: die im Britischen Museum in London ausgestellte, aus den Ruinen Ninives (Assyrien) geborgene 4000 Jahre alte Glaslinse; die in Palästina ausgegrabene Riesenglasplatte; die in Südamerika, Nordafrika und im Irak gefundenen Hohlspiegel, die vielleicht in optische Instrumente eingebaut waren; die von Aristoteles erwähnten »langen Röhren«, mit denen die Alten nach den Sternen guckten; die bereits von Euklid (306–283) formulierten Gesetze für die Konstruktion von Brillengläsern, und die von Strabo zu Beginn unserer Zeitrechnung beschriebene Weitsichtigkeit. Außerdem soll Cäsar laut Jean de Kerdeland (Télé-7 Jours, Nr. 750) die englische Küste, die er besetzen wollte, von der französischen aus beobachtet haben.

Haltung der NASA ermutigt, machte er sich an eine genaue Untersuchung und mußte zu seinem Erstaunen feststellen, daß die Zeichnungen einen Teil des Himmels darstellten, an dem durch den Ausbruch einer Supernova vor 30 000 Jahren der Sternennebel Gum entstanden war.[1] Er fand auch heraus, daß sich an der Fundstelle alljährlich die Indianer Boliviens versammelten, um irgendein längst vergessenes Ereignis zu begehen; und daß diese Himmelsregion in einer Legende als die Gegend bezeichnet wird, »wo auf den Himmelsstrauß Jagd gemacht wird«. »Ehedem nämlich«, erklären die alten Indianer, »wurde der Himmelsstrauß von zwei Hunden über den Himmel gejagt und verschlungen.« – Ein recht durchsichtiges Gleichnis, das an die große Sintflut erinnert, die die Völker auf der Hochebene in Furcht und Schrecken versetzte. Da aber der Ausbruch von der Fundstelle des Steines aus mit bloßem Auge nicht beobachtet werden konnte, mußte die Beobachtung mit Hilfe eines Teleskops oder Himmelsfernrohres durchgeführt worden sein, dessen ehemaligen Standort M. Michanowsky nun aufzuspüren versucht.

Gestützt wird seine These durch die neuerdings in Kalifornien entdeckten Felsmalereien, die die Entstehung des Krebsnebels durch den Ausbruch einer Supernova schildern.[2]

Diese Neuentdeckung bedeutet u. a. aber auch, daß unsere hochentwickelten Vorfahren nicht nur im alten Inkareich, sondern auch in Nordamerika und zweifelsohne auch ander-

[1]Vgl. *Sciences et Avenir*, Nr. 322, S. 1115.

[2]Das Bild wurde im Juli 1964 von Muriel Kennedy entdeckt und von Stéphane Maran, Forscher am Goddard Space Flight Center der NASA, als astronomische Darstellung beglaubigt. Der Astronom Robert Harrington vom Naval Observatory in Washington berechnete auf einen Grad genau die Position des Mondes in Konstellation zum Sternnebel und setzte das Datum der Beobachtung auf den 5. Juli 1054 fest.

wärts Kulturen von hohem wissenschaftlichem Niveau aufgebaut hatten.
So wird allmählich begreiflicher, daß die Menschen des alten Ica Teleskope verwandten und chirurgische Techniken und Kenntnisse entfalteten, über die wir erst seit einem Jahrhundert verfügen.
Aber Professor Michanowskys Entdeckung bestätigt nicht nur die Echtheit der gravierten Steine Dr. Cabreras, sondern gibt darüber hinaus auch einen Hinweis auf ihr Alter: womöglich 30 000 Jahre.

Initiatoren, die vor 11 000 Jahren vom Himmel kamen

Und tatsächlich ist es von der Haltbarkeit der Ritzzeichnungen her denkbar, daß im Zeitraum zwischen 30 000 und 11 000 – also in der Spanne zwischen Gumnebelbildung und Sintflut – die *grabados,* die Dinosaurier und technisch äußerst versierte Menschen gleichzeitig nebeneinander existierten.
Bleibt allerdings, falls die Steine direkt in Ica graviert wurden, noch eine Frage offen: Wie konnten sich die großen Saurier, selbst wenn sie nicht zahlreich vertreten waren, in einer Region erhalten, in der es heute weitaus mehr Steine als Gras gibt, zumal die meisten dieser Tiere als Pflanzenfresser täglich mindestens eine Tonne Grünfutter brauchten? Das heutige Ica jedenfalls entspricht solchen Nahrungsbedürfnissen in keiner Weise. Die Steine sind also entweder nicht an Ort und Stelle graviert worden, oder es hat einen Klima-Umschwung gegeben.
Ein Klima-Umschwung solchen Ausmaßes innerhalb von nur 30 000 Jahren ist allerdings kaum vorstellbar. Außerdem ist das Gestein der *grabados* spezifisch für die Geophysik Icas, und die Gravuren wurden nachweislich nicht von den

Chirurgen selber, sondern nach Anweisungen von Initiatoren oder nach Vorlagen ausgeführt.
Das ist zwar nur eine Hypothese, aber, wie uns scheint, doch durchaus geeignet, dort eine Erklärung zu liefern, wo die herkömmliche Logik versagt. Unserer Meinung nach stammen die Steine von Ica aus der Zeit nach der Sintflut. Damals kamen Initiatoren, *»Götter«* genannt, vom Himmel herab

Die Bedeutung dieser Darstellung ist umstritten. Möglicherweise symbolisiert sie die Ankunft behelmter fliegender Menschen (Kosmonauten) auf einem großen »Vogel« (Flugzeug oder einer anderen Flugmaschine).

(und zwar notwendig »vom Himmel«, da es zu dieser Zeit nirgendwo auf unserer Erde eine Kultur gab), die die Lehrmeister der Kelten, der alten Ägypter, der Bevölkerung von Peru und Tiahuanaco, der Anrainer des Ozeans und der großen Flüsse sowie des Titicacasees wurden.[1]
Sie hinterließen Archive, die den Künstlern der Vor-Inkazeit von etwa 11 000 v. Chr. an als Vorlage für die ersten Steine der Bibliothek von Ica dienten, deren Anfertigung bis etwa ins 16. Jahrhundert fortgesetzt wurde.
Diese Theorie besitzt den Vorzug, den uns bekannten Gegebenheiten Rechnung zu tragen und mit allen Einwänden aufzuräumen. Die außerirdischen Initiatoren besaßen die erforderlichen Kenntnisse, um Herztransplantationen durchführen und prähistorische Tierarten, sei es aufgrund von Studien, sei es aufgrund eines Erdaufenthaltes zur Zeit der Dinosaurier, darstellen zu können.

Botschaft der Atlanter?

Eine andere, nicht weniger verführerische Hypothese besitzt darüber hinaus noch den Vorzug, sich mit den Angaben der Überlieferungen zu decken.
Dieser Hypothese zufolge hatten unsere hochentwickelten Vorfahren, die Atlanter (oder vielleicht auch die Bewohner des Landes Mu), vor der großen Sintflut, also vor etwa 12 000 Jahren, auf der Erde eine Kultur geschaffen, von der unsere heutige nur ein schwacher, genetisch überlieferter Abglanz ist.
Viele glauben heute, daß unsere Kultur am Rande des Abgrundes angelangt ist und höchstens noch eine Generation

[1]Die außerirdischen Initiatoren wären unmittelbar nach den beiden historisch belegten Sintfluten um 12 000 und 5000 auf die Erde gekommen.

lang bestehen wird (wenn unsere wissenschaftlichen Errungenschaften auch nicht verlorengehen, da nur die weiße Rasse von der gelben abgelöst wird). So wußten schon vor 12 000 Jahren die Eingeweihten, daß die irdische Intelligenzija einer großen Katastrophe zum Opfer fallen würde.[1]
Diese Eingeweihten nun trugen ihr Wissen und ihre Kenntnisse, um sie vor dem Untergang zu bewahren, in Archiven zusammen. Diese Archive aber sind bis heute nicht gefunden worden.[2] Das heißt, bis zur Entdeckung der primhistorischen Bibliothek Dr. Cabreras.
Die Steine von Ica nämlich überliefern die wichtigsten *praktischen* Kenntnisse, allerdings unter weitestgehender Ausklammerung bestimmter Techniken, die bei weiterer Entwicklung zur Herstellung von Atombomben und Vernichtungswaffen führen könnten. Daher auch die Tabuisierung des Rades in den Anden.
Natürlich durften diese Archive nicht aus vergänglichem Material wie Holz, Papier oder Metall angelegt werden und mußten in einer auch der nicht so entwickelten späteren Generation verständlichen Weise abgefaßt sein. Daher der Beschluß, die Steine von einfachen Steinmetzen bearbeiten zu lassen, was den dargestellten Szenen einen archaischen, schematischen Charakter verleiht.
Es sei denn – und diese Möglichkeit ist keineswegs auszuschließen –, die Zeichnungen wären *nach* der Sintflut von überlebenden Atlantern einer niedrigeren Gesellschafts-

[1] Alle Mythologien stimmen darin überein, daß einige wenige von der bevorstehenden Sintflut wußten: Noah, unbekannt in welchem Land, Manu in Indien, Bochica in Kolumbien, Xisuthrus in Chaldäa, Coxcox in Mexiko etc.

[2] Sanchuniathon soll in einem ägyptischen Tempel eine in ammonäischer Schrift (unbekannt) abgefaßte Weltgeschichte gefunden haben, die jedoch wieder spurlos verschwunden ist.

schicht aus dem Gedächtnis und nach bruchstückhaften Vorlagen ausgeführt worden.

Atlantis oder Mu?

In jedem Fall wurden die Steine an einem trockenen Ort in mittlerer Höhe aufbewahrt bzw. an mehreren Stellen, von denen heute bereits zwei – Ica und Acambaro (Mexiko) – bekannt sind und vielleicht noch weitere im Laufe der Zeit in Tibet, Ägypten und Indien[1] entdeckt werden.
Warum aber führen wir dieses Erbe auf die Atlanter und nicht auf die Eingeweihten des Landes Mu zurück? Aus einem wissenschaftlichen Grund. Unseres Erachtens nämlich ist diese vermutlich ehedem im Pazifischen Ozean gelegene und mithin von den Kordilleren der Anden weit entfernte Kultur sehr viel älter als die von Atlantis (asiatischen und indischen Traditionen zufolge Hunderttausende von Jahren). In prähistorischen Zeiten dagegen waren (das ägyptische oder keltische Altertum einbezogen) die westeuropäischen Völker und Mittelmeeranrainer die höchstentwickelten Völker, und zwar aufgrund ihres von den Atlantern ererbten genetischen Kodes oder Chromosomengedächtnisses. Im Falle von Mu hingegen ist Ähnliches nicht nachzuweisen. Gewiß hat man auch in Polynesien, Australien, Neuguinea z. T. sogar recht interessante Funde gemacht (Marianen, Tonga-, Marshall-Inseln etc.)[2], aber doch nichts, was sich mit den Höhlen von Lascaux,

[1]Vielleicht handelte es sich auch bei Churchwards Entdeckung um ein solches Depot.

[2]Die Osterinseln führen wir hier nicht auf, weil ihre jüngsten Statuen nur knapp dreihundert Jahre alt sind!
Falls Polynesien je eine kulturelle Blütezeit erlebte, muß diese so lange zurückliegen, daß sich mittlerweile jede Spur verwischt hat.

Wildesel oder Wildpferd?
Vor 20 000 Jahren gab es in Amerika bereits Pferde. Dann jedoch scheint die Art ausgestorben und erst von den Konquistadoren im 16. Jahrhundert in Peru und Mexiko wieder eingeführt worden zu sein. Die oben abgebildete Zeichnung wäre demnach also entweder mindestens 20 000 oder höchstens 350 Jahre alt.

den ägyptischen Pyramiden, Carnac oder den Tempeln von Malta vergleichen ließe.

Die Künstler waren klüger als wir

Nun sind unsere Thesen gewiß nicht unanfechtbar, aber ein Einwand fordert uns doch besonders heraus: daß manche Zeichnungen, so z. B. die Herzoperation, von einer schon fast unverschämten Genauigkeit und Treffsicherheit sind!

Wir für unseren Teil nun folgern daraus, daß der Graveur ein intellektuell hochentwickelter Mann war, ein Künster, Geometer und Mathematiker mit dem Verstand eines Leonardo da Vinci und der manuellen Geschicklichkeit eines Architekten, Chirurgen oder Trickfilmzeichners.
Man sehe sich nur den Strich an, der, vielfach ohne abzusetzen, beim Kopfputz des Chirurgen beginnend, das ganze Gesicht mit unwahrscheinlicher Sicherheit in einem einzigen Zug umreißt; die Kurven, die wie mit dem Zirkel ausgeführt scheinen, und die Geraden, die mit dem Lineal gezogen nicht gerader sein könnten. Man nehme nur das abgebildete kleine Pferd bzw. den Wildesel, dessen klare Linienführung ein Gehirn verrät, das dem eines Durchschnittseuropäers des 20. Jahrhunderts weltenweit überlegen sein muß. Womit wurden die Zeichnungen nur gemacht, mit einem Obsidian oder mit einem Metallwerkzeug?
Um uns zu vergewissern, haben wir versucht, diese Zeichnungen mit einem sogenannten *rotofield,* einer Art Bohrer, wie sie von Zahnärzten verwendet werden, zu kopieren und uns dazu Steine von entsprechender Härte ausgesucht. Insgeheim glaubten wir es den prähistorischen Graveuren gleichtun zu können, aber davon konnte keine Rede sein; das Ergebnis fiel enttäuschend aus. Immerhin aber bestätigte es, was wir allerdings ohnedies schon wußten: Die Steine von Ica wurden nicht in unserer Zeit und nicht mit einem *rotofield* graviert.

Fünf gleichlange Finger

Die abgebildeten Menschen stellen verschiedene Typen dar, im allgemeinen, wie am Profil und Federkopfputz kenntlich: Inkas. Sie sind durchweg nur mit einem Lendenschurz bekleidet und zeichnen sich durch eine äußerst interessante physische Besonderheit aus: Sie besitzen an beiden Händen fünf gleichlange Finger, also keinen Daumen. Das jedoch bedeutet, daß sie nicht von der Mutter der Menschheit Orejona[1] abstammen, die wie die Personen auf der Puerta del Sol in Tiahuanaco nur vier Finger, darunter jedoch einen Daumen besaß. Nach dem allgemeinen Gesetz der Unumkehrbarkeit der Evolution (das allerdings erst bewiesen werden müßte) führt der Weg der Entwicklung nie hinter eine Spezialisierung zurück. Das heißt, wir könnten wohl von Vorfahren mit fünf oder sechs, nicht aber von Ahnen mit vier Fingern abstammen.

Da eine Hand desto primitiver ist, je mehr Finger sie hat, kann es sich bei den auf den *piedras* dargestellten Wesen also nicht um unsere hochentwickelten Vorfahren handeln. Offensichtlich haben die Graveure bei der Schilderung der verschiedenen Szenen sich, d. h. eingeborene Erdenbewohner, an die Stelle der von einem anderen Planeten stammenden, ihnen und womöglich auch uns weit überlegenen eigentlichen Helden gesetzt.

Ica, Lussac-les-Châteaux, Lascaux

Auch uns weit überlegen? Nach einer eingehenden Betrachtung der verschiedenen Mal- und Zeichentechniken der vorhistorischen Zeiten kann man sich dieser Einsicht wohl kaum verschließen. Jedenfalls hat uns das Studium der Fresken von

[1]Orejona, die Mutter der Menschheit, ist laut Gregori B, alias Gracia Beltran, dem Erneuerer des Kults der Inkasonne, der verschiedene Andentraditionen gesammelt hat, vor langer Zeit an Bord eines heller als die Sonne glitzernden Flugzeugs auf die Erde gekommen und am Ufer des Titicacasees gelandet.

Montignac-Lascaux, Altamira, der unschätzbar wertvollen (1937 von unserem Freund Léon Péricard entdeckten, 15 000 bis 20 000 Jahre alten) Bibliothek der Magdalénien von Lussac-les-Châteaux, der *grabados* von Ica, der Täfelchen von Glozel sowie einiger anderer Stücke, die wir von den Osterinseln, aus San Agustin, Peru oder Ägypten besitzen, eins klar gezeigt: Unsere prähistorischen Vorfahren hatten eine viel sicherere Hand und einen weitaus besseren Sinn für Linienführung als wir. Ein Graphologe würde daraus zweifelsohne auf eine hochentwickelte Intelligenz schließen. Außerdem besitzen die Eingeborenen von Mexiko und Peru künstlerische Fähigkeiten, die in der ganzen Welt ihresgleichen suchen. Über kurz oder lang werden auch wir die Überlegenheit der mexikanischen Maler über die europäischen anerkennen und die geradezu Einsteinsche mathematische Begabung der peruanischen Inkas zugeben müssen. Unlängst bereits schrieb der amerikanische Professor Otto Klineberg von der New Yorker Columbia-Universität über die Indianer Nordamerikas: »Der weiße Durchschnittsbürger würde bei speziell auf die Stämme der Yakima, Hopis oder Dakota zugeschnittenen Tests wie ein armer Schwachkopf abschneiden. Besonders interessant in diesem Zusammenhang ist der Fall der Hopis, die ihre Kinder seit Ende des zweiten Weltkrieges auf die Universitäten schicken, wo sich die »Zurückgebliebenen« in Mathematik und theoretischer Physik erstaunlich leicht tun. Eine Untersuchung dieses Phänomens durch die Ethnologen zeigte, daß die Sprache der Hopis wie geschaffen scheint, die abstraktesten Begriffe der Relativitätsphysik auszudrücken.«[1]

[1]Auszug aus der Zeitschrift »Atlas«, Nr. 48, vom Juni 1970. Kommentare von M. Jacques Bert aus Lyon.

Christlicher oder allgemeiner Mythos? Eva, Adam und die Schlangen-Katze.

Mit anderen Worten, vor der Entwicklung der Einsteinschen Relativitätstheorie erschien den Europäern die Logik der Hopis absurd und unverständlich – nicht, weil sie hinter uns zurückgeblieben, sondern weil sie uns voraus waren!

Todesstrafe bei Ehebruch

Von der – übrigens nicht auf allen Steinen gleich großen – Virtuosität der Darstellung abgesehen, läßt sich bei den Ritzzeichnungen von Ica kein gemeinsamer Nenner finden. Sie weisen vielmehr verschiedene Stilrichtungen und eine Vielzahl von Techniken auf, dürften also, worauf auch die unterschiedliche Patina hindeutet, das Werk einer ganzen Reihe von Künstlern sein. Der Stein mit dem Messerduell z. B. dürfte seiner Patina nach weniger alt als die Dinosaurierdarstellungen sein, die ihrerseits nicht die flüssige Linienführung der Operationsszenen besitzen – was die Vermutung nahelegt, daß zwischen der Entstehungszeit der Steine Jahrtausende vergangen sind.

Auch inhaltlich bestehen große Unterschiede. So gibt es zahllose Steine mit Tierdarstellungen oder irgendwelchen, auf den ersten Blick uninteressanten Szenen, während landwirtschaftliche, handwerkliche oder industrielle Schilderungen völlig fehlen, wohingegen das Strafrecht die Künstler wieder interessiert zu haben scheint. So erfahren wir, daß sexuelle Beziehungen zwischen Geschwistern (außer, wie auch bei den Pharaonen, zwischen Königskindern) verboten waren und der Ehebruch hart bestraft, die Frau samt dem aus einer solchen Verbindung hervorgegangenen Kind geköpft, dem Mann dagegen der Phallus abgeschnitten wurde.

All das ist gewiß sehr interessant und klingt nach »Weltgeschichte«. Nur, wie sind dann die doch recht beträchtlichen Lücken zu erklären? Schließlich ist kaum anzunehmen, daß Wesen, die Herztransplantationen durchführen konnten, keine Stadtpläne und Bücher, keine Park- und Heizanlagen, kaum Baupläne für Häuser und ein allereinzigstes Fortbewegungsmittel, das Boot, gekannt; keine Räder, keinerlei Räderwerke oder über Räder laufende Antriebsvorrichtungen verwendet und nichts vom Kompaß oder von Glasgefäßen gewußt haben sollten, obwohl sie die Lupe und das Teleskop erfanden!

»Ich für meinen Teil«, meint Dr. Cabrera, »möchte nicht ausschließen, daß die Ica-Kultur nicht doch Auto, Flugzeug und Raketen gekannt hat, obwohl sich auf den 11 000 Steinen in meinem Besitz und den schätzungsweise 20 000 unter Sammlern verstreuten keine Darstellungen dieser Erfindungen findet. Immerhin ist die Bibliothek noch nicht vollständig. Es fehlen noch viele Stücke, deren Aufbewahrungsort nur meine Freunde, die Bauern, kennen.«

Vorab aber stoßen sich die offiziellen Wissenschaftsjünger an dem Widerspruch zwischen der Kleidung der dargestellten Figuren und ihrem technologischen Können. »Wie sollten«, wenden sie ein, »Menschen, die einen Lendenschurz tragen, zu so schwierigen Operationen wie Herzverpflanzungen imstande sein?« Gewiß eine nicht von der Hand zu weisende Beobachtung, die uns allerdings nur in der Annahme bestärkt, daß Graveure und Chirurgen nicht ein und dieselben waren.

Denn es fragt sich doch wohl, wer uns seine Kenntnisse übermitteln wollte, warum und welche Art und Weise ihm dafür geeignet erschien.

Das Ziel unserer hochentwickelten Ahnen war vermutlich, ein Zeugnis ihrer Existenz zu hinterlassen, das gleichzeitig zur Evolution der zukünftigen Rassen beitragen konnte.

Wir müssen uns diese außerirdischen Wesen als Gelehrte unter halbwilden Eingeborenen auf einer Erde vorstellen, auf der sich vielleicht noch letzte prähistorische Ungetüme tummelten. Während sie das Radioteleskop, das Mikroskop und komplizierte Operationstechniken kannten, bedienten sich die Erdenbewohner der Axt und des Messers und steckten, was technisches Können angeht, noch in den Kinderschuhen. Unter solchen Umständen wäre es gewiß nicht sinnvoll gewesen, die Botschaft auf Farbfilmen und in Büchern aus Papier zu hinterlassen. Außerdem wissen wir nicht, ob sie diese Erfindungen überhaupt kannten. Sie dagegen wußten sehr wohl, daß für ihre Botschaft, wenn sie mehr als nur etliche Jahrhunderte überdauern sollte, nur die nahezu unzerstörbaren Materialien der Primitiven in Frage kamen: Feuerstein, der jedoch selten und klein ist, Stein und Keramik.

Wie sie also zu groben Werkstoffen greifen mußten, so mußten sie auch, sollte ihre Botschaft für die Nachwelt sinnfällig sein, eine grobe Ausdrucksform wählen, denn nicht einmal ein so berühmter Chirurg wie Ambroise Paré (16. Jahrhundert) hätte mit einer fotografisch genau in Stein geritzten Herzoperation etwas anfangen können. Selbst er hätte darin wohl eher eine Kulthandlung gesehen: weißgekleidete Personen um einen mit einem weißen Tuch bedeckten Altar! Schließlich dürfte das komplizierte, kanonenähnliche Radioteleskop und das rätselhafte Rohr des Protonenmikroskops selbst bei vielen unserer Zeitgenossen auf ein ähnliches Unverständnis stoßen.
Mit anderen Worten, sollte die Botschaft der höherstehenden Ahnen einen Sinn haben, mußte sie sich an weniger Gebildete wenden (nur ihnen konnte sie ja weiterhelfen), d. h. zum Beispiel für einen Schreiber oder Chirurgen des 16. Jahrhunderts in Peru, China, Grönland oder Melanesien verständlich sein.

Eine intelligente Lösung

Dieses Ziel nun verwirklichen die *grabados* auf intelligente Weise. Sie versuchen nicht, die Geheimnisse der Chirurgie oder der Herstellung von Teleskopen zu enthüllen, sondern begnügen sich damit, die Möglichkeit der Herzverpflanzung bzw. der Sternbeobachtung mittels eines vergrößernden Instruments anzudeuten, zu bestätigen. Darüber hinaus geben sie noch einige elementare Anweisungen. So empfehlen sie z. B., dem Herzempfänger das Blut einer Schwangeren zu übertragen oder zur Sternenbetrachtung ein dem Auge angepaßtes Rohr zu benutzen. Aus diesen grundlegenden Hinweisen konnte sich dann später die Glaslinse und schließlich dieses Monstrum der Technik, Uhrmacherkunst und Optik, das Teleskop, entwickeln.

Warum aber sind die dargestellten Figuren, um auch auf diesen Einwand noch einmal zurückzukommen, mit Kopfputz wie die Menschen der Vor-Inkazeit gekleidet? Dazu die Gegenfrage: Wie sollten sie, wenn die Steine aus dieser Zeit stammen, denn sonst kostümiert sein? Wie die Konquistadoren? Oder in Flanelljacke und weißen Halbstiefeln, wie das 19. Jahrhundert sie bevorzugte? Oder gar in Blue jeans und geblümten Hemden, wie sie 1960 üblich waren? Wie Eskimos oder vielleicht lieber wie Chinesen?[1]
Kurzum, die überlegenen Vorfahren – Extraterrestrier, Atlanter, Bewohner des Landes Mu oder wer immer – wußten schon, warum sie die Formulierung ihrer Botschaft an mehr oder minder einfache Wesen, so einfachen Menschen wie den Eingeborenen, überließen.

Die Initiatoren waren Seher

Diese Zeichnungen mit ihren unverständlichen, widersprüchlichen, anachronistischen Szenen sind ganz dazu angetan, unser Denken zu verwirren. Dennoch sagen wir mit Tertulian: *»Credo quia absurdum!«*
Aber damit noch nicht genug. Die Steine stellen uns vor ein weiteres, bis jetzt und wohl noch auf lange Zeit hinaus nur Dr. Cabrera und uns bekanntes Rätsel, das wir nicht enthüllen dürfen. Wir können in diesem Zusammenhang nur andeuten, daß die *piedras* die Geschichte der Vergangenheit weit über die Dinosaurier hinaus erzählen. Sie berichten von entscheidenden Ereignissen des »menschlichen Abenteuers«,

[1]Ein ähnliches Problem stellte sich den Malern des »Jüngsten Gerichts«. Diese lösten es vielfach dadurch, daß sie die Menschen mit Vorliebe nackt und die Städte nach einem Phantasiebild malten, während Hieronymus Bosch Zukunftsvisionen von Flugmaschinen hinzufügte.

die weder Graveuren noch den hochentwickelten Vorfahren bekannt gewesen sein können, selbst wenn sich die Kulturen, woran wir nicht zweifeln, zyklisch erneuern.[1] So schildern manche Steine Ereignisse, die sich erst Jahrtausende nach ihrer Gravierung zugetragen haben. Aber mehr zu sagen, ist uns nicht gestattet.

Trotzdem müssen wir, nachdem wir diese Gravuren gesehen haben, folgenden sonderbaren Zusatz anfügen:

Die Steinmetzen der piedras von Ica müssen Seher gewesen sein oder im Auftrag von hochentwickelten Ahnen gearbeitet haben, die ihrerseits nicht nur Männer der Wissenschaft, sondern auch Seher waren.

Vielleicht standen sie unter dem Einfluß halluzinogener Drogen, was durchaus ins Bild der alten Kunst paßte: Die Fresken, Skulpturen und Zeichnungen der Inder (in Ellora, Ajanta, Madurai etc.), der Mexikaner und Inkas, durch die Bank sehenswerte Kunstwerke, sind unter Haschisch- oder Kokaineinwirkung geschaffen worden.

Allerdings gibt es noch eine andere Hypothese, der zufolge die Zeichnungen Ereignisse der letzten zwei Jahrtausende schilderten und erst nach der Eroberung durch die Spanier, also vor rund 400 Jahren, entstanden wären. Das freilich würde voraussetzen, daß die Kette der Eingeweihten praktisch bis in unsere Zeit nicht abgerissen, der Orden der Rosenkreuzer etwa also weit älter wäre als man heute glaubt. Mit anderen Worten, daß die Überlieferung in unterirdischen oder außerhalb der Erde gelegenen Heiligtümern mündlich erfolgte und von Zeit zu Zeit, z. B. durch die Steine von Ica,

[1] Wir halten die Theorie der zyklischen und mithin ewigen Wiederkehr der Dinge und Ereignisse für richtig, glauben allerdings nicht an eine sklavische Wiederholung bis in alle Einzelheiten hinein.

offenbart wurde, ohne daß die Eingeweihten das Geheimnis ihrer eigenen Existenz und das besagter Heiligtümer lüfteten.[1]

Es gibt noch andere Verstecke

Diese vielfach etwas gewagten und in manchen auch im Widerspruch zu Dr. Cabreras Thesen stehenden Spekulationen erlauben uns indessen bereits, einige Teile des Puzzles zusammenzufügen:

1. Die Steine sind echt und in Peru schon seit langem bekannt.
2. Ihrem Stil nach zu schließen, stammen sie aus der Prähistorie. Zeugen: Lascaux, Lussac, San Agustin, Glozel.
3. Da ihr wohlerhaltener Zustand auf ein Alter von höchstens 40 000 Jahren hindeutet, können sie nicht zur Zeit der Dinosaurier entstanden sein, selbst wenn diese zu Beginn des Quartärs (im Pleistozän = vor 1 Million Jahren) noch auf unserer Erde existierten.
4. Sie wurden von Angehörigen eines weniger hochstehenden Kulturkreises als dem unseren graviert, aber im Auftrag oder nach den Dokumenten hochentwickelter Vorfahren, die zweifellos zum Zeitpunkt der Abfassung verschwanden.
5. Sie vermitteln Kenntnisse, die diese hochentwickelten Ahnen den überlebenden Völkern für die Zeit nach der Sintflut oder einer anderen großen Naturkatastrophe hinterlassen wollten.
6. Ähnliche Depots müssen sich auch andernorts finden.
7. Bei den Ahnen handelte es sich entweder um die Atlanter vor der Sintflut oder um Initiatoren von einem anderen

[1] Allerdings könnte es sich bei diesen Offenbarungen auch um das Vermächtnis einer überlegenen Menschheit mit einer anderen Zeitauffassung handeln, die gleichzeitig Gegenwart, Vergangenheit und Zukunft kannte.

Planeten, deren eigene Ahnen der Erde in den verschiedenen Erdzeitaltern einen Besuch abgestattet oder diese aufgrund wissenschaftlicher Forschungen gekannt haben müssen.

8. Die Kette der Eingeweihten ist im Laufe der Jahrtausende nicht abgerissen. Sie haben uns von Zeit zu Zeit Entdekkungen zugespielt, die wir für zufällig hielten.

Alles in allem bereits eine durchaus positive Bilanz, wenn sie das Geheimnis auch nur ein bißchen mehr aus dem Dunkel hebt. In einem Punkt jedoch besitzen wir einen Beweis für unsere Thesen: Es gibt tatsächlich mehrere Verstecke. Die Entdeckungen in Mexiko bedeuten eine wertvolle Stütze für die Echtheit der Steine von Ica.

IV. DIE 32 000 BOTSCHAFTEN VON ACAMBARO

Die *primhistorische Bibliothek von Ica* ist nicht die einzige ihrer Art. Selbst Frankreich besitzt etwas Ähnliches aus prähistorischen Zeiten, die fast ebenso interessante Bibliothek von Lussac-les-Châteaux, die allerdings nicht über das Magdalénien zurückreicht, also höchstens 15 000 bis 20 000 Jahre alt ist.[1]
Diese Steinbücher, die gleich denen von Ica eine Geschichte erzählen, die mit den Märchen der Prähistoriker nichts mehr gemein hat, befanden sich lange Zeit (seit 1935) im Pariser Musée de l'Homme hinter Schloß und Riegel. Erst vor kurzem haben die »Offiziellen« angefangen, sich mit der Entdeckung des alten Müllers von Lussac, M. Léon Péricard, zu beschäftigen, während die *interessantesten Menschendarstellungen* der Öffentlichkeit noch immer nicht zugänglich sind.

Die Kleidung der Menschen von Lussac

Und zwar, weil diese 20 000 Jahre alten Menschendarstellungen unsere Hohenpriester in beträchtliche Verlegenheit setzen. Man stelle sich doch nur vor, Menschen, die ähnlich gekleidet sind wie du und ich, wo man in einer »Eiszeit« doch eher Pelze erwarten sollte! Statt dessen tragen sie Bart, Hut, Weste, Hose, Socken, Schuhe bzw. Gürtel und Kleid! Ja, nicht selten promenieren sie sogar halbnackt, den Phallus ostentativ zur Hose herausgereckt, was ernste Zweifel an dem

[1]Das Magdalénien, die Epoche von Lascaux, Altamira, Lussac-les-Châteaux, die das Ende der sogenannten letzten Eiszeit bildet (um den Terminus der Prähistoriker zu verwenden), wird auch die »Epoche des Rens« genannt, das zu dieser Zeit in Frankreich noch wild lebte . . . wie heute in unseren Nationalparks! Im übrigen weiß man mittlerweile, daß sich die prähistorischen Tiere in günstigen, nicht allzu kalten Regionen, lange Zeit gehalten haben, so z. B. in Glozel.

Zeichnungen von Stéphane Lwoff.

Links: Dieser Mann (allem Anschein nach) in Morgenrock und Hausschuhen, mit Glatze, aber Bart, erinnert mehr an einen Philosophen oder Redner als an einen keulenschwingenden Wilden.

Rechts: Das Mädchen von Lussac, wohlgekämmt, mit feinen Zügen, erinnert wenig die primitiven Menschen, von denen die Prähistoriker so gerne sprechen. Eine Brigitte Bardot vor 20 000 Jahren!

von höchster Instanz dekretierten Polarklima aufkommen lassen muß.
Auch die sorgfältig gepflegte Haar- und Barttracht bzw. glatte Rasur, die doch gewisse ästhetische Bedürfnisse verrät, paßt schlecht zum traditionellen Bild der sogenannten »Barbaren«, die, halb Tier, halb Mensch, von rohem Fleisch lebend in Höhlen hausten, unfähig, eine Hütte zu errichten oder eine Axt zu schmieden. »Offensichtlich ist ihnen nicht einmal die Idee gekommen, einen Stein auf den anderen zu schichten, um eine Mauer zu bauen«, behaupten heute noch gewisse Prähistoriker von Menschen, die bedeutende chemische Kenntnisse besaßen (s. die Eisenperoxyd- und Manganstäbe von Lascaux), gewiefte Astronomen waren (die bereits vor 30 000 Jahren Mondkalender aufstellten), schon vor 300 000 Jahren ihre Symbole in Knochen ritzten und Berufe wie Schneider, Weber, Friseur, Juwelier, Schuster, Chirurg usf. kannten.

Den Prähistorikern auf den Schlichen

Die Geschichte der alten Völker ist fast vollständig in Dunkel gehüllt. Trotzdem scheuten und scheuen sich die klassischen Prähistoriker nicht, ihnen Namen zu geben und ihre Kulturen zu klassifizieren und ungeachtet aller Neuentdeckungen und Beweise alles zu verwerfen, was gegen ihre sakrosankte Meinung verstößt.
So bestreiten sie, wie sie sich lange Zeit weigerten, Glozel anzuerkennen, heute noch die Existenz von Atlantis, Mu, Petra, Simbabwe, Acambaro und sind offensichtlich auch durch Lächerlichmachen nicht unterzukriegen. Jedenfalls scheint ihr Renommee nach wie vor unerschüttert, obwohl sich ihre Anthropologen eindeutig geirrt haben.

Entgegen ihren Behauptungen, an denen sie nach wie vor festhalten, hatte der prähistorische Mensch ein hohes geistiges Niveau erreicht. Er überschlug, kalkulierte, stellte Mutmaßungen an und Kalender zusammen, wie der berühmte amerikanische Wissenschaftsschriftsteller Alexander Marshack in seinem Buch über die Wurzeln der Kultur schreibt. Kurzum, er besaß ein Gehirn, das genauso wie das unsere funktionierte und nichts mit dem eines Primitiven aus dem 20. Jahrhundert, eines Papua oder australischen Eingeborenen, gemein hatte. Eine revolutionäre Entdeckung, die viel böses Blut machte und Marshack, wie aus einem Interview mit Fanny Deschamps hervorgeht,[1] Schwierigkeiten aller Art eintrug.

So ließ man ihn, als er um die Erlaubnis nachsuchte, bestimmte in französischen Museen aufbewahrte Knochen in Augenschein nehmen zu dürfen, erst zweieinhalb Jahre lang antichambrieren, und als man ihm endlich gestattete, »sich in einem für die Öffentlichkeit gesperrten Saal des Musée de Saint-Germain einen bestimmten Knochen anzusehen, *ohne ihn zu berühren,* zeigte sich, daß der Knochen seit dreißig Jahren verschwunden war, ohne daß es jemand bemerkt hatte«.

Wahrhaftig wachsame Hüter, denen wir da unser historisches Erbe anvertrauen und das letzte Wort über die Prähistorie und die Echtheit der Funde von Glozel, Ica und Acambaro zubilligen!

[1] *Elle* vom 22. Oktober 1973, Nr. 1453: *L'intelligence est née en Périgord,* Interview von Fanny Deschamps.

Marche-Höhle – Magdalénien III – Lussac-les-Châteaux (Vienne). Diese nach heutiger Mode gekleidete Frau lebte zur Zeit der Höhlen, von Lascaux, Mammut und Feuerstein, also vor 200 Jahrhunderten. Der Prähistoriker Lwoff schrieb zu dieser Zeichnung: »Mit einer Art Südwester bedeckt, ist diese Frau von Kopf bis Fuß bekleidet. Auf dem rechten Hosenbein in Höhe des Oberschenkels scheint eine Tasche zu sitzen. – Unter dem doppelt gezeichneten Fuß sieht man deutlich eine Sohle . . .« (Zeichnung von Stéphane Lwoff).

Julsrud, der Glückspilz

Acambaro ist eine kleine, zwischen zwei Bergseen eingebettete, 160 km nordwestlich von Mexiko an der Straße nach Celaya gelegene Stadt.

Unweit davon, bei Chupicuaro, auf ehemaligem Taraskergebiet, machte der Deutsche Waldemar Julsrud 1945 eine in den Annalen der »wilden« Prähistorie einmalige Entdeckung: 32 000 unversehrte Keramiken, noch dazu von einer Kultur, von deren Existenz bis dahin niemand etwas geahnt hatte.

Waldemar Julsrud, Eisen- und Kurzwarenhändler, war ein kultivierter, aufgeschlossener Mann, der sich lebhaft für alte Kulturen, wie Atlantis, interessierte, viel las und seine Freizeit damit verbrachte, in der Umgebung von Acambaro nach Überresten der Tarasker, der rätselhaftesten Kultur von ganz Mexiko, zu forschen.

Eines Tages, als er wieder einmal auf seinem Pferd über die hügeligen Ausläufer der Sierra Madre ritt, entdeckte er an der Böschung einer Schlucht einen rötlichen Gegenstand, der in der Farbe an Ton erinnerte. Er stieg ab und sah zu seiner Freude, daß es sich um ein Terrakottafigürchen handelte, das er ohne weitere Mühe unversehrt bergen konnte. Durch diesen Fund angestachelt, machte sich sein einheimischer Begleiter, Odilon Tinajero, sofort auf die Suche, aber vergeblich.

Das Figürchen war sonderbar, von einem völlig unbekannten Stil, was die beiden jedoch nicht weiter beschäftigte. Trotzdem kamen sie überein, Tinajero solle in die El Toro genannte Schlucht zurückkehren und feststellen, ob es sich um ein vereinzeltes oder um ein aus einem Lager versprengtes Stück handle.

Ein Schubkarren voll kleiner Figuren

Einige Tage später suchte Tinajero Julsrud mit einem Schubkarren voller Statuetten auf, sonderbaren menschlichen und tierischen Darstellungen – 38 an der Zahl, für einen einfachen Sondierungsgang eine unerhörte Ausbeute!

Die Terrakottafigürchen stellten phantastische Tiere dar, die der Deutsche als Dino- und Brontosaurier vom Ende des Erdmittelalters identifizierte, aber auch Reptilien – darunter viele Schlangen –, Kamele, Echsen und nach Gesichtsausdruck, Größe, Bekleidung und Form höchst verschiedenartige Menschen.

Am erstaunlichsten jedoch waren die Figurengruppen, vielfach aus einer Frau bestehend, die mit einer Art Krokodil, Mesosaurier oder Stegosaurier (275–60 Millionen Jahre) oder mit Schlangen zu spielen scheint, jedenfalls eindeutig in gutem Einvernehmen mit den Tieren steht – offenbar eine Demonstration des sogenannten Goldenen Zeitalters.

Julsrud strahlte vor Freude. Endlich konnte er selber an den Aufbau eines Museums denken. So schickte er Odilon Tinajero und seine beiden Söhne zu Ausgrabungsarbeiten in die El Toro-Schlucht und versprach ihnen für jedes unversehrte Stück einen Peso.[1] Die zerbrochenen Exemplare sollten von den Ausgräbern selbst repariert und ebenfalls mit einem Peso honoriert werden, die irreparablen Statuetten dagegen nicht bezahlt, wohl aber in Listen erfaßt werden.

[1]Ein mexikanischer Peso ist etwa 30 Pfennig wert. Mit anderen Worten, Julsrud hat die Tinajeros regelrecht ausgebeutet, nach Meinung des amerikanischen Schriftstellers Charles H. Hapgood allerdings nur, um die Mexikaner bei den Ausgrabungen zu größter Sorgfalt anzuhalten. Später hat man die Tinajeros verdächtigt, die Figuren selbst hergestellt zu haben, ohne zu bedenken, daß sie bei einem Preis von einem Peso pro Stück draufgezahlt hätten, da sich bereits die Herstellungskosten für ein einziges Figürchen auf mindestens 100 Pesos belaufen mußten.

Alles in allem brachte Julsrud auf diese Art und Weise 32 000 Kunstgegenstände zusammen, einzelne Figuren und Figurengruppen, Keramiken, Steingravuren, Jade- und Obsidianplastiken, z. T. bis zu 98 cm hoch oder, soweit es sich um liegende Objekte handelt, bis zu 1,50 m lang.
Die Keramiken, die in ca. 1,20 m tief gelegenen, jeweils zwischen zwanzig und vierzig Gegenständen enthaltenden Verstecken gefunden wurden, waren allem Anschein nach bei Temperaturen unter 500° C im Freien gebrannt worden.

Die geheimnisvollen Tarasker

Verblüffend an den Funden aber war die unwahrscheinliche Vielfalt der dargestellten Szenen, Tiere und Stile. Im Grunde hatte jede Statuette ihren eigenen Charakter. Zwischen den einzelnen Stücken gab es nichts Verbindendes, weder in Gesichtsform noch in Kleidung oder Ornamentik. Als ebenso unmöglich erwies es sich, die Figurinen irgendeiner bekannten Kultur zuzuordnen.
Nun haben sich allerdings auch an keinem anderen Ort der Welt so viele verschiedene Kulturen entwickelt wie in Mexiko. Um nur die wichtigsten zu nennen: Tolteken, Chichimeken, Azteken, Tlahuicas, Tarasker, Chalchihuiten, Totonaken, Huasteken, Zapoteken, Mixteken, Olmeken, Mayas etc. Acambaro selbst liegt auf dem Gebiet der Tarasker oder Tarahcues (»Verwandte« oder »Schwäger«), wie dieses geheimnisumwitterte Volk eigentlich hieß, das sich durch eine eigene, den anderen Mexikanern unverständliche, phonetisch eher den Idiomen Perus[1] verwandte Sprache und durch

[1]Möglicherweise kommen die Tarasker ursprünglich aus Peru. Unter den *yacatas* sehenswert vor allem die von Tzintzuntzan.

ebenso aus dem Rahmen fallende Bauten auszeichnete, die *yacatas*, ein auf einer großen künstlichen Plattform errichteter Gebäudekomplex aus Rundtempel und rechteckiger Tempelpyramide, die allerdings aus relativ junger Zeit stammen. Was nun die Verstecke angeht, die samt und sonders in einem Umkreis von höchstens einem halben Hektar gefunden wurden, so handelt es sich nach Julsruds Meinung dabei entweder um ein Fabrikationslager, von dem aus die Kunstgegenstände

Frau mit einem Dinosaurier spielend.
Viele Keramiken von Acambaro stellen im Quartär bereits ausgestorbene Tiere dar, darunter mehrfach Dinosaurier, die anscheinend gezähmt waren.
Dieses Miteinander von Sauriern und Menschen stützt die These, die wir schon anhand von Dr. Cabreras Steinen vorgetragen haben.

hinausgehen sollten oder, wahrscheinlicher noch, um kleine Schächte, in denen die heiligen Objekte vor der Habgier der Spanier versteckt wurden.

Drei Männer bräuchten dreihundert Jahre

Natürlich haben die Prähistoriker den Fall von Acambaro aufgegriffen und, wie nicht anders zu erwarten, als Betrug entlarvt: Drei Männer, Tinajero[1] und seine beiden Söhne, haben die 32 000 Keramiken eigenhändig gefertigt und im Holzfeuer gebrannt, um sie für sage und schreibe 32 000 Pesos oder 9600 DM zu verkaufen. Daß sie dazu 300 Jahre gebraucht und Tonnen über Tonnen von Holz nach Acambaro, wo es praktisch keine Bäume gibt, schaffen, den Rauch dagegen vor den Einheimischen hätten verbergen müssen, kümmert unsere Hohenpriester ebensowenig, wie daß die Tinajeros nur eben lesen und schreiben konnten, also unmöglich über die erforderlichen archäologischen, zoologischen und paläontologischen Kenntnisse verfügten.
Und die Begründung dieses weisen Urteils? Es sei undenkbar, daß Dinosaurier aus dem Erdmittelalter und Menschen zur gleichen Zeit gelebt hätten. Und ad zwei, die Keramiken ließen sich keiner bekannten Kultur zuordnen und müßten, wenn sie wirklich alt wären, im Laufe der Jahrhunderte eine Patina angesetzt haben.

[1]Waldemar Julsruds Ehrenhaftigkeit konnte von keiner Seite angezweifelt werden, da er keinerlei Profit aus seiner Sammlung geschlagen hat. Er hat nur ein einziges Mal ein paar Figürchen an einen Prähistoriker verkauft, um sie in einer Ausstellung zeigen zu können.

Ein Museum aus der Zeit der Atlanter

Nun stimmt zwar, daß die Terrakottafigürchen von Acambaro keine ausgesprochene Patina aufweisen, dasselbe aber trifft auf römische, griechische, ägyptische Keramiken und die wunderschönen Töpferwaren von Mochicas, Ica und Paracas im Museum von Lima zu, denn an trockenen Orten aufbewahrt, behalten sie ihr ursprüngliches Aussehen.[1]
Wirklich problematisch dagegen sind die Saurierdarstellungen, da Acambaro, genau wie Ica, diesen prähistorischen Tieren nicht die nötigen Existenzbedingungen geboten haben kann. Allenfalls könnten sich hier einige wenige Exemplare bis in eine unserer Zeit naheliegende Epoche gehalten haben. Wahrscheinlicher jedoch erscheint uns auch in diesem Fall, daß hochentwickelte Vorfahren das Heiligtum von Acambaro zur Aufbewahrung einer prähistorischen Bibliothek für künftige Generationen ausersahen.
Dieselbe Meinung vertritt auch Waldemar Julsrud: »Mit dieser Sammlung«, glaubt er, »haben uns die Atlanter ein Zeugnis ihrer Existenz und eine Vorstellung von den zu ihrer Zeit lebenden Dinosauriern hinterlassen wollen.«

Echtheit bewiesen: 4500 Jahre

Aber ob Julsruds Mutmaßungen hinsichtlich der Atlanter nun zutreffen oder nicht, die Tonfigürchen von Acambaro bestätigen jedenfalls, daß es bereits in einer Zeit, in der die Dinosaurier noch nicht ausgestorben waren, eine Kultur auf unserer Erde gab – eine aufsehenerregende Behauptung, die

[1] Im übrigen ist Julsrud auch auf Mauerreste gestoßen, für die sich jedoch anscheinend niemand interessiert hat.

selbst die mexikanischen Behörden auf den Plan rief. Polizisten hörten sich in den *zocalos* und *tascas* um, gaben sich als Archäologen aus und versuchten, die Einheimischen zu Fälschungen zu überreden, aber nirgends fand sich eine Spur, die einen solchen Verdacht gerechtfertigt hätte.
Als sich außerdem herausstellte, daß die steinernen Objekte im Gegensatz zu den haltbareren Keramiken Erosions- und Kalkablagerungserscheinungen aufwiesen, wurde Julsruds Sammlung für echt erklärt, in letzter Instanz jedoch das Pennsylvania-Museum in den USA angerufen. Drei vom amerikanischen Archäologen Di Peso als Fälschungen abgestempelte Figürchen sollten mit Hilfe der Thermolumineszenz-Methode auf ihr Alter untersucht werden. Diese 1972 durchgeführte Analyse erbrachte:
Die Keramiken sind ca. 4500 Jahre alt.
In einem Brief vom 13. September 1972 schrieb Dr. Froelich Rainey an Arthur Young, der ihm die Terrakotten anvertraut hatte: »Das beträchtliche Alter von 4500 Jahren hat unser Interesse so stark erregt, daß Mark Han die drei Figuren durchschnittlich jeweils achtzehn Kontrollen unterzog . . .«
Doch selbst durch einen solchen Beweis sind die Hohenpriester der Prähistorie nicht zu überzeugen.

Ungenaue Datierung durch Thermolumineszenz-Methode

Man hat festgestellt, daß kristalline Stoffe, vor allem solche, die zur Herstellung von Keramiken benutzt werden, verschiedene kosmische Strahlen aufnehmen, d. h. daß eine Keramik unter der Einwirkung bestimmter kosmischer Strahlen Strukturveränderungen im Elektronenkern des Tons erfährt.
Neuerdings nun hat man ein Laborverfahren entwickelt, bei

dem die Elektronen eine der ursprünglichen Strahlung proportionale Lichtmenge abgeben.
Zur genauen Datierung eines Objektes ist diese Methode allerdings bislang offensichtlich nicht besser geeignet als die Radio-Karbon-Methode. Andernfalls hätte Professor Froelich Rainey bei den Keramiken von Acambaro wohl kaum achtzehn Versuche durchführen müssen. An dem mit ihrer Hilfe erbrachten Altertumsnachweis jedoch ist bestimmt nicht zu rütteln.

V. VON DER GESCHICHTE ZUR LEGENDE

»Wahrheit« ist ein großes Wort, das Lügner gern im Munde führen, und eine Tugend, die ausgerechnet jene hochhalten, die sich selbst ganz dem Zufälligen und Unkontrollierbaren überlassen.
Möge Gott uns davor bewahren, der nackten Wahrheit zu begegnen!
Wir halten es eher mit dem Humoristen, der da verkündet: »Wahrlich, wahrlich, ich sage euch, es gibt keine Wahrheit!« Fast fühlen wir uns versucht anzufügen: Es gibt nur Einbildungen, Vorstellungen, Träume, die der weise Buddha *mayas,* Illusionen,[1] nannte. Jedenfalls sollte man bestimmte Themen der Geschichte und der Legende unter diesem Blickwinkel betrachten.

Die »socabons« von Ilo

Das Geheimnis der *socabons* (unterirdische Gänge) ist zwar nicht auf Südamerika beschränkt, in Peru jedoch, genau wie die Schätze, die Inkas und die geheimen Städte, Teil der Tradition.
Dieser Tradition zufolge soll in Ilo ein Felsen mit einer heute fast völlig verwischten Geheimschrift den geheimen Eingang zum *socabon,* zur versunkenen, durch okkulte Kräfte ge-

[1]Diese in den »Veden« entwickelte Vorstellung setzt sich mit der »Wahrheit der Lügen« auseinander, d. h. der Unfähigkeit der Menschen, zwischen Wahrem und Falschem, Gutem und Bösem, Klugem und Dummem etc. zu unterscheiden.
Im »Rigveda« steht *maya* für die Materie, den Urbaustoff des Universums; in der Brahmanenphilosophie für den Schein, die Illusion, für alles, was uns irrtümlicherweise als wirklich erscheint, und im »Vedanta«, dem letzten der sechs philosophischen Systeme Indiens, der mystischen und metaphysischen Erläuterung der Veden, sowohl für die Illusion als auch für die hinter dem Universum wirkende Kraft.

schützten Welt der Alten mit ihren Schätzen an Gold und Edelsteinen weisen.
Wir für unseren Teil wollen gern an dieses geheime Heiligtum glauben, in dem Huascar, der letzte legitime Inkakönig, den Reichsschatz vor den habgierigen Spaniern versteckte. Der Eingang zu diesem komplizierten Labyrinth – es war so raffiniert angelegt, daß sich nicht einmal der König, der Inka selbst, ohne Begleitung hineinwagen konnte – soll sich ehedem in Moyoc Marca, einer Art Wachturm im Mittelpunkt der Festung Sacsahuaman, befunden haben, die unterirdische Stadt selbst von der Priesterkaste und Mitgliedern des Ältestenrates bewacht worden sein. Das Herz des Gängegewirrs bildete eine geräumige, den Traditionen zufolge riesige Höhle, in der eine Quelle, die sogenannte »Quelle des Inka«, entsprang – zweifelsohne die, die heute vor der Festung aus der Erde tritt.

Das »curicancha« von Cuzco

Hier also soll der Reichsschatz versteckt sein, den die Konquistadoren vergeblich suchten, da die Hüter die Gänge zum Einsturz gebracht hatten, der sagenumwobenste Schatz der Erde, der Schatz des »curicancha« (»Umfriedung des Goldes«), von dem uns der berühmte Garcilaso de la Vega eine faszinierende Beschreibung geliefert hat.[1]
»All diese Wunder aber übertrafen die Maisfelder, natürlich mit Wurzeln, Blüten und Kolben nachgebildet, der oberste

[1]Die Geschichte des Inkaschatzes, nachzulesen bei Robert Charroux, *Trésors du Monde, Trésors de France, Trésors de Paris enterrés, emmurés, engloutis.* (Fayard) Der folgende Auszug stammt aus dem auf spanisch abgefaßten Bericht des in Cuzco geborenen »Ynca Garsilaso de La Vega«. Zitiert nach der »getreulichen« Übersetzung von I. Baudoin aus dem Jahre 1633.

Teil aus Gold, das übrige aus Silber, das Ganze zusammengeschweißt; und so auch bei all den anderen Pflanzen.
Dasselbe war bei den großen und kleinen Tieren zu beobachten, die aus Gold und Silber gemacht und der Natur nachgeformt waren, den Hasen und Ratten, den Eidechsen und Nattern, den Schmetterlingen, Füchsen und Wildkatzen, denn Haustiere kannten sie nicht.
Dafür gab es Vögel aller Art, die auf den Ästen sitzend zu singen schienen oder, wie um zu fliegen, die Flügel ausbreiteten. Dann sah man Hirsche, Löwen, Tiger und allerlei Getier, samt und sonders naturgetreu und an seinem Ort.
Alle Häuser hatten ein Bad mit großen Zubern aus Gold und Silber, in denen die Inkas sich wuschen, und aus denselben Metallen Rohre, aus denen Wasser strömte. Desgleichen schmückten sie Orte, an denen Quellen entsprangen, die von Natur heiß aus dem Boden traten, und die sie auch zum Baden benutzten, verschiedentlich mit Werken aus Gold von außerordentlicher Schönheit.
Den größten Teil dieser Reichtümer aber versteckten die Indianer, sobald sie die unersättliche Goldgier der Spanier erkannt hatten, und bargen sie so gut, daß sie seit der Zeit kein Mensch gefunden hat und wohl auch in Zukunft nicht finden wird, es sei denn durch Zufall. Denn die Indianer von heute wissen nicht, wo diese Schätze aufbewahrt werden, ihre Ahnen haben es auch ihnen nicht gesagt, damit diese Dinge nur ihren Königen dienen, denen allein sie gewidmet waren.«

Die Höhle als Mutterschoß und Bibliothek

Der Mythos von der Grotte oder unterirdischen Höhle, die materielle und spirituelle Schätze birgt, ist so alt wie die Menschheit selbst; der Symbolismus durchsichtig: Der Eingang zur Grotte steht für die Vagina der Frau; die unterirdischen Gänge für die Eingeweide; die Schätze für die physische Kraft oder die subtile Alchimie, die die Entstehung des Fötus bewirkt. Bekanntlich nimmt der Kreislauf des menschlichen Lebens in der wunderbaren Grotte Eva-Liliths seinen Anfang, setzt sich in der geräumigeren Höhle des Mutterleibes fort und führt von dort zurück in die wunderbare Grotte, um schließlich in der Stein- oder Erdhöhle zu enden, in der die Menschen seit alters ihre Toten in fötaler Position bestatteten.

Daher denn die Bedeutung der Höhle in der Esoterik.

Im übrigen haben wir damit auch den Grund, warum sich die Menschen der Prähistorie nur zögernd von ihren Steinhöhlen trennten, warum sie ihre wertvollsten Reliquien, Statuetten, Gefäße, Feuersteine und schriftlichen Zeugnisse weiterhin unter der Erde versteckten. Tatsächlich stammen die ersten Dokumente *samt und sonders* aus Höhlen oder unterirdischen Gängen. Durch diese Bindung an die Höhle nämlich huldigte der Mensch der Erd-Mutter und ihrem Schoß, flüchtet sich unter die Schürze der Mutter, d. h. gleichsam in die Dunkelheit und Geborgenheit des Leibes. Der Weise, der sich auf sich selbst besinnen, sich selbst »verwirklichen« will, zieht sich in der von den Ägyptern durch eine zusammengerollte Schlange versinnbildlichten Initiationshöhle zum Meditieren zurück. So haben die Essener ihre unter der Bezeichnung »Manuskripte vom Toten Meer« bekannt gewordenen Schriften in den Höhlen von Qumran verborgen, die alten Völker im Okzident, am Titicacasee, in Nordamerika, Afrika, Australien die Zeugnisse ihrer Existenz in Höhlen hinterlassen, und so schließlich spielt sich heute noch alles, was unter dem Schleier des Geheimnisvollen stattfindet, in Höhlen ab, von den Initiationen bis zu den Verschwörungen.

Das Archiv der Welt wird in geheimnisvollen Heiligtümern aufbewahrt

Kein Wunder also, daß die Bewohner des alten Ica die Summe der ihnen von geheimnisvollen Lehrern überlieferten Kenntnisse ebenfalls in unterirdischen Heiligtümern aufbewahrten. Aber die *primhistorische Bibliothek von Ica* ist nicht die einzige auf der Welt, ja vielleicht nicht einmal die einzige in den Anden.

Helena Petrovna Blavatsky, eine Seherin aus dem vorigen Jahrhundert, jedenfalls versichert – und wir sind gern bereit, ihr zu glauben –, daß es ehedem eine Art Uroffenbarung gab, die an verschiedenen Stellen der Welt deponiert wurde und eines Tages wieder ans Licht kommen soll.[1] Das aber läßt darauf schließen, daß diese Depots von den Eingeweihten sorgfältig bewacht werden oder doch lange Zeit bewacht und womöglich sogar ergänzt worden sind, was wiederum erklären würde, warum Dr. Cabreras Steine das große menschliche Abenteuer vom Erdmittelalter der Dinosaurier bis zu den Anfängen der christlichen Ära, deren beunruhigende Schatten unverkennbar sind, erzählen können.

Die Richtigkeit dieser These unterstellt, müßten sich laut H. P. Blavatsky vor allem in den streng geheimgehaltenen esoterischen Schulen Indiens, Tibets, Chinas, des Nahen Ostens und *Südamerikas* noch Tausende solcher Steine finden lassen, unter ihnen auch solche mit Szenen aus relativ junger Zeit.

[1] *La Doctrine Secrète,* 6 Bände (Editions Adyar, 4, square Rapp, Paris VIIe), die Bibel der Theosophen. Diese Offenbarung soll in der Ursprache, von der sich später das Sanskrit ableitete, abgefaßt worden und älter als die Veden sein.

Gut versteckte Eingänge

Eine ganze Anzahl dieser geheimen Heiligtümer ist, so Helena Blavatsky, in unterirdischen Höhlen und aus Fels gehauenen Höhlenbibliotheken unter großen Lamaklöstern und Einsiedeleien im Hochgebirge gelegen, etwa in den Engpässen des Kwen-lun, nördlich von Tibet, im Tal des Tarimflusses, in der chinesischen Provinz Sinkiang oder in der Nähe von Okkee Math im Himalaya. Alle diese Orte bergen unermeßliche Schätze. So sollen nach dem Bericht der Autorin Pilger in den unterirdischen Sälen eines versunkenen Tempels in der Schlucht von Altin Tagh eine solche Menge alter Bücher gesehen haben, daß das Britische Museum sie nicht hätte fassen können.

Gewiß ist das eine Übertreibung; der zugrundeliegende Bericht aber ist zweifellos ebenso glaubwürdig wie der von der im Sand versunkenen, nur von Mongolen und Buddhisten bekannten Stadt mit den riesigen unterirdischen Gebäuden voller Tontäfelchen (Buch I – Einführung – LIII).

Die mosaische Bibel ist für Helena Blavatsky lediglich eine Komplikation viel älterer, vor allem chaldäischer Schriften, von denen nur die von Bérose erwähnten Fragmente erhalten sind.[1]

Diese chaldäischen *Annalen* sollen eine Periode von 200 000 Jahren umfaßt haben, aber wie die *Phönizische Geschichte* Sanchuniathons und die ägyptische Geschichte Manethons verlorengegangen oder von christlichen Autoren interpoliert worden sein, so vornehmlich von Eusebius, Bischof von

[1]Sie führt noch ein »sehr altes«, auf einem unbekannten Material niedergeschriebenes Buch an, das Kopien von *Siphrah Dzeniutha,* dem *Sepher Jezirah,* dem *Pentateuch* der Hebräer, dem chaldäischen *Zahlenbuch,* dem *Shu-King* der Chinesen und den *Puranas* der Hindus enthielt. Abgefaßt war dieses geheimnisvolle Buch in *sen-zar,* der heiligen Sprache der »Tolteken« und Atlanter.

Cäsarea, laut Sokrates (dem Historiker aus dem 5. Jahrhundert) und Syncellus, dem Vizepatriarchen von Konstantinopel, »der unverschämteste Fälscher aller Zeiten«.
Im vergangenen Jahrhundert sollen nach Aussagen eines Attachés an der russischen Botschaft in der Zarenbibliothek von Sankt Petersburg (dem heutigen Leningrad) Dokumente existiert haben, deren Bericht zufolge russische Mystiker über den Ural nach Tibet zogen, um sich in den *unbekannten Gruften Zentralasiens* initiieren zu lassen (Doctrine Secrète, Einleitung, S. LXIV).
So haben sich seit zwei Jahrtausenden immer wieder Menschen aus aller Welt aufgemacht, um die *socabons,* die unterirdischen Heiligtümer, zu suchen. Seit Sanchuniathon dem Phönizier jedoch, der die ammonäischen Schriften entdeckte, konnte bis herunter zu Dr. Javier Cabrera, dessen Steine tatsächlich aus einem solchen, von einer langen Kette von Esoterikern gehüteten und bereicherten geheimen Heiligtum zu stammen scheinen, kein Mensch mehr den Beweis für einen derartigen Fund erbringen. Ob freilich, wie die *Doctrine Secrète* behauptet, eine Verbindung zwischen den unterirdischen Heiligtümern und den Höhlen von Ocucaje besteht, können nur eingeweihte Esoteriker wissen.

Von Däniken hat vergeblich gesucht

Unser Kollege und Freund von Däniken hat außergewöhnliche Vorahnungen! Ohne sie zu entdecken, schwante ihm die Existenz der *primhistorischen Bibliothek von Ica,* ist er doch, wenn man ihm glauben darf, in eine Art unterirdische Höhle vorgedrungen, in der unsere hochentwickelten Vorfahren für die Völker der Zukunft ein Museum eingerichtet haben.
Die Neuigkeit wurde von der hervorragenden peruanischen

Journalistin Zizi Ghenea veröffentlicht ... allerdings mit großen Vorbehalten!
»Ehrlich gesagt glaube ich nicht an die Geschichte«, vertraute sie uns an. »Von Däniken findet immer außergewöhnliche Dinge, die man dann nie zu Gesicht bekommt!«
Aber wie dem auch sei, jedenfalls soll das unterirdische Reich von Peru laut Zizi Gheneas Bericht ein Pendant zum tibetanischen Agartha[1] und womöglich zur geheimnisvollen, in einem Krater und benachbarten Höhlen gelegenen Stadt in Venezuela sein.
Als ruchbar wurde, daß der ungarnstämmige argentinische Abenteurer Joan Moricz um 1970 in rund 200 m Tiefe ein phantastisches Netz von Gängen entdeckt haben wollte, das Eukador mit Peru verbinden sollte, nahm Däniken das nächste Flugzeug nach Peru. Joan Moricz allerdings war über den Besuch des Schweizer Schriftstellers nicht sonderlich erbaut. Zwar wollte er gern, daß man ihm seine Geschichte abnahm, aber den Beweis anzutreten, verspürte er wenig Lust. Er versuchte Däniken von seinem Vorhaben abzubringen, sah sich aber, als ihm das nicht gelang, schließlich genötigt, ihm einen unwichtigen zweiten Eingang zu zeigen, den übrigens auch eine ganze Menge Einheimischer und ekuadorianischer Archäologen kannten. Und von diesem bei Cuenca, rund 100 km südöstlich von Guyayaquil gelegenen Eingang aus will Däniken zu Moriczs unterirdischen Anlagen vorgestoßen sein. Der Leser mag selbst entscheiden, ob er es glauben will oder nicht. Beweise liegen jedenfalls nicht vor.

[1] Agartha ist den indischen Traditionen zufolge eine gewaltige unterirdische Anlage unter dem Himalaya. Wie dem Schriftsteller Ossendowski vom Mönch Tourgout enthüllt wurde, soll es ungefähr am 88. Grad östlicher Länge und am 28. Grad nördlicher Breite, also etwa in der Nähe von Schigatse und dem Nogan Kul-See liegen. Vgl. *Histoire Inconnue des Hommes depuis 100 000 ans,* Kap. VII, und *Die Meister der Welt,* (Econ 1972), Kap. XII von Robert Charroux.

Trotzdem liefen damals recht positive Gerüchte um, die Zizi Ghenea in ihrer Rubrik »Extraño muy extraño« in der Revue *Dominical* zusammenfaßte:

»Nach den Behauptungen von Joan Moricz sollen die ekuadorianischen Gänge Gegenstände von großem Wert sowie ein Archiv enthalten, das die Existenz einer alten, schon vor oder während der Sintflut untergegangenen Hochkultur bezeugt. Von Däniken ist ebenfalls von der Existenz eines solchen Versteckes überzeugt, das seiner Meinung nach allerdings erst noch gefunden werden muß.«

Beziehungsweise, wie er in einem seiner Bücher vorgibt, bereits entdeckt wurde und Goldplastiken von unbekannten Tieren sowie eine Anzahl auf Goldtäfelchen gedruckter Manuskripte enthalten soll.

»Wohingegen Joan Moricz« – wir zitieren die Revue *Nostradamus* – »die Glaubhaftigkeit dieser Aussage bestritt und versicherte, von Däniken habe diesen Tunnel, der Dokumente von unermeßlichem Wert enthielte, niemals betreten.«

Durch diese Unstimmigkeiten neugierig gemacht, nahm die deutsche Revue *Stern* zu Moricz Verbindung auf und schickte unter der Leitung des Geologen Otto G. Geyer eine wissenschaftliche Expedition nach Peru, die nach einer eingehenden Untersuchung an Ort und Stelle zu dem Schluß kam: Alles Schwindel.

Aber mögen sich die Berichte von Dänikens und Moriczs auch als Märchen und Phantastereien entpuppt haben, ihren Erfindern muß man doch ein erhebliches Ingenium bescheinigen: Sie vermochten sich die Wahrheit immerhin vorzustellen, auch wenn sie sie nicht aufdecken konnten. Denn ihren Tunnel gibt es, nur daß er nicht in Cuenca, sondern mitten in Peru, in Ocucaje, 30 km südlich von Ica, mündet.

Steine, die die Menschheit nie zu Gesicht bekommen wird

In der Tat gibt es ein Heiligtum, in dem die Vorfahren einer versunkenen, unbekannten Kultur ihr Archiv, die Summe ihrer Kenntnisse und die wahre Geschichte der Menschheit, hinterlassen haben. Bis vor kurzem freilich hatte es niemand gefunden, da wir sonst Fotografien oder ähnliche Beweise besäßen. Die Entdeckung blieb Dr. Cabrera vorbehalten, und wir für unser Teil halten es uns zugute, den Doktor und seine *piedras* entdeckt zu haben.
Unsere Beweise? Die Adresse des Museums: Bolivar 170, Plaza de Armas in Ica, sowie einige Fotografien der steinernen Botschaften aus der Welt vor der Sintflut, darunter die Illustration der Phasen einer Herztransplantation.
Aber wir verraten nicht alles, dürfen nicht alles sagen!
Die Steine von Ica enthüllen unendlich viel aufregendere, unglaublichere Dinge, die zu veröffentlichen jedoch Dr. Cabrera überlassen bleiben muß. Wir können hier nur eines vorwegnehmen: Auch er wird keineswegs die Gesamtheit der Botschaften preisgeben. Denn diese Steine sind das Vermächtnis großer Initiierter an einen großen Initiierten. Das aber bedeutet, daß ein gewisser Bereich nicht ausgeleuchtet werden darf. Er muß einigen wenigen vorbehalten bleiben.[1]

Die Erd-Mutter öffnet sich

In unserer apokalyptischen Zeit tun sich seltsame Dinge, die Menschen zerfleischen sich gegenseitig, um die Wahrheit

[1]Dr. Cabrera hat Robert Laffont und Francis Mazière einige der »brisanten« Gravuren gezeigt, aber nicht die wichtigsten, von deren Existenz sie nicht einmal etwas ahnen und die vermutlich auch niemand außer uns je zu Gesicht bekommen wird.

herauszufinden, und die Eingeweide der Erde geben Geheimnisse preis, die seit Jahrtausenden in ihr ruhten.
Bald werden sonderbare Gerüchte in aller Welt umlaufen und bei keinem Menschen Glauben finden.
Die Wunschbilder der verängstigten Völker werden im Geist der Medien spuken und Messiasse erscheinen, erleuchtete, wahnsinnige, die die Verwirrung vollenden.
Das ist keine Prophezeiung, sondern ein den Esoterikern wohlbekannter, für das Ende einer Welt symptomatischer sozialer Prozeß.
Seit ein paar Jahrzehnten gebiert Gäa, die Erd-Mutter, mumifizierte Fötusse von Humanoiden und Menschen aus alten Zeiten, speit Städte aus, von deren Existenz niemand wußte, läßt in ihren Gebärmutternarben phantastische Visionen erahnen, die sie vielleicht in ihrem geistigen Delirium hervorbrachte.
In diesen letzten Jahrzehnten hat Emile Fradin Glozel entdeckt, Waldemar Julsrud in Mexiko rund 35 000 Keramiken ausgegraben, Javier Cabrera die Steine von Ica gefunden. Und die Liste ließe sich noch verlängern.[1]

Das venezolanische Agartha

Agartha, das mysteriöse unterirdische Königreich, das laut Ossendowski in der Nähe von Schigatse unter dem Himalaya liegen soll, wird neuerdings in Südamerika vermutet.

[1]Nichts ist verächtlicher als Geheimniskrämerei – ein Verhalten, das den falschen Eingeweihten, den Schwindler verrät. Dennoch sind bestimmte Geheimnisse manchmal für die Verbreitung noch nicht reif. Wir möchten an dieser Stelle einen anderen Entdecker, M. Gérard L. Farge (der sich zur Zeit in Zaire aufhalten dürfte) inständig bitten, uns wissen zu lassen, ob eine Anerkennung der geheimnisvollen Kultur des »gleichschenkeligen Steins« in seinem Sinne wäre. Er wird verstehen . . .

Möglicherweise handelt es sich bei der Entdeckung, die der venezolanische Pilot Harry Gibson 1964 vom Flugzeug aus am Grunde zweier Krater zwischen der Sierra Maigualida und dem Orinoko machte, um eben dieses amerikanische Agartha: eine seltsame Geschichte, die man wohl in die Reihe der imaginären Reiche – El Dorado, Paititi – einreihen könnte, würde sie nicht von zwei echten Archäologen, David Nott aus Liverpool und Charles Brewer Carias aus Caracas sogar sehr ernst genommen.[1]

Die in der Nähe der Caura- und Ventuariquellen, d. h. beim Cerro Pava (1641 m) und beim Pic Masiati (1495 m) am Rande zur Sierra Pacaraima gelegenen Vulkane sind seit Jahrtausenden, wenn nicht seit Jahrmillionen erloschen, weshalb sich Geologen, Archäologen und Botaniker hier Aufschluß über eine längst von der Erdoberfläche verschwundene Fauna und Flora erhoffen. Tatsächlich brachten drei Mitglieder der Expedition, die im Januar 1974 in einen der beiden ca. 300 m tiefen und rund 400 m breiten Krater abgestiegen waren, viele unbekannte Pflanzenarten sowie seit dem Erdmittelalter ausgestorbene Tiere mit.

Im übrigen sind beide Krater durch einen 1500 m langen unterirdischen Gang miteinander verbunden, der unbewiesenen Gerüchten zufolge angeblich heute noch benutzt werden soll. Jedenfalls will man Spuren aus jüngster Zeit gefunden haben.

Soviel zur Expedition, deren Resultate von den wissenschaftlichen Kreisen Venezuelas aus unbekannten Gründen weitgehend unterdrückt werden, was private Forscher auf den Plan rief. Diese haben Nachforschungen bei den Eingeborenen, den Bergstämmen Jaua-Jidi und Sari Inama-Jidi, angestellt

[1] Sie haben mit Unterstützung der venezolanischen Naturwissenschaftlichen Gesellschaft und einer ölsuchenden Firma eine Expedition mit zehn Gelehrten aus verschiedenen Ländern ausgerüstet.

und dabei die erstaunlichsten Geschichten zu hören bekommen.

Ein verlorenes Paradies

Mit den Jaua-Jidi, einem noch wilden Stamm mit unbekannter Sprache, der in einem fast undurchdringlich dichten Urwald, der Fortsetzung des brasilianischen Urwalds, lebt und vor den Weißen flüchtet, in Verbindung zu kommen, war für die venezolanischen Forscher alles andere als einfach. Schließlich aber gelang es einigen Mestizen aus Esmeralda doch, und seitdem wird in ganz Venezuela folgende Geschichte kolportiert:

»Von Zeit zu Zeit lassen sich«, so die Jaua-Jidi, »in unserem Wald seltsam aussehende, sonderbar gekleidete Menschen blicken, die eine Begegnung mit uns Indianern zu meiden und sich vorsichtshalber in der Nähe der Krater aufzuhalten scheinen.

Ihre Haut hat die Farbe von vergilbtem Elfenbein; ihre großen Augen gleichen denen von Jaguaren, ihr langes Haar ist verschiedenfarbig. Sie machen einen ängstlichen Eindruck und ergreifen bei jedem ungewöhnlichen Geräusch die Flucht.

Nach allem, was wir wissen, leben sie auf dem Grund der Krater in riesigen unterirdischen Sälen, deren geheime, unbekannte Ausgänge irgendwo im Walde münden.«

Andere Beobachtungen scheinen auf einen nahezu dauernden Kontakt dieser Wesen aus dem »Königreich der Zwei Krater« mit Wesen aus dem All hinzudeuten, aber hier darf man nicht vergessen, daß die UFO-Geschichten nirgends auf der Welt so blühen wie bei den unterentwickelten Völkern Mittel- und Südamerikas.

Nach Aussage der Waldindianer sollen die Wipfel der Bäume am Kraterrand nachts von unten her mit einem sanftgrünen Licht angestrahlt werden und manchmal ein »kleines rundes Flugzeug« zu beobachten sein, das, aus der Finsternis kommend, in das grüne Halbdunkel eintaucht und im Vulkan verschwindet. Zwei oder drei Nächte vor dem Eintreffen der Nott-Carias-Expedition sollen besonders viele fliegende »Dinge« gesehen worden sein. Ein Geräusch allerdings wurde, möglicherweise aufgrund der Entfernung, nicht gehört. Nach Meinung der Indianer handelte es sich entweder um eine Truppenverstärkung oder umgekehrt um einen Abzug. Diesem Bericht wußte Zizi Ghenea, unsere Journalistenfreundin aus Lima, noch anzufügen, daß im Inneren der Höhlen und Krater ein kleiner Wald aus auf der Erde nicht vorkommenden Bäumen grüne, in dem Tiere aus dem Tertiär lebten.

Befremdend an der ganzen Geschichte aber, in der sich Legende und Wahrheit innig vermischen, ist vor allem das Verhalten der venezolanischen Regierung, die Gerüchte wie Expedition mit Schweigen übergeht.

Das wissenschaftliche Zentrum des Narcisso Genovese

Besteht nun, wie hinter vorgehaltener Hand von Caracas bis Santiago behauptet wird, tatsächlich ein Zusammenhang zwischen diesem Königreich der zwei Krater und der *Ciudad subterránea de los Andes* (CSA), jener unterirdischen Andenstadt, von der wir auch nur mehr oder weniger durch Gerüchte wissen? Dem mexikanischen Journalisten Mario Rojas Avendaro, der einige Nachforschungen über die CSA anstellte, scheint es allerdings ähnlich ergangen zu sein wie von Däniken. Anstatt, wie er selbst wohl glaubte, einen

Science-fiction-Roman verfaßt zu haben, dürfte er ziemlich sicher echte Geheimnisse enthüllt haben.[1]

Mario Rojas Avendaro stützt seinen Bericht »auf die Erklärungen eines ehemaligen Schülers von Guglielmo Marconi, des Physikers, Philologen und Humanisten Narcisso Genovese, Professor an einem kalifornischen Gymnasium«. Nach Aussagen dieses N. Genovese nun hätten Marconis Schüler 1938 nach dem Tod ihres Lehrers beschlossen, seine Untersuchungen und Experimente über die Verwendung von Sonnen- oder kosmischer Energie fortzuführen, gleichzeitig aber alle erforderlichen Vorsichtsmaßnahmen zu treffen, um ihren Mißbrauch für Kriegs- oder kriminelle Zwecke zu verhindern. Zu diesem Zweck hätten sich achtundneunzig Gelehrte und Techniker aus verschiedenen Ländern in einer Gesellschaft ähnlich dem Komitee Pugwash zusammengeschlossen, in eine einsame Gegend in den Kordilleren zurückgezogen und ihr Gemeinschaftsleben unter drei Forderungen gestellt: auf der Erde sollte es nur

- eine einzige Religion, die des wahren Gottes oder der universalen Intelligenz,
- eine einzige Nation: das irdische Vaterland,
- und eine einzige Politik geben: Frieden auf dem ganzen Planeten und Verständigung mit den Völkern im All.

Da es der Gemeinschaft dank der Kriegsschätze Benito Mussolinis und Adolf Hitlers[2] nicht an Mitteln fehlte, errich-

[1]Schließlich hat Schliemann Troja nur gefunden, weil er Homer vertraute, wie uns allein unser Glaube an die hochentwickelten Vorfahren den Weg zu Dr. Cabreras Museum wies, und Jules Verne, als er sein interplanetarisches Geschoß von Cap Kennedy starten ließ, gewiß nicht wußte, daß an diesem Ort ein Jahrhundert später die größte Startrampe des Globus stehen würde!

[2]Mussolinis Kriegsschatz ist von den italienischen Partisanen nur zum Teil wiedergefunden, der deutsche Reichsschatz, wie heute noch, von der 3. Schwarzen Kraft für den Aufbau des künftigen Reiches verwendet worden. Vgl. *Trésors du Monde, Trésors de France, Trésors de Paris* von Robert Charroux (Éditions Fayard, 1972).

tete sie in Südamerika[1] eine unterirdische Stadt, besser mit Laboratorien, Geräten und technischen Mitteln ausgestattet als Cap Kennedy, Kuru, Baikonur, Saclay oder das CERN von Genf.

Die Marsbewohner kommen auf die Erde

Dieses Forschungszentrum nun hat laut dem Bericht von N. Genovese nicht zuletzt dank außerirdischer Unterstützung erstaunliche wissenschaftliche Fortschritte zu verzeichnen. Seit 1946 schon verfügt es über einen großen Sammelspiegel für kosmische Energie und ist nach anfänglicher Ausnutzung des Materie-Antimaterie-Gegensatzes jetzt bereits imstande, die Energie direkt aus der Sonne zu gewinnen.

»1951«, erklärt Genovese, »haben wir an Bord einer Maschine, der der Treibstoff praktisch nicht ausgehen konnte, alle Meere und Länder bereist. Diese Maschine erreichte eine Geschwindigkeit von 800 000 Stundenkilometern und hielt einer Druckbelastung bis zum Zerreißpunkt der Metallegierungen ihrer Teile stand. Das einzige Problem bestand darin, im richtigen Augenblick zu bremsen.

Am 16. Dezember 1955 um 15 Uhr kam es zu unserer ersten Begegnung mit den Marsmenschen. Freilich hatten wir schon früher Lichtsignale und Kurzwellen gesendet. An besagtem Tag nun entdeckten wir zu unserer Überraschung eine Formation von fünf Flugmaschinen über unserem Lager.[2]

[1]Die Angaben über die Lage der unterirdischen Stadt gehen ziemlich weit auseinander: nach den einen soll sie auf dem Altiplano (Peru?), nach den anderen im südamerikanischen Urwald (am Amazonas, Brasilien?) liegen.

[2]Dieser Bericht erscheint uns äußerst zweifelhaft. Bald wird das Forschungszentrum als verborgene Stadt, bald als »Lager« bezeichnet. Die wissenschaftlich-technischen Angaben sind unbestimmt; alles in allem aber scheinen die Forscher technisch hinter der europäisch-amerikanischen Entwicklung herzuhinken. Im übrigen bringen wir diesen Bericht hier lediglich als Illustration des messianischen Phänomens, des Phänomens der Vorahnungen, des Wunschdenkens.

Auf unsere Funksignale hin schickte sich die eine der Maschinen zum Landen an, während die anderen über uns kreisten, um sie notfalls decken zu können. Bei der Maschine, die mit uns Verbindung aufnahm, handelte es sich um eine fliegende Untertasse, die ein phosphoreszierendes Licht ausstrahlte, bis ihre Antriebsvorrichtungen zum Stillstand kamen. Auf dem Boden nahm sie eine lichtundurchlässige, sonderbar hellbraune Farbe an.«

Im folgenden liefert Genovese eine genaue Beschreibung der Untertasse und ihrer Insassen, die wie die Außerirdischen vieler ähnlicher Berichte hochgewachsene Wesen mit einem sehr blassen Gesicht, tiefblauen (skandinavischen, wie Mario Rojas sagt) Augen und selbstverständlich einer unerhört hohen »vorspringenden« Stirn gewesen sein und durchgehende Raumfahrtanzüge aus unbekanntem Stoff getragen haben sollen!

Genoveses mangelhafte Geographiekenntnisse

Die »Übersetzung« der Unterhaltung besorgte ein Computer, »der die Gehirnströme und damit die Gedanken der Erdenmenschen reflektierte, die die Extraterrestrier mit ihren höherorganisierten Gehirnen ohne weiteres dechiffrieren konnten«. Auf diese Weise ließ sich mit Hilfe einer Weltkarte und eines Himmelsglobus mühelos klären, woher die Besucher kamen: vom Mars oder *Loga*, wie das Wort in ihrer Sprache dafür zu heißen scheint.

Aber hier nun kommt der Schwindel auf: Der Mars soll angeblich dichter bevölkert sein als die Erde und eine der unseren weit überlegene Technologie besitzen. Nun wissen wir aber dank der Fotografien der amerikanischen Sonde Mariner 9 mit Sicherheit, daß der Planet Mars, zumindest auf

der Oberfläche, unbewohnt, ja unbewohnbar ist, da schreckliche Stürme den Bau von Häusern gar nicht erlauben. Das hindert Genovese jedoch nicht, einen künftigen wissenschaftlichen Austausch mit dem Mars zu verheißen und auf *Loga* ein einziges Volk, eine einzige soziale Klasse und einen universalen Gott namens *Sundi* anzusiedeln. Betrüblich nur, daß dem »gelehrten Physiker, Philologen und Humanisten« dann ein unverzeihlicher geographischer Lapsus unterläuft: »Einen Monat später erhielt das in den Anden in 4000 m Höhe im tropischen Urwald gelegene Raumfahrtzentrum erneut Besuch ...« Unseren Beobachtungen nach jedoch – und wir haben die Anden mehrmals der Länge und der Breite nach überflogen – gibt es in 4000 m Höhe keinen tropischen Urwald mehr, sondern nur noch nackten Fels oder höchstens eine ganz verkümmerte Vegetation.
So kommen wir letztlich zu dem Schluß, daß Genoveses und Mario Rojas' Berichte erdichtet und erlogen sind, auch wenn sie nicht jeglicher Grundlage entbehren.

Die erträumte Wahrheit

Dieser Schluß mag manchem unbegreiflich, ja widersprüchlich vorkommen, dennoch gibt es dafür gewisse Anhaltspunkte.

1. Es ist wahrscheinlich, daß sich Besucher aus dem All für die Landung auf der Erde die Kordilleren – genauer, Peru – aussuchen. Der Journalist, der von einer geheimen Stadt in den Anden, von einer brüderlichen Verständigung zwischen Erd- und Marsmenschen, vom All-Frieden und der All-Bevölkerung träumt, der den altersschwachen bärtigen lieben Gott des Abendlandes durch einen Gott des Universums ersetzt, ist darin nur ein typischer Vertreter des 20.

Jahrhunderts, in dem sich solche und ähnliche Wunschbilder dergestalt verdichten, daß Medien wie ein von Däniken sich aufgerufen fühlen, die Rolle des Messias zu spielen. Das heißt, wir sehen in den »Erfindungen« der Literaten erahnte Wahrheiten!

2. Es sollte uns nicht wundern, wenn ein mexikanischer Journalist, der offensichtlich weder mit den Naturwissenschaften noch mit der Logik oder der Geographie besonders vertraut ist, genügend Bildung besitzen sollte, um einen Schüler Guglielmo Marconis zu erfinden. Denn Marconi, so geheimnisumwittert sein Leben und Tun auch ist, hat es wirklich gegeben.

Marconis phantastische Erfindung

Der Tod des großen italienischen Gelehrten im Jahre 1937 an Angina pectoris kam für viele seiner Landsleute überraschend.

Marconi, der Erfinder der drahtlosen Telegraphie und allein schon deshalb eines der größten Genies des Jahrhunderts, hat, was weniger bekannt ist, auch wenn es von der Witwe des ehemaligen italienischen Staatsoberhauptes Benito Mussolini bezeugt wird, später außerdem noch die »Todesstrahlen« entdeckt.

In ihrem 1972 bei Fayard erschienenen Buch *Mussoloni sans masque* schildert Rachele Mussolini, die Frau des italienischen Diktators, folgendes Abenteuer: Als sie an einem schönen Juninachmittag des Jahres 1936 nach Ostia fahren wollte, wo sie ein kleines Gut besaß, setzte ihr Mann eine geheimnisvolle Miene auf und sagte: »Paß zwischen 15 und 15.30 Uhr gut auf. Da wirst du auf der Straße Rom–Ostia deine blauen Wunder erleben.« Als Punkt 15 Uhr das Auto stehenblieb, hielt es Rachele zunächst für eine zufällige Panne. Der Chauffeur stieg aus, klappte die Motorhaube auf. »Ich weiß nicht, was los ist«, brummte er. »Ich kann nichts finden.« Seltsamerweise nur waren, so weit man sehen konnte, alle Autos stehengeblieben. Dutzende von Fahrern beugten sich über den Motor ihres Wagens.

Es war ein beunruhigender, fast gespenstischer Anblick. Aber Frau Mussolini, sich der Worte ihres Mannes erinnernd, nahm es gelassen. Um 15.35 Uhr befahl sie dem Chauffeur zu starten, und tatsächlich sprang der Motor sofort an. Nach und nach setzten sich auch die anderen Fahrzeuge wieder in Bewegung, und bald lief alles wieder, als wäre nichts geschehen.

Noch am Abend desselben Tages lieferte Benito Mussolini seiner Frau den Schlüssel zu dem Rätsel: Marconi hatte seine neueste Erfindung ausprobiert, ein System von Strahlen, mit dem er jederzeit den Stromkreis eines Motors ausschalten konnte – in Benitos Augen eine Erfindung, die Italien in einem künftigen Krieg einen entscheidenden Vorsprung verschaffen mußte, ja, über kurz oder lang zur Erfindung der »Todesstrahlen« führen würde.

Abgefangene Botschaften aus dem All

Als Papst Pius XI. von diesen lähmenden Wellen erfuhr, durch deren Einsatz Marconi umgekehrt allerdings auch die Glühbirnen in Australien aufleuchten lassen konnte, soll er in den Duce gedrungen sein, Marconi solches Teufelswerk zu untersagen und die vorhandenen Unterlagen zu vernichten. Ein Jahr später starb der Gelehrte unter mysteriösen Umständen. Seine engsten Mitarbeiter jedoch waren eingeweiht und besaßen zudem ein Duplikat der Unterlagen.

In diesem Zusammenhang erscheint uns übrigens erwähnenswert, daß sich Marconi lebhaft für außerirdische Kulturen interessierte und versicherte, Signale, wenn schon nicht Botschaften eines Volkes aus dem All aufgefangen zu haben.[1]
Bei aller Unglaubwürdigkeit des Artikels über die CSA erscheint uns doch sonderbar, daß der mexikanische Verfasser, der von wissenschaftlichen Dingen offensichtlich nicht viel versteht, die Dreistigkeit besaß, in einer alles in allem reichlich phantastischen Geschichte einen Schüler Marconis auftreten zu lassen. Außerdem laufen in Südamerika seit Jahren ähnliche, von allem Anfang an gern mit dem »Königreich der zwei Krater« in Verbindung gebrachte Gerüchte um.
Nach Narcisso Genoveses Aussagen nun sollen sich die Außerirdischen seit 1917 für die Politik auf unserer Erde interessiert und deshalb sogar einige der Ihren zu uns geschickt haben. Diesen Besuchern jedoch soll die Anpassung an unsere Atmosphäre nicht leichtgefallen sein, was erklärte, warum sie sich für das Altiplano entschieden, wo die Luft dünner ist als in den Tälern.
Genovese schildert auch eine Reise auf dem Mars in allen Einzelheiten und nennt einige der Gelehrten der CSA und der Hauptstadt auf dem Mars beim Namen.
Aber das sind unüberprüfbare Behauptungen, wohingegen seine Schilderungen der Marskultur in krassem Widerspruch zu den von den amerikanischen Raumsonden gefunkten Fotografien stehen. Von den Spezialisten der Astronautik ebenfalls verworfen werden die dem Artikel beigefügten pseudowissenschaftlichen Zeichnungen und Erklärungen.

[1] 1973 veröffentlichte die *Times* die Aussage der Tochter des mit Marconi eng befreundeten italienischen Admirals Millo, Matilda Millo di Suvaro, der zufolge Marconi 1920 dem Admiral anvertraut haben soll, Botschaften aus dem Kosmos, vermutlich vom Planeten Mars, aufgefangen zu haben. Berichtet von Jacques Bergier in *Nostradamus,* Nr. 61, vom 7. Juni 1973.

Alles in allem also empfiehlt sich den Andenüberlieferungen gegenüber wohl größte Zurückhaltung, womöglich sogar handfester Zweifel. Dennoch sollte man sie als psychopathisches Phänomen, das den Charakter einer Vorahnung trägt, was bei dieser Art von Phantastereien nicht selten der Fall ist, gelten lassen.

Bélébat, Ys und Brion

Selbst in Frankreich zeigt sich die Erde geneigt, den Suchenden und Forschenden ihre Geheimnisse preiszugeben.
So machen sich heute die wilden Archäologen bei Saint-Vincent-sur-Jard in der Vendée auf die Suche nach dem alten Bélébat, dessen Ruinen dem einheimischen Chronisten Cyrille Delaire zufolge in der verschütteten Flußmündung der Raniette begraben sein sollen. Allem Anschein nach handelt es sich bei dieser um eine Festung erbauten Stadt um das noch im 3. Jahrhundert von Dom Chamard in seiner Kirchengeschichte des Poitou erwähnten römisch-gallischen *Becciacum,* in dem im Jahre 303 vierzig junge Christen das Martyrium erlitten. Die Ähnlichkeit zum antiken *Mediolanum* von Châtelaillon *(medio*=Mitte, *lanum*=heilige Erde) ist unverkennbar, das, wie auch die Stadt Montmélian auf den Felsen von Mannes, vom Meer verschlungen wurde.
Gleichfalls im Meer versunken ist die Stadt Ys, die gewissen Überlieferungen zufolge im Etang de Laoual bei Cléden-Cap-Sizun, nach anderen Darstellungen jedoch in der Bucht von Douarnenez liegen soll, wo die Fischer in der Nähe des Hafens überflutete Mauerreste entdeckten und Schüler aus Kerlaz 1972 bei Ebbe bei Trez-Malaouen eine Steinsäule und zahlreiche Baumstümpfe bargen.
Die Leute von Troguer wiederum verlegen Ys auf das ehema-

lige Campus romanum oder in ihr Dorf. Und andere Sagen sprechen von einer »geheimnisvollen Stadt Brion«, die im Etang de Langon (Gironde) versunken sein soll. So spuken allenthalben vom Meer oder von der Erde verschlungene Städte in der Phantasie. Womöglich bringt eine Erdkatastrophe sie und eine mit ihnen vergessene Geschichte eines Tages wieder ans Licht. Der Marseiller Taucher Pierre Vogel jedenfalls glaubt an versunkene Kulturen und kann seinen Glauben auf eine sensationelle Entdeckung stützen, die er unlängst im Mittelmeer, einige Seemeilen vor der alten Phokäerstadt, gemacht hat.

Pierre Vogel findet eine versunkene Stadt

Pierre Vogel, der im Hafen von Marseille ein Geschäft mit Taucherartikeln betreibt, verbringt jede freie Minute auf dem und im Meer. Eines Tages, als er wieder einmal zwischen der Insel Maire und der Insel Planier »kreuzte«, kam er auch über die von den Schiffern gefürchtete Untiefe von Veyron. Hier ist der in etwa 13 m Tiefe gelegene Meeresboden durchlöchert wie ein Schweizer Käse. Eine Höhle reiht sich an die andere zu einem sonderbar geordneten Ganzen. Mit einemmal fiel es ihm wie Schuppen von den Augen: Veyron war eine versunkene Stadt!

»Die Anordnung der Tunnels, die sich über das ganze Plateau hinziehen«, erklärte er uns, »hatte mich von allem Anfang an frappiert.«

Manches war so eigenartig, daß man kaum umhinkonnte, die ordnende Hand des Menschen dahinter zu sehen, so etwa ein Kreuzungssystem aus bedeckten Gängen, die sich im rechten Winkel schneiden oder die von zylindrisch zulaufenden Schloten überragten Halbkugeln. Und tatsächlich erbrachten

die vorgelegten mineralogischen Proben mit Sicherheit, daß es sich im Fall von Veyron um eine alte prähistorische Stadt handelt, in der Eisen und Gußeisen hergestellt wurde.
Die Halbkugeln entpuppten sich durch die bei Verhüttungsprozessen unweigerlich anfallenden Schlackenablagerungen als Hochöfen, und die Tunnelmauern wiesen bei den mineralogischen Untersuchungen einen Gußeisengehalt auf, der sich nur duch das Vorhandensein geschmolzenen Metalls erklären läßt.

Pierre Vogel (am Steuer), Professor Dujardin, Geologe, und der Taucher Jacques Mayol haben der submarinen Stadt von Veyron zahlreiche Besuche abgestattet.

Offensichtlich hatte sich im Westen der Stadt eine Fabrik befunden. Im Osten dagegen stieß man auf keine Öfen und Schlote mehr, sondern lediglich auf Tunnels, in die in einem ringsum nirgends sonst auffindbaren schwarzen Felsen Anker gehauen waren.

Homers Basilea

»Die littorale Zone«, berichtet Pierre Vogel weiter, »ist, gut 20 m unter dem Wasserspiegel, reich an submarinen Grotten, die von den Prähistorikern sogar offiziell anerkannt worden sind. So z. B. die Grotte von Tremies bei Port-Miou, die vor dreißigtausend Jahren bewohnt war, dann aber von den steigenden Fluten des Meeres verschlungen wurde.
Also muß es, sagte ich mir, vor 30 000 Jahren, 6 km vom Strand und ca. 800 m von einem Felsenmassiv entfernt (der heutigen Klippe von Planier), eine Insel gegeben haben, auf der prähistorische Menschen Eisen hergestellt und Steine aus 350 km entfernten Steinbrüchen (in der Umgebung von Collioure) bearbeitet haben. Diese Entdeckung nannte ich, ohne es beweisen zu können, in Anlehnung an Homer die ›Kultur von Basilea‹.«[1]
Mittlerweile interessiert sich Professor Valentine, einer der Forschungsexperten von Bimini (USA), für »Basilea« und die von den meisten Prähistorikern verworfene These der Amateur-Archäologen und Traditionalisten vom Untergang ganzer Welten im Lauf der Zeiten.

[1] Homer spricht in der *Odyssee* von einer griechisch-pelaskischen Stadt auf einem Felsen in Ufernähe, auf der die Schmiede des Vulkan, die einäugigen Zyklopen, in Grotten Eisen schmiedeten.

Während der Spiegel des Mittelmeeres, laut Professor Henri de Lumley von der Universität Marseille, vor 300 000 Jahren 26 m über dem heutigen lag, senkte bzw. hob er sich in der Folge aufgrund von Erdbeben und anderen geologischen Erschütterungen mehrfach. So war, wie man heute aufgrund des bei Port-Miou gefundenen Materials mit ziemlicher Genauigkeit angeben kann, vor 30 000 Jahren der in rund 30 m Tiefe gelegene Meeresboden noch Land.
Nichts wäre also logischer, als Pierre Vogels »Basilea« in diese Periode zu verlegen, was allerdings auch bedeuten würde, daß die Eisenzeit nicht erst, wie unsere Schulbücher unerachtet der Funde im armenischen Medzamor und in den Anden ungeniert behaupten, um 1500, sondern bereits um 27 000 v. Chr. einsetzte.

Die Steingravierungen von Deux-Sèvres

Aber unsere Hohenpriester sind nicht nur unbelehrbar, sondern, wie die Funde von La Vaulx im Department Deux-Sèvres beweisen, auch noch schlampig. Wer hat schon von den Felszeichnungen von La Vaulx gehört? Wer hat die sechs schönsten Exemplare zu Gesicht bekommen, die, seit sie zu Beginn dieses Jahrhunderts dem Museum von Saint-Germain-en-Laye zugingen, in der Versenkung verschwunden sind?
Und dabei ist La Vaulx archäologisch ebenso bedeutend wie Carnac oder Filitosa oder der Mont Bego und künstlerisch sogar noch interessanter.
Entdeckt wurden die Gravierungen um 1850 vom Marquis de la Bretesche, der seinen Fund dem Direktor des archäologischen Museums von Nantes anzeigte, jedoch ohne den geringsten Erfolg. Der Wert der Steine wurde erst 1905 vom

Pfarrer von Saint-Aubin-de-Baubigné, dem Abbé Théophile Gabard, erkannt, der Kopien der Zeichnungen anfertigte und 1908 eine Abhandlung über das Thema veröffentlichte.[1]
Die Felszeichnungen, die um die für unsere Vorfahren wichtigsten Erfahrungen kreisen: die Frau, Geliebte oder Mutter, die Sterne sowie die Symbole ihrer heidnischen Religion, gehören demselben Kulturtyp an wie die von Cachão do Algarve (Portugal), Vallecamonica (Italien) und vom Mont Bego (Alpes-Maritimes), sind nur viel ausgefeilter, was jedoch nicht bedeutet, daß sie weniger alt wären.
Im letzten Jahrhundert schrieb man sie einem schwachsinnigen alten Hirten zu, was nicht eben für die Intelligenz der Verfechter dieser These spricht. Alles in allem sind heute rund fünfzig Felsplastiken und zweihundert Ritzzeichnungen bekannt; das aber bedeutet, sofern man den alten Berichten glauben darf, daß im Laufe des vergangenen Jahrhunderts eine ganze Anzahl besonders komplizierter und kunstvoller Felszeichnungen verschwunden sein müssen. Das Alter dieser Steine wird von Louis Capitan, dem Prähistoriker, der die Funde von Glozel nicht anerkennen wollte, auf vier oder fünf Jahrhunderte vor unserer Ära angesetzt, während wir persönlich 5000 Jahre (also die europäische Magalithkultur = 3200–2500 v. Chr.) oder noch eher 6000 bis 7000 Jahre (das Neolithikum) für wahrscheinlich halten.

Die Dame von La Vaulx

Die Gravierungen weisen samt und sonders den einmalig sicheren Strich der prähistorischen Graveure auf. Obwohl alle Zeichnungen von seltener künstlerischer Qualität sind,

[1]In *Histoire de la paroisse de Saint-Aubin-de-Baubigné.* A la Bonne Presse de l'Ouest (Saint-Maixent).

Die Dame von La Vaulx.

ragt eine doch durch besondere Schönheit hervor: die Silhouette der »Dame von La Vaulx«, ein Machwerk von hinreißender Eleganz und großem Charme. »Eine echte Konzertcafé-Sängerin«, meinte unser Freund, der Archäologe Jean Pastré aus Niort, »die ihren Körper zwei Riesenhänden darzubieten scheint.«

Oben: Kultaltar mit Sonnensymbol.
Unten: Steingravierungen von La Vaulx.

Oft haben sich die Künstler von den Gegebenheiten des Materials inspirieren lassen. Bestimmte Zeichen oder Symbole aber kehren immer wieder: Sterne, Pfeile, abgerundete Rauten (die Augen oder Vulven darstellen können), große und kleine Kreise, Schrägbalken, Winkel, Spiralen, Kreuze, Rechtecke, aber auch menschliche und tierische Umrisse. Natürlich fragt man sich, was diese Zeichen bedeuten mögen. Die Sterne z. B. könnten Hinweise auf einen Sternenkult sein, aber auch an den Kometenplaneten Venus erinnern (in welchem Fall die Steine mindestens 5000 Jahre alt wären); die großen Kreise symbolisieren wohl die Sonne, so auf dem altarförmigen Stein, der an einen Sonnenkult denken läßt; die mandelförmigen Gebilde den Mond oder die Vulva versinnbildlichen (wohingegen phallische Symbole allerdings in La Vaulx keine Rolle zu spielen scheinen); die fast durchweg horizontal weisenden Pfeile, die mehrere Deutungen zulassen, mögen für Zahlen, Tage, Jahre, Treppen, Tote etc. stehen, die vertikalen dagegen wohl häufig einen lebendigen Menschen darstellen wollen.
Die zwischen 500 kg und mehreren Tonnen schweren Steine finden sich in einem Umkreis von einem Quadratkilometer in der Landschaft verstreut. Einer wurde unter dem Fußboden eines Bauernhofes entdeckt, ein anderer ist in eine Mauer eingelassen, ein dritter steht am Wegrand vor einem Gebäude. Die »Dame von La Vaulx« selbst ruht hinter einem Gehöft auf einer Wiese.
So lüften sich vielleicht in La Vaulx wie in Bimini, Acambaro, Ica und auf dem Berg Bego die Schleier einer fernen Vergangenheit, um uns womöglich das »Ende der Zeiten« anzukündigen.

VI. DIE SAGA VON SAMIRZA, DEM AUSSERIRDISCHEN. DIE SIERRA DES SCHWEIGENS.

Mag es sich bei Mario Rojas um eine Vorahnung der Ereignisse, die sich um das Jahr 2000 zutragen werden, handeln, bei Joan Moricz und von Däniken ist das gewiß nicht der Fall. Sie haben sich vielmehr nur die alten, wohlbekannten Überlieferungen der Esoteriker zu eigen gemacht.

Bibeln auf Goldtafeln

Die einfachen Gemüter, die alles glauben, was da geschrieben steht, sind fest davon überzeugt, daß es sich bei den mysteriösen Goldtafeln der Wüste Gobi um das Archiv der Alten Welt handelt.[1]

Aber wer hat diese Tafeln gefunden? Wer hat sie zu Gesicht bekommen?

In einer unbekannten Sprache abgefaßt, sollen sie (laut einer erst im vergangenen Jahrhundert aufgekommenen, aber schon heute nicht mehr bis zu ihren Ursprüngen zurückverfolgbaren Sage) die Geschichte des Landes Mu vor der allgemeinen Sintflut und der Ankunft der Meister der Welt aus dem All erzählen, mit ihren geheimsten Offenbarungen aber erst am Ende der Zeit bekannt werden.

Aber weh und ach! Die Goldtafeln, die von Heiligtum zu Heiligtum wanderten, haben sich in Kupfer verwandelt, und diejenigen, auf die die Bibel geschrieben war, sich gar in Luft aufgelöst! Gestohlen, davongeflogen . . .

[1]In den orientalischen Überlieferungen ist außerdem von »Perlen« der Wüste Gobi die Rede, die als Offenbarung der Initiierten gedeutet wurden. In diesem Zusammenhang erscheint uns jedoch erwähnenswert, daß eine sowjetisch-mongolische Archäologenkommission 1973 in dieser Wüste (einem ehemaligen Meer) fossile Naturperlen gefunden hat, die nach geochronologischen Schätzungen 100 Millionen Jahre alt sind. Diese Perlen »lebten« noch, da Perlen bekanntlich erst nach 300 bis 400 Millionen Jahren »sterben«.

Die Geschichte der alten Welt, die Sanchuniathon auf den Goldtafeln eines ägyptischen Tempels (bzw. laut einer anderen Version: in Büchern) gelesen hat, beweist, wie wichtig es ist, alles Wertvolle dauerhaft aufzubewahren. Daher die Idee, auf Blätter eines unveränderlichen Metalls zu schreiben. Und daher wohl auch (der nicht jeglicher Grundlage entbehrende) Mythos von der in allen Fällen identischen Überlieferungsart dieser apokalyptischen Berichte.
Nun leuchtet aber gewiß jedermann ein, daß es unklug ist, eine wichtige Botschaft auf ein an sich wertvolles Material zu schreiben, so beständig es auch sein mag, da es die Habgier weckt und so bald in der Tasche eines Liebhabers verschwindet. Nur offensichtlich von Däniken nicht, der jedenfalls die Mühe nicht scheute, in Joan Moriczs sagenhaftem *socabon* nach Tausenden dünner Goldtafeln zu suchen. Aber vielleicht war ihm etwas von den Botschaften der Wüste Gobi oder der sicher viel vertrauenswürdigeren Saga vom geflügelten Gott Samirza Yao-Ha, auch Samirza Rucatl, Mirtcha oder der Große Ahne genannt, zu Ohren gekommen.

Das Buch der Sonnensöhne

Als erster hat unser Freund Jimmy Guieu, der König der Science-fiction-Schriftsteller und zweifelsohne einer der kundigsten Esoteriker unserer Zeit, dessen Romane später einmal wahrscheinlich als die bestfundierten prophetischen Schriften des 20. Jahrhunderts gelten dürften, in einem ausgezeichneten Buch[1] über die Saga[2] berichtet.

[1] Jimmy Guieu: *Le Livre du Paranormal* (Collection 4e dimension. Omnium Littéraire, 94, rue Saint-Lazare, Paris). Jimmy Guieu, der 1969 mit dem *Grand Prix* für den besten *Science-fiction*-Roman ausgezeichnet wurde, zählt zu den größten Spezialisten in Fragen UFOs und Extraterrestrier.

[2] *Saga:* Skandinavisches Wort für Überlieferung, für die größtenteils zu Beginn unserer Ära in Island abgefaßten alten Berichte und skandinavischen Sagen. Diese von einigen zur Bibel des Abendlandes erklärten Sagas wurden von der Verschwörung jedoch diskreditiert oder mit Schweigen übergangen.

Jimmy Guieu nun, u. E. ein wirklich inspirierter Autor, ein Medium, dem das Mysterium zuströmt wie das Wasser dem Meer, hat uns an die legitime Eigentümerin dieser ursprünglich auf goldenen Blättern niedergeschriebenen Saga der Primhistorie der Menschheit, Frl. Lysiane Delsol aus Montaren, verwiesen, die uns freundlicherweise folgendes mitteilte: »Ich weiß zwar nicht, wie diese Überlieferung in unsere Familie gekommen ist, aber seit unvordenklichen Zeiten wird sie getreulich von Generation zu Generation weitergegeben. Ursprünglich soll es sich um einen auf Goldtafeln niedergeschriebenen, in einer unbekannten, anscheinend auf Zahlen aufbauenden Sprache abgefaßten Bericht gehandelt haben, von dem eine genaue Übersetzung existierte. Die feinen Goldtafeln, die durch Ringe zu einer Art Buch zusammengehalten waren, trugen den Titel *»Thor Heliohim* oder das *Buch der Sonnensöhne* und wurden während der Inquisition von den Sbirren des Heiligen Offiziums konfisziert. Der Verfasser dieses gedichtartigen Berichtes war der Halbgott Jika oder genauer Jimkhy (oder Simchy).«

Engel als Liebhaber

Laut Jimmy Guieu ist die Saga der antiken Sonnentradition im Grunde nicht anderes als die von der Kirche fürsorglich unterdrückte Fortführung des 6. Verses der Genesis!
Und tatsächlich erinnert Samirza Rucatl Heliohim, der »von den Sternen gekommene Gott«, stark an den Samyaza des *Buches Enoch* (Kap. II, 3 und 9), das Oberhaupt der Engel, die auf die Erde herabgestiegen sind, um ihre hübschen Bewohnerinnen zu lieben.[1]

[1]Weite Teile des *Buches Enoch* finden sich in unserem *Livre des Secrets Trahis,* Kap. VI (Editions Robert Laffont).

Wie sein Engelspendant bringt Samirza den Menschen unseres Planeten das höhere technische und offensichtlich auch liebestechnische Wissen der Himmelsvölker bei; denn wie es heißt, verstanden sie, die Töchter der Erde »durch die göttlichen Sitten der Sonnensöhne zu Sklavinnen der Freuden des Fleisches zu machen«! Laut Jimmy Guieu waren die Engel der Bibel – sprich die Außerirdischen – mit außerordentlichen sexuellen und orgasmischen Fähigkeiten begabt, die denen der Erdenbewohner himmelhoch überlegen waren – wie die, pflegt unser Freund fortzufahren, »südamerikanischen Indianerinnen den Orgasmus auch erst erfuhren, als sie mit den weitaus erfahreneren Weißen sündigten«.
Die Abkömmlinge von Samirza und den Erdenbewohnerinnen waren Halbgötter, die sich auf unserem Planeten niederließen und vermutlich den Atlantern, Ägyptern und »Völkern jenseits des Ozeans« als Instruktionen dienten.

Fortführung des Buches Enoch?

All das fügt sich unserer Ansicht nach nahtlos in die besten Traditionen von Baal, Viracocha, Quezalcoatl ein, also von jenen Initiatoren, die vom Planeten der Liebe, der Venus, gekommen sind, wie Rucatl Heliohim an jenen Elohim erinnert, Plural des Gottes El, der laut Bibel die Erde und ihre Bewohner erschaffen hat.
So gesehen, gehört das *Buch der Sonnensöhne* in die Reihe der kanonischen Bücher, da es wie diese eine Vision der Primhistorie bringt, nur mehr ins Detail geht als das Buch Enoch, das die in der Bibel auf neun Zeilen zusammengedrängte Geschichte der Engel in hundertfünf Kapiteln erzählt.
Jika, der Verfasser der Saga, der letzte der Halbgötter, der

»letzte der Ältesten«, also schildert die Abenteuer dessen, der von fernen Sternen gekommen ist, um die Menschen zu lehren, Samirza.

»Nun kehrte er aber nicht zur fruchtbaren Erde seiner Väter zurück, da er die Liebe Ophalas, der Tochter des Herrn der ganzen bewohnten Erde, errungen hatte.

Und da geschah es, daß ihm Ophala einen Sohn gebar. Dieser aber war nicht geflügelt wie sein glorreicher Vater. Und da begab es sich, daß sich Samirza, der große Initiator anderer Rasse, der Tochter der Menschen vermählte, denn sie war schön, und sich von der Erde der fernen Himmelsregionen lossagte und einige seiner Gefährten bei ihm blieben.

Und da geschah es, daß er zum Herrscher über den ganzen bewohnten Erdkreis wurde und zu seiner Zeit die große Pyramide mit dem Sonnentempel erbauen ließ . . .«

Wo aber stand diese große Pyramide mit dem Tempel? Der ganzen Beschreibung nach weder in Ägypten noch in China noch in Mexiko, sondern wahrscheinlich in Atlantis, ehe es von der Sintflut verschlungen wurde, zumal im *Buch der Sonnensöhne* auch die Sintflut erwähnt und das Ende der Zeiten prophezeit wird.

Jikas Prophezeiung

Eines Tages rief Jikas Stimme die Sonnensöhne zur Entsagung auf. »Es wird geschehen, daß ihr mit unseren göttlichen Sitten und unseren Tempeln und unserer heiligen Wissenschaft untergehen werdet, denn die Erde gehört der verderbten Rasse, ihren verfluchten Söhnen, und ihre Greuel werden die Sterne in den Zeiten der Finsternis erschüttern.

Aber fürchtet euch nicht. Ihr Untergang erfolgt zur angezeigten Stunde, und die Söhne des Lichtes werden die Rückkehr der Söhne Gottes vorbereiten.

... Dann gelangten wir in den anderen Teil der Welt. Wir erreichten schöne und fruchtbare Ebenen, wo die Menschen der verderbten Rasse wunderbare Städte errichtet hatten und ihre Sitten noch göttlich waren.
So geschah es, daß ich auf der fernen Erde kein Haus erbaute. Ich bin jenseits des Ozeans in eine Königsstadt mit goldenen Toren gelangt. Dort habe ich Wohnung genommen. Dort habe ich unter den Weisen der unterlegenen Rasse gelebt ... und da brach der Große Schrecken über einen Teil der Erde herein.
Die göttlichen Königreiche versanken in den tosenden Fluten, und die Welt gehörte den Söhnen der Finsternis ...
Und da geschah es: Als mein Leben ins siebenhundertste Jahr trat, kam der Große Fürst zu mir und befahl mir, einen Sohn meiner Rasse zu hinterlassen, der sich unserer Wissenschaft weihte und die heiligen Schriften zu lesen verstand ... Ich, Jika, gehorchte (mit der Tochter des Großen Fürsten) ... ich füllte den Geist des von meinem Blute geboren, von meinem Herzen verachteten Kindes mit dem Wissen der Väter. Und da geschah es, daß ich die Texte verdarb. Ich habe die Geheimnisse nicht preisgegeben ...«
Der Bericht des Halbgottes endet mit einer Prophezeiung, der zufolge, nach dem etwa um das Jahr 2000 bevorstehenden Weltende, die Völker des Alls auf die Erde zurückkehren werden, um neu zu beginnen.
»Denn wißt, ich bin ewig. Ich kenne und hüte das Geheimnis der Welten und hinterlasse meinen Nachkommen die Prophezeiung des Halbgottes, der durch mich zum Herrn der Herren wurde. Und so wird es geschehen, daß in der künftigen Zeit, in der Zeit des Jammers und Wehklagens, ehe meine Brüder, die Götter, die Söhne des Sonnenkönigs, auf die in Wehen liegende Erde kommen, alles zum Schrecken der Welt ausschlagen wird ... Aus dem Schoße des Wassers

werden unerhörte Schätze geborgen. Die Natur wird geplündert ... Die Kranken in Abgründen gepflegt, wo große Zonen absoluten Schweigens diejenigen retten, die das geistige Delirium quält ...
Gott wird trotz der Entfernungen, die einander im Raume näherrücken, in seiner wunderbaren Macht verletzt werden.
Und gewaltige Katarakte werden die Völker verschlingen.
Ehe die Menschen von morgen jedoch in den gähnenden Höllenschlund blicken, ehe sie ihrerseits in die Sage eingehen, werden die Spuren der höherstehenden Menschheiten bis in alle Einzelheiten wiedergefunden und in aller Öffentlichkeit untersucht werden.
Das Wasser, die Erde und die Berge geben das Geheimnis der alten Rassen und die Geschichte eines einzigartigen Monarchen, Jikas, des Göttersohnes, preis ...
Sucht im Herzen der Ozeane und Meere, unter dem Sand der trockenen Erde, im Bauch der Gebirge, unter den höchsten Pyramiden des Erdballs ...«

Sucht den Thron der Götter

Der Thron der Halbgötter könnte also unter Umständen auch auf dem Grund eines Ozeans gefunden werden ...
Der gesamte Text der der Familie Lysiane Delsols (die womöglich ihrerseits von Jika abstammt) überlieferten Saga kann in Jimmy Guieus *Livre du Paranormal* nachgelesen werden.
Lysiane Delsols beide Bücher über die Saga und deren Prophetie, *La Terre des dieux* und *Le Dernier Soir du monde,* sind bisher leider noch nicht erschienen.
Es soll dem Leser überlassen bleiben, sich selbst ein Urteil über diese Berichte, die wir mit der Erlaubnis von Frl. Delsol

und Jimmy Guieu wiedergeben, zu bilden. Unserer Ansicht nach müssen diese bruchstückhaften Publikationen unbedingt im Zusammenhang mit dem großen Abenteuer, das die Menschen des auslaufenden 20. Jahrhunderts heute durchleben, gesehen werden: der Ankündigung des Endes der Zeiten, den Vorahnungen der Amateur-Archäologen und der Auffindung primhistorischer Dokumente, gekrönt von der Entdeckung Dr. Cabreras.
Gleichzeitig aber wollen wir noch einmal auf die sonderbaren Übereinstimmungen in der Bibel, im Buch Enoch und der Saga von Samirza Rucatl hinweisen, die uns die Gewißheit geben, daß die erste irdische Kultur von einem anderen Stern importiert wurde – eine These, die durch die Entdeckungen der heutigen Archäologie und den Eifer, mit dem unsere Regierungen sich des UFO-Problems annehmen, untermauert wird.

Die Sierra des Schweigens eine UFO-Basis?

Wer sich ernsthaft für die Geheimnisse des Himmels interessiert und sich heute die wirklich ernst zu nehmenden Phänomene ansieht, wird gleicherweise überrascht und freudig bewegt sein.
Eines dieser wirklich ernst zu nehmenden Phänomene ist die *Sierra del Silencio,* die auch bei Technikern und Physikern auf großes Interesse stößt, so bei Harry de la Peña, Ingenieur aus Torreon im Staat Coahuila, Mexiko, und dem Deutschamerikaner Wernher von Braun, Erfinder der V2 und Konstrukteur der Jupiter C-Rakete. Und tatsächlich ereignen sich seltsame Dinge zwischen dem 26. Grad (45′) nördlicher Breite und dem 103. Grad (40′) westlicher Länge in der Wüste Mopimi im Staat Coahuila.

Um es kurz zu machen, Harry de la Peña und W. von Braun zeigen sich geneigt, diesen Ort für die Landebasis der Extraterrestrier zu halten, und die US-Regierung hat die Sierra des Schweigens zum »top secret« erklärt.

Merkwürdige Beobachtungen

»Die fragliche Stelle«, heißt es in einem Schreiben des Kulturzentrums der Laguna de Torreon an Professor Adolfo Orozco Torres vom geophysischen Institut der Universität Mexiko, Abteilung »Sonderforschungen«, »liegt nordöstlich des Dorfes Ceballos (im Staat Durango) und umfaßt eine von San José del Centro und Mohovano bis zum 27. Breitengrad erforschte Zone einschließlich des Punktes, an dem die Staaten Coahuila, Chihuahua und Durango zusammenstoßen.«

Phänomene:

1. In bestimmten Teilen dieser Zone ist die Fortpflanzung der Hertzschen Wellen schwierig bis unmöglich, daher auch die Bezeichnung des Ortes als Sierra oder Zone des Schweigens.
   Dieses Phänomen haben wir mit Empfängern von verschiedener Frequenz beobachtet. Mögliche Ursache: das Vorhandensein eines Elektronenbündels, das durch magnetische Eisenvorkommen in bestimmten Tiefen hervorgerufen werden könnte. Das ist allerdings nur eine Hypothese.
2. Häufiger Einschlag von Meteoriten, von denen wir einige Exemplare gesammelt haben.
3. Reiche Fossilienvorkommen, die z. T. nach Meinung des Physikers Dr. Carlos Graef Fernandez über 60 Millionen

Jahre alt sind und an bestimmten Stellen, an denen sich auch seltsam geformte kristalline Gesteine finden, einfach auf dem Boden herumliegen.

4. Sporadische, starke Energiekonzentrationen, die auf kosmische oder Neutronenstrahlen schließen lassen.
5. Kleine Wüstenpflanzen, deren vom Normalen abweichende Erscheinungsform vermutlich auf Mutationen zurückgeht.
6. Am Samstag, dem 11. Juli 1970, um 3.15 Uhr morgens stürzte eine nordamerikanische Rakete des Typs »Athena« über dem Zentrum dieser Region ab, in dem wir seit April 1966 Observationen anstellten.

Nach Meinung der NASA: Ideale Basis für Extraterrestrier

Diese Raketengeschichte, die auf den ersten Blick nichts mit dem Geheimnis der Sierra des Schweigens zu tun zu haben scheint, hat die Sache im Gegenteil erst recht pikant gemacht. Die Vereinigten Staaten hatten nämlich für den Geschmack der mexikanischen Regierung ohnehin schon ein zu starkes Interesse an diesem Ort gezeigt. Am 27. März 1970 war Wernher von Braun, der »Vater der Satelliten und Mondfahrten«, nach Mexiko gekommen, um in Ceballos eine Observationsbasis einzurichten, hatte sich aber, da er von den mexikanischen Behörden keine Erlaubnis erhielt, mit einem Besuch der »Zone des Schweigens«, wie er die Insel oder den Knoten in Zeit und Raum nannte, begnügen müssen. Mittlerweile hat sich herausgestellt, daß Ceballos zusammen mit Parral y Allende in Chihuahua auf den NASA-Karten als ideale Landebasis für Extraterrestrier eingetragen ist. Denn selbstverständlich würden sich Wesen aus dem All ebenso einen geeigneten Ort für ihre Landung auf der Erde aussuchen wie die Erdenbewohner den idealen Landeplatz für die Mondlandefähre vorausbestimmten.[1]

Welch sonderbarer Zufall also – die mexikanischen Zeitungen beschäftigten sich ausgiebig damit –, daß die von Utah nach White Sands abgeschossene Rakete ausgerechnet hier, d. h. 1200 km von ihrem Zielort entfernt, landete und, obwohl es sich nur um eine Versuchsrakete handelte, mit einer Kapsel aus radioaktivem Kobalt bestückt war, was die Amerikaner offensichtlich nötigte, sich eine Zeitlang in Ceballos aufzuhalten, um die Gefahr zu beseitigen!

Was denn auch geschah. Vierundzwanzig Tage lang suchte eine amerikanische Militärkommission unter dem Kommando eines Obersten und eines Ingenieurs das Terrain ab, nahm die Zone bei dieser Gelegenheit auch gleich auf Infrarot- und Normalfilm auf und sammelte die verschiedensten Proben ein. Am 2. August, also rund einen Monat nach dem Unfall, konnte die Rakete in einer Ebene bei der Ranch San Ignacio endlich geortet und samt 200 000 Tonnen Erde und zahllosen Proben abtransportiert werden.

Tektite und phantastische Steine

Ungefähr zur selben Zeit – im April 1970 – brach der Journalist Miguel Angel Ruelas T. vom *Siglo de Torreon* zusammen mit ein paar Einheimischen, dem Ingenieur Harry de la Peña und dem Physiker und Astrodynamiker Robert Contreras Barrios zu einer Expedition in die *Sierra del Silencio* auf.

[1] Von Braun soll wörtlich gesagt haben: »Wenn ich ein Außerirdischer wäre und ungesehen und unbeobachtet landen, d. h. Radar und Hertzsche Abhorchgeräte umgehen wollte, würde ich mir die *Sierra del Silencio* aussuchen.«

»Es war«, schrieb M. A. Ruelas, »ein Abenteuer mit Überraschungen, angefangen bei der Erfahrung, daß in der Zone des Schweigens unsere Radiogeräte tatsächlich stumm blieben . . . Dreißig Kilometer weiter stießen wir auf die *Pfade* der schwarzen Steine oder *guijolas* (Meteoriten, Tektiten), die hier in Hülle und Fülle herumliegen. Bizarre Gebilde, diese Überreste der vor Jahrhunderten herabgestürzten Meteoriten, die man gar nicht für natürlich halten kann. Aber Harry de la Peña machte eine noch viel seltsamere Entdekkung: ein drei Zentimeter langes, einen Zentimeter dickes Gebilde mit versteinertem Kern, das an ein Kabelstückchen erinnerte.«

Die einheimischen Expeditionsteilnehmer hatten früher schon Steine in Form von Schraubenköpfen, Stahltrossen mit Knoten, hohlen Hochspannungskabeln und zahlreichen anderen Alltagsutensilien gefunden.

Außerdem scheinen die Tiere in der ganzen Region seltsamen Gesetzen unterworfen: z. B. verlieren sie ihren Orientierungssinn; Hunde werden ohne erkennbaren Grund von panischem Entsetzen erfaßt; Landschildkröten, die sich ins Herz der Zone vorwagen, werfen sich auf den Rücken und verharren trotz aller Versuche, sie zu retten, in dieser Lage, bis sie sterben.

UFOs ante portas

Warum aber ist die *Sierra del Silencio* ein »schwarzes Loch« in Raum und Zeit? Warum ist sie der Einschlagsort für Meteoriten? Niemand weiß es.

Wernher von Braun berichtete laut einer mexikanischen Zeitung: Am 8. Februar 1969 sei eine russische Sonde vom Typ Venus (zweifelsohne Venus VI) auf einen Meteorstein zugerast und von den Technikern in Baikonur auf eine Kurvenbahn gebracht worden, um einen Zusammenstoß zu vermeiden.

Da nun habe sich etwas Seltsames zugetragen: Der Meteorstein habe die Wendung zunächst mitvollzogen, sei dann jedoch auf seinen ursprünglichen Kurs zurückgekehrt und schließlich bei Ceballos heruntergestürzt!

Die von den Mexikanern im Anschluß durchgeführten Nachforschungen erbrachten, daß der Himmelskörper beim Eintritt in die Atmosphäre nicht zerschellt war. An der Aufschlagstelle fand man ein metallisches Pulver, das unter dem Mikroskop eine rätselhafte Zusammensetzung aufwies, »wie aus Hohlkügelchen, die, ehe sie zerplatzen, wohl mit Gas gefüllt gewesen sein mußten«.

Und schließlich und endlich sind die Bewohner der in der Wüste Mopimi und der Sierra Mojada verstreuten Dörfer allwöchentlich, je allnächtlich Zeugen von Lichterscheinungen, die sie offenbar ernstlich beunruhigen, denn sie haben den Schutz der Bundespolizei angefordert.

Ein besonders aufregendes Abenteuer erlebten die Brüder Ruben und Juan Hernandez in der Nacht vom 14. auf den 15. März 1973, als sie in Parral (Chihuahua) wie gewohnt ihrer Arbeit nachgingen. Mit einemmal sahen sie am Himmel eine runde, rötliche Feuerkugel auftauchen, die direkt auf sie zuzurasen schien. In panischer Angst schlugen sie Alarm, und als daraufhin die ganze Belegschaft in Bewegung geriet, bremste das Objekt eine Zeitlang, als wollte es die Vorgänge ausspionieren, und verschwand dann mit unvorstellbarer Geschwindigkeit in Richtung Sierra del Silencio – was die Journalisten des *El Mexicano* von Ciudad Juarez zu der Bemerkung veranlaßte: UFOs ante portas!

Ein etwas voreiliger Schluß. Dennoch muß man sich wohl ernsthaft fragen, ob es in der Sierra des Schweigens nicht doch eine Landebasis für UFOs gibt.

Wir, sagen die Mexikaner, haben keinen Beweis dafür, die Amerikaner dagegen wissen es wohl!

Bald bricht das Jahr 1 des Wassermanns an

Wahrhaftig eine stattliche Reihe erstaunlicher Zufälle in dem Dreieck Torreon-Parral-Monclara, das die USA so gern von Mexiko gepachtet hätten. Aber das ist noch nicht alles.
Wie bereits berichtet[1], wurden in dieser Region Felsgravierungen von Menschen, die wie Taucher oder Kosmonauten gekleidet waren (zwischen San Pedro de las Colonias und Saltillo) und Gräber von blonden, 2,50 m großen Riesen einer nichtirdischen Rasse gefunden, die vor geradezu unvordenklichen Zeiten dort begraben worden sein müssen. Ist die Wüste Mopimi demnach ehedem Opfer einer gewaltigen Katastrophe geworden wie (jedenfalls laut Überlieferung) Death Valley und die Wüste Gobi?
Durchaus möglich, scheint doch alles darauf hinzudeuten, daß von einem anderen Stern stammende ehemalige Bewohner der Sierra das »schwarze Loch« kennen und heimlich hierher zurückkehren. In Mexiko jedenfalls glauben viele, daß Außerirdische in die *Sierra del Silencio* kommen, daß sie Kontakt zur NASA und zum Pentagon haben und der Tag nahe ist, an dem auf mexikanischem Boden ein offizielles Treffen zwischen Erd- und Allbewohnern stattfinden wird.
Ganz soweit freilich sind wir noch nicht, aber eines Tages wird mit diesem heute noch so phantastisch anmutenden Ereignis die neue Ära, das Weltzeitalter des Wassermanns, eingeleitet werden.
Auffällig doch jedenfalls, daß sogar der größte Teil der

[1] Le Livre du Passé Mystérieux, Kapitel XXIII.

Regierungen bereits mit einem Besuch außerirdischer Wesen rechnet. Wie sonst wäre zu erklären, daß sie in ihren Luftfahrt- und Forschungsministerien Abteilungen mit dem Auftrag, eine eventuelle Begegnung vorzubereiten, eingerichtet haben?
Nun mag man einwenden, das sei nicht sonderlich ernst zu nehmen, denn schließlich unterhielten die meisten Regierungen auch eine Vertretung beim Vatikan, bei den Medizinmännern Afrikas und der Papuas.
Gewiß, man kann es auch so betrachten. Es sei denn – und das ist durchaus möglich – es existierte eine Verbindung zwischen den Engeln, den Cherubim und den fliegenden Menschen einerseits und unseren Brüdern von den fernen Sternen andererseits.

VII. Nazca aus der Luftperspektive

Nazca vom Himmel aus gesehen ist ein phantastischer, ein begeisternder Anblick: Muster und geometrische Figuren durchschneiden auf einer Fläche von ca. 100 km in unglaublicher Dichte die Pampa; mysteriöse, in den spanisch sprechenden Ländern als *pistas* bezeichnete Spuren, die den Beobachter im Flugzeug vom Äquator bis zum südlichen Wendekreis, d. h. von Guyaquil bis Santiago, begleiten.[1]
Aber nicht nur *pistas,* sondern auch Personen-, Blumen-, Tierdarstellungen sowie eine Anzahl viel rätselhafterer Zeichnungen, riesige geheimnisvolle Theater und eine große Mauer, die der Chinesischen Mauer ähnelt, sieht man.
Nicht umsonst existiert seit vier Jahrhunderten in vielen Sprachen die Wendung: »Trotzdem ist es nicht Peru!« zum Ausdruck dafür, daß der betrachtete Gegenstand Peru an Reichtum und Pracht nicht das Wasser reichen kann. Wie das Land zu dieser Sonderstellung gelangt ist, weiß niemand so recht zu sagen. Des Goldes wegen? Sicherlich, obwohl die Förderung zur Zeit der Konquistadoren mit 754 Tonnen zwischen 1493 und 1600 weit niedriger lag als gewöhnlich angenommen. Der Inkas, des Sonnenkults und der venusischen Götter, seiner Sagen und faszinierenden Mythologie wegen? Gewiß auch deshalb, aber all das ist nur ein Teil. Pizarro und Cabrera, zwei geniale Menschen, haben es erahnt: Weil Peru dem Neugierigen alles bietet, von der geheimen Geschichte der Menschheit und den Geheimnissen des Kosmos bis zu Gold, Gift, religiösem Fanatismus und dem Archiv der Irdischen und der Engel des Himmels. In

[1] Im übrigen sind ähnliche Erscheinungen auf unserem Globus nicht selten. So finden wir z. B. in England im Tal von Glastonbury einen Riesentierkreis auf dem Boden, in den *downs* von Dorset weiße Pferde, an den Ufern des Humber die Flügelform eines alten Tempels. Bei all diesen Funden handelt es sich um das Werk eines alten, wenig oder gar nicht bekannten Volkes. Außerdem ist man auf der Insel Malta sowie in der Sahara auf einige *pistas* und in der Mohavewüste in Kalifornien auf in Stein geritzte Silhouetten riesiger Menschen gestoßen.

Peru hat die heute bekannte älteste Kultur unserer Erde das Licht der Welt erblickt; Peru haben sich, wie wir zu begreifen beginnen, die Völker des Alls auserwählt, um ihre Kultur auf unserer Erde anzusiedeln.
Und der Beweis dafür? Die Pampa von Nazca.

Paul Kosok entdeckt die pistas

Die peruanischen Pampas von Lima bis Arequipa haben mit den in unseren Lexika beschriebenen Steppen und Savannen nichts gemein. Es sind Sandwüsten mit ausgewaschenem Gestein, ohne einen Grashalm, ohne einen Vogel, ohne irgendeine Fauna. Ganz selten bloß zeigt sich ein Kondor über den Anden. Die Regenzeiten sind kurz.
Das Hauptkontingent der Pistaszeichnungen findet sich zwischen dem Pazifik und der Kordillere in den Pampas von Villacuri südlich von Pisco, Los Castillos, Huayuri, Colorado und von Los Corados zwischen Ica und Nazca; die dichteste Häufung zwischen Palpa und Nazca in der Nähe des Rio Ingenio bei Kilometer 436 des Panamerican Highway, der sich in respektvollem Abstand am Ozean, dem Finsteren Meer der Alten, hinzieht. Darüber hinaus gibt es noch Tausende, ja Zehntausende solcher Zeichnungen, die sich bis nach Chile erstrecken und z. T. solche, die sicher noch nicht einmal entdeckt sind.
Die Konquistadoren erwähnen die *pistas* zwar dem Hörensagen nach, haben sie aber nie zu Gesicht bekommen. Systematisch erforscht wurden sie erstmals vom amerikanischen Professor Paul Kosok von der Universität Long Island 1939. Ihm folgte um 1948 die deutsche Archäologin Maria Reiche von der Universität Hamburg, die die Ergebnisse ihrer Beobachtungen in einem kleinen Bildband zusammenfaßte.

An Bord dieser Piper OB-I-877 haben wir Nazca 1973 zum zweiten Mal überflogen.
Von links nach rechts: Hauptmann Arboulou, Pilot, Robert Charroux, Edmond Wertenschlag.

In der Folge veranlaßte dann der Photodienst des peruanischen Luftfahrtministeriums eine genaue Bestandsaufnahme der Zeichnungen, und Skylab 2 erhielt u. a. den Auftrag, den »Flugplatz der antiken Astronauten« aus großer Höhe aufzunehmen; bis jetzt liegen davon noch keine Veröffentlichungen vor.
Unser Film, den wir unter allerlei Gefahren 1968 gedreht und nach Frankreich mitgebracht hatten, wurde vom ORTF abgelehnt: die zuständigen Fernsehgrößen, angeführt von

André Astoux, interessierten sich nicht dafür! 1973 zeigte das ORTF dann doch eine kurze Folge von *pistas,* aber von einem deutschen Filmer, der sich von einem unserer Bücher hatte inspirieren lassen und nur einen Abklatsch unserer Entdekkungen bot. Trotzdem war das bereits ein erster Sieg!

Der Kondor und der Mann mit dem Lama

Wer die Absicht hat, sich die *pistas* vom Flugzeug aus anzusehen, sollte zunächst einen Abstecher zu dem unmittelbar an der Küste, 8 km südlich von Pisco gelegenen Hotel Paracas machen. Von hier aus kann man in aller Ruhe den *Candelabro de los Andes* betrachten, den in den Sand einer Düne gegrabenen, gut 10 km großen rätselhaften »Andenleuchter«, dessen beide Seitenarme in Salamander- oder saurierförmige Gebilde auslaufen.

Außerdem sollte er dem Museum in Paracas selbst einen Besuch abstatten, in dem Mumien[1] und berühmte Keramiken ausgestellt sind.

Nach Pisco zurückgekehrt, kann er auf dem Flughafen eine kleine Maschine mieten, was allerdings mit allerlei Schwierigkeiten und viel Papierkram verbunden ist. Einfacher ist, sich an die Militärverwaltung zu wenden. Wir jedenfalls haben es so gemacht, und so flog uns 1968 ein Leutnant und 1973 ein Hauptmann, beide ausgezeichnete Techniker, für die die Überfliegung der Pampa ein Kinderspiel bedeutete.

1968 allerdings wurden wir von einem jener plötzlich aufkommenden Stürme überrascht, wie sie sich in den Anden nachmittags oft erheben. Trotzdem konnten wir in der Pampa von Villacuri wenig bekannte Zeichnungen ausma-

[1]Berichtigung: 1968 besaß das Museum von Paracas die schönsten Mumien von Peru. 1974 war keine einzige mehr vorhanden. Davongeflogen!

Links der Kondor, rechts der Mann und das Lama. In der Mitte halb verwischte Tier-, vielleicht Kameldarstellungen.

chen, die wir an Ort und Stelle gern eingehender betrachtet hätten, da sie offensichtlich einer anderen Epoche und Kultur angehören als die *pistas* von Nazca. Aber allein ihre Lokalisierung hätte wohl schon einige Tage erfordert.
Diese Zeichnungen stellen einen Kondor mit ausgebreiteten Flügeln und einen Mann mit einem Lama oder richtiger, mit irgendeinem Tier dar, denn der lange, dicke Schwanz erinnert eher an die Saurier auf Dr. Cabreras Steinen.
Im Gegensatz zu Nazca heben sich die Körper hier als dunkelbraune Masse von einem hellen Untergrund ab, was an

eine Art mit Kieseln oder kleinen Felsbrocken eingelegter Reliefs denken läßt. Der Mann ist großzügig stilisiert, das Tier noch rudimentärer dargestellt, der große Vogel mit den ausgebreiteten Schwingen dagegen macht einen harmonischeren Eindruck. Ringsum, vornehmlich zwischen den beiden Hauptfiguren, finden sich noch etliche andere Zeichnungen, die sich jedoch nur schwer deuten lassen, vielleicht Tiere, vielleicht eine Schrift, jedenfalls wäre die Komposition wohl der Aufmerksamkeit offizieller peruanischer Stellen wert.

Líneas und pistas nach allen Richtungen

1973 wiederholten wir unseren Flug von 1968, um unsere damaligen Beobachtungen weiter zu präzisieren. Unsere Route führte uns von Ica über die Pampa von Juayuri, das Städtchen Palpa und dann zum tief eingeschnittenen Flußtal des Ingenio, eines Nebenflusses des Rio Grande. Am Nordhang des Tals werden großartige *pistas* in Form von Flügeln (langgezogenen, ganz schmalen Dreiecken) sichtbar, die mit der Spitze aufeinander zulaufen, wie um auf den Schnittpunkt hinzudeuten. Ihre West-Ost-Ausrichtung (Basis-Spitze) bestätigen Professor Kosok in seiner Ansicht, daß es sich bei Nazca um einen riesigen astrologischen Kalender handelt.
Der äußerst steil abfallende Südhang führt dann direkt in die Pampa Colorada, d. h. in das Hauptgebiet der *pistas* und *líneas,* die in streng rechtwinkeliger Anordnung nach allen Seiten auslaufen, wobei das Ende vielfach nicht einmal aus ein- bis zweitausend Meter Höhe abzusehen ist. Eine ganze Reihe *líneas* allerdings münden auch in *pistas*[1] oder, seltener,

[1]Unter *líneas* verstehen wir Linien, die einer langen Furche gleichen, und unter *pistas* ebene, landebahnähnliche Pisten von rechtwinkeliger oder dreieckiger Form, aber stets wesentlich länger als breit.

in einem gemeinsamen Zentrum, von dem sie wie die Strahlen der Sonne oder die Speichen eines Rades ausstrahlen.
Auf den ersten Blick erscheint das Ganze wie ein undurchdringliches Gewirr von großen und kleinen, kurzen und langen, nord-südlich bzw. west-östlich verlaufenden *líneas* und *pistas;* bei näherer Betrachtung jedoch ahnt man, daß es durchaus nach irgendwelchen uns unbegreiflichen Gesichtspunkten geordnet sein könnte.

Ein prähistorischer Landeplatz

Hat man den ungewöhnlichen Eindruck eine Zeitlang auf sich wirken lassen und fängt allmählich an zu analysieren, so glaubt man über einen Landeplatz zu fliegen, eine Art barockes Orly mit großen und kleinen Landebahnen für schwere Flugzeuge und kleine Touristenmaschinen. Mit einem Wort, man glaubt eine unfehlbare Logik und eine nicht minder unfehlbare Ausführung zu erkennen, die sich zwar unserer Einsicht verschließen, die Planenden aber als aufgeklärte Mathematiker mit ausgeprägtem Sinn für Geometrie ausweisen. Die Ausführenden, die die Dinge im wahrsten Sinne des Wortes aus den Augen verloren und nach ihrem Gedächtnis und ihrer Vorstellungskraft arbeiten mußten, scheinen technische Genies gewesen zu sein.
Diese Beobachtung veranlaßt uns hier, auf Professor Otto Klinebergs These zurückzukommen, der zufolge die Hopis von Arizona mehr Begabung für abstrakte Mathematik und Relativitätsphysik an den Tag legen als wir. Das kann auch bedeuten, daß die Aymaras oder die Quechuas, die Nachfahren der einstigen Erbauer, den Sinn der *líneas* und *pistas* erfassen könnten, daß wir uns also nur ihr Chromosomengedächtnis zunutze machen müßten, um eine Erklärung zu finden – falls wir imstande wären, diese zu begreifen.

Nazca, ein einziges riesiges, nur vom Himmel aus sichtbares Landefeld.

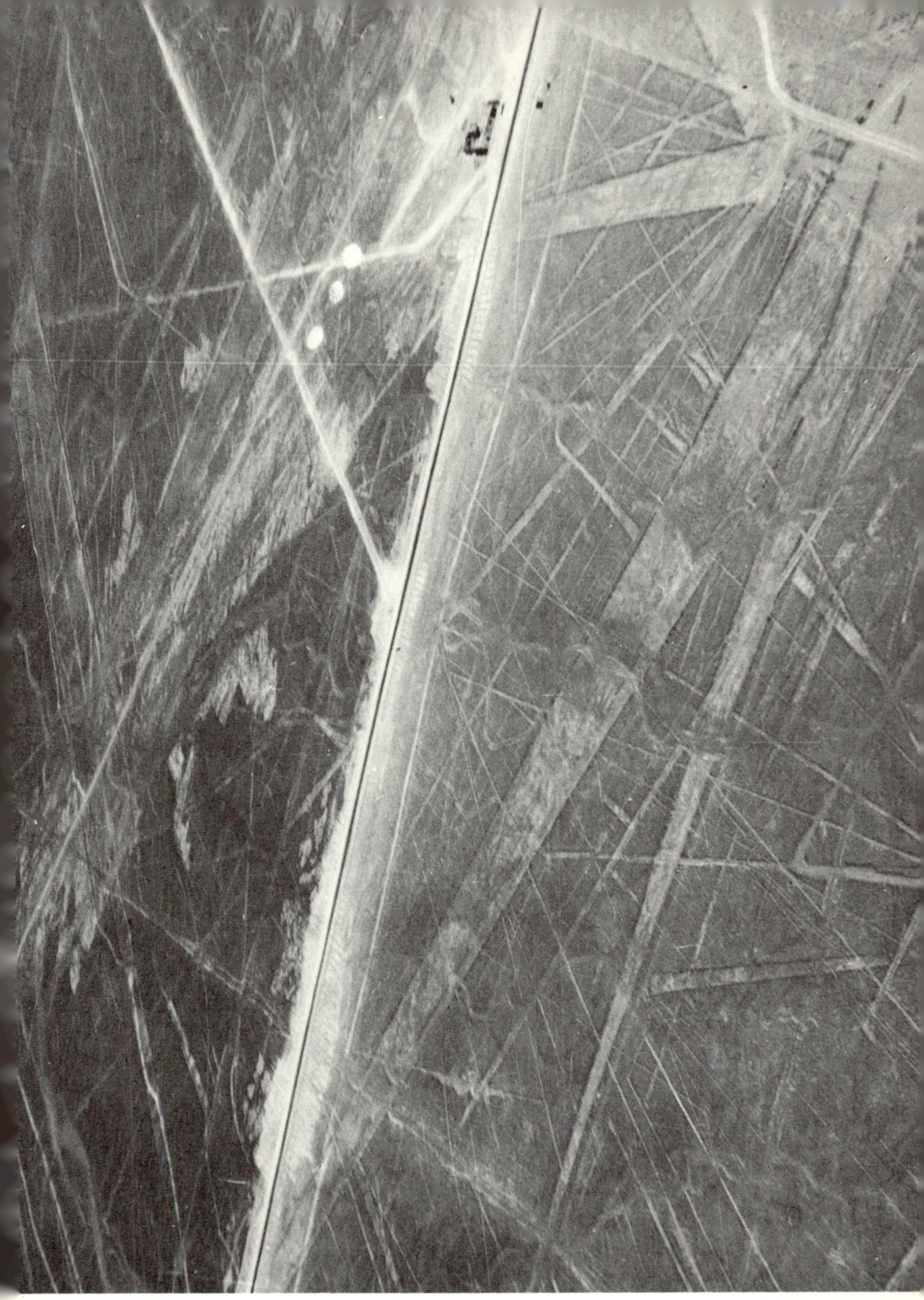

Die vollendete geometrische Anordnung der Linien und Pisten übersteigt unsere heutige technische Vorstellungskraft und natürlich erst recht unsere technischen Möglichkeiten.

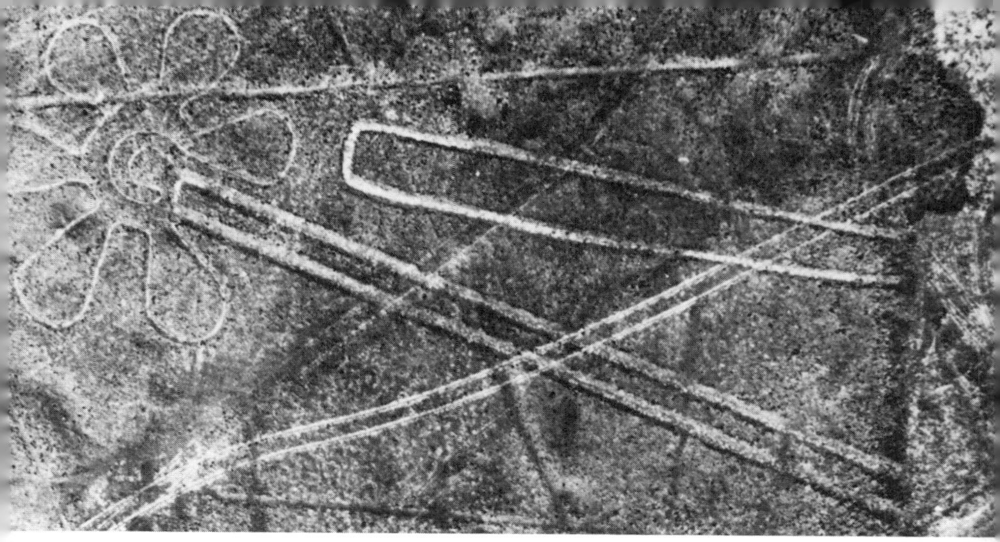

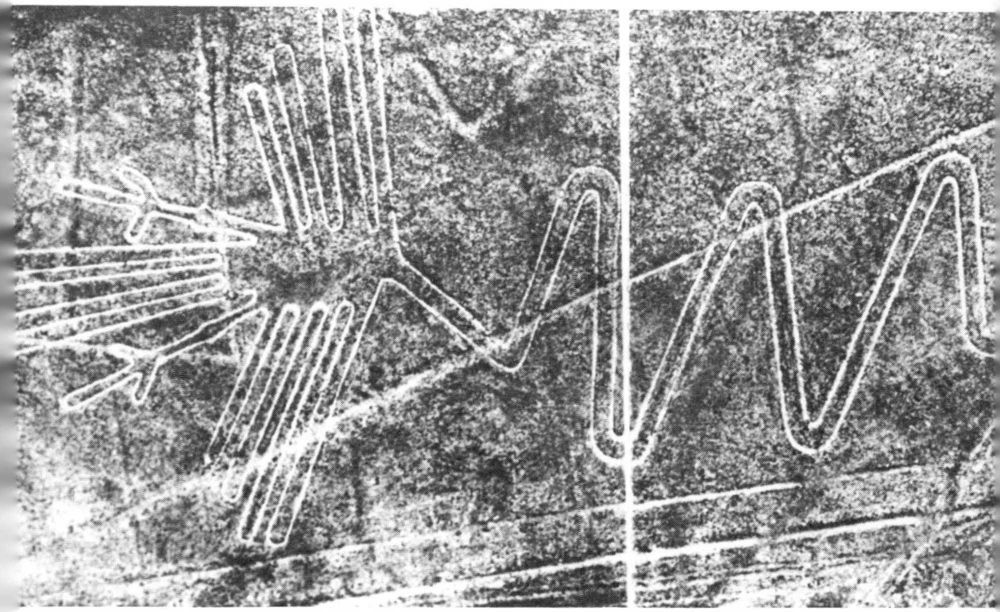

Von oben nach unten:
die Blume,
die Natter,
die Sirene.

Die Spinne, die Spirale und der Affe

Noch zutiefst beeindruckt von den *pistas,* bereiten wir uns in unserer Piper-cub auf die *grabados* vor, die man wohl als eine Art Illustrationen zu einer geheimen Schrift betrachten darf. Als erste taucht am Rande des Panam die sechsundvierzig Meter lange, stark stilisierte Spinne auf, die mit ihrem im Vergleich zum Hinterleib relativ großen Bruststück aus prähistorischen Zeiten stammen könnte. Vom Flugzeug aus gesehen scheint sie acht mit einem einzigen Strich gezogene Beine zu haben, während es sich in Wirklichkeit, wie wir tags darauf am Boden feststellen, jeweils um einen Doppelstrich handelt.

Nachdem wir dem Panamerican Highway eine Zeitlang gefolgt sind, drehen wir nach Westen ab, wo wir auf eine besondere Fülle größerer Zeichnungen stoßen.

Gleich am Anfang können wir vollkommene Spiralen und geometrische Figuren, die z. T. aus *líneas* und kleinen geraden Pisten zusammengesetzt sind, Parallelen, die den großen *pistas* folgen, sowie Kreuzungen von Linien verschiedener Dicke bewundern. Dann macht uns unser Pilot, Hauptmann Arboulou, aufmerksam: »Aufgepaßt, señor, der Affe«: Ein riesiges, 100 m langes Tier in voller Aktion, den langen Schwanz zur Spirale aufgerollt. Wir beeilen uns, zu knipsen und zu filmen, während die Piper in ein paar hundert Metern Höhe Schleifen zieht. Die Arme des Affen werden von einer *línea* durchschnitten. Von seinem Schwanz gehen zwei Parallellinien aus, die sich zu einer geometrischen Figur erweitern. Eine mysteriöse Angelegenheit. Aber es ist uns schon des öfteren aufgefallen, daß Zeichnungen, darunter recht bedeutende, anscheinend später mit einem Liniennetz überzogen wurden. Nicht so allerdings der 180 m lange Kondor, über den wir anschließend hinwegfliegen.

Oben: El mono (der Affe), Länge: 100 m.
Unten: Der Papagei.

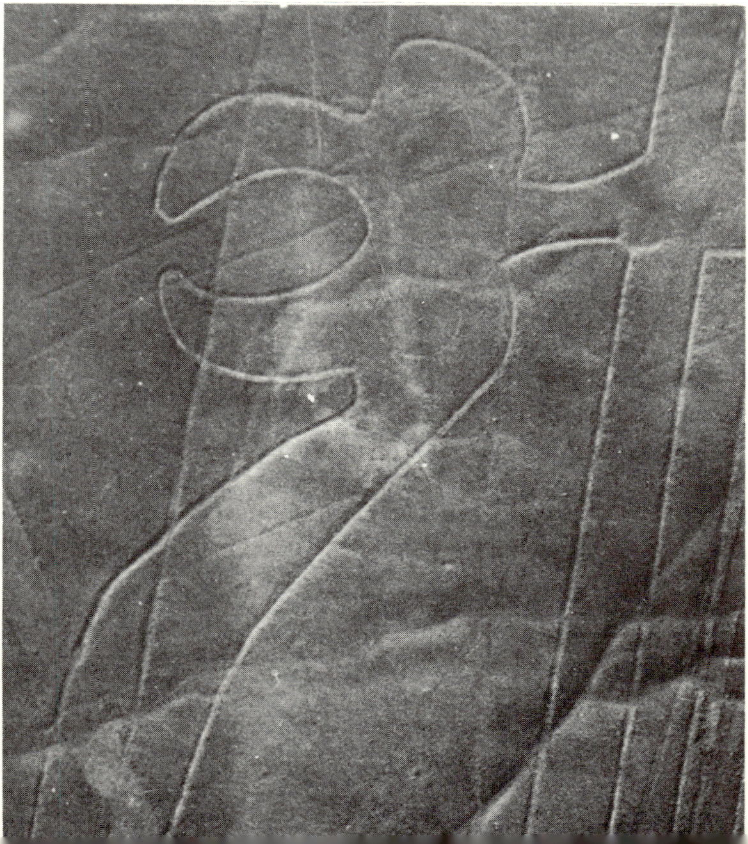

Edmond Wertenschlag allerdings sieht in diesem »Kondor« aufgrund seines langen Schnabels einen *picaflor* (Kolibri). Bekanntlich jedoch werden die Zeichnungen häufig durch dazustoßende *pistas* verlängert. In derselben Zone gibt es übrigens noch andere Kondore oder Vögel, darunter einen mit unmäßig langem, gewundenem Hals und Schnabel.
Das Symbol des Kondors würde, da dieser Vogel in den Anden als »Götterbote« gilt, außerdem zur Erklärung der *grabados* beitragen. In diesem Fall wären die riesigen Zeichnungen ein Akt der Huldigung bzw. eine Botschaft an höhere Wesen oder Götter im Himmel.
Vor Rätsel stellen uns dagegen nach wie vor die anderen Symbole wie die Papageien, Katzen, geflügelten Vierfüßer, die Saurier, Fische, Küken, Blumen, mehrköpfigen Schlangen und nicht näher definierbaren Objekte.
Auch die Bedeutung der beiden 6 km südlich von Palpa in einen Hügel gegrabenen, schon halb verwischten Gestalten mit der strahlenförmigen Aureole wird für immer im Dunkel bleiben. Möglich, daß es sich um eine Darstellung des Gottes Inti (der Sonne) handelt, aber mit Sicherheit wird man es nie herausfinden.
Dazu kommen noch Tausende durch Erosion unleserlich gewordene *grabados,* Spiralen, die an Steingravierungen bei Chavin erinnern, aber auch in allen übrigen Teilen der Welt Entsprechungen haben, abstrakte Zeichnungen mit griechischen Mäandern, rechtwinkeligen Labyrinthen, Zickzacklinien . . .

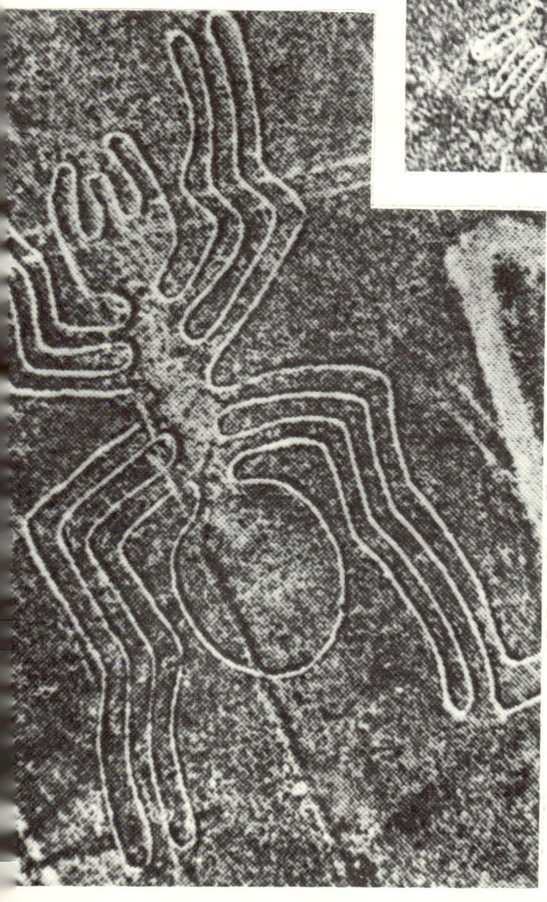

Oben: Der Hund.
Links: Die Spinne (46 m).
Rechts: Zwei Personen mit Strahlenkopfputz in der Pampa von Palpa

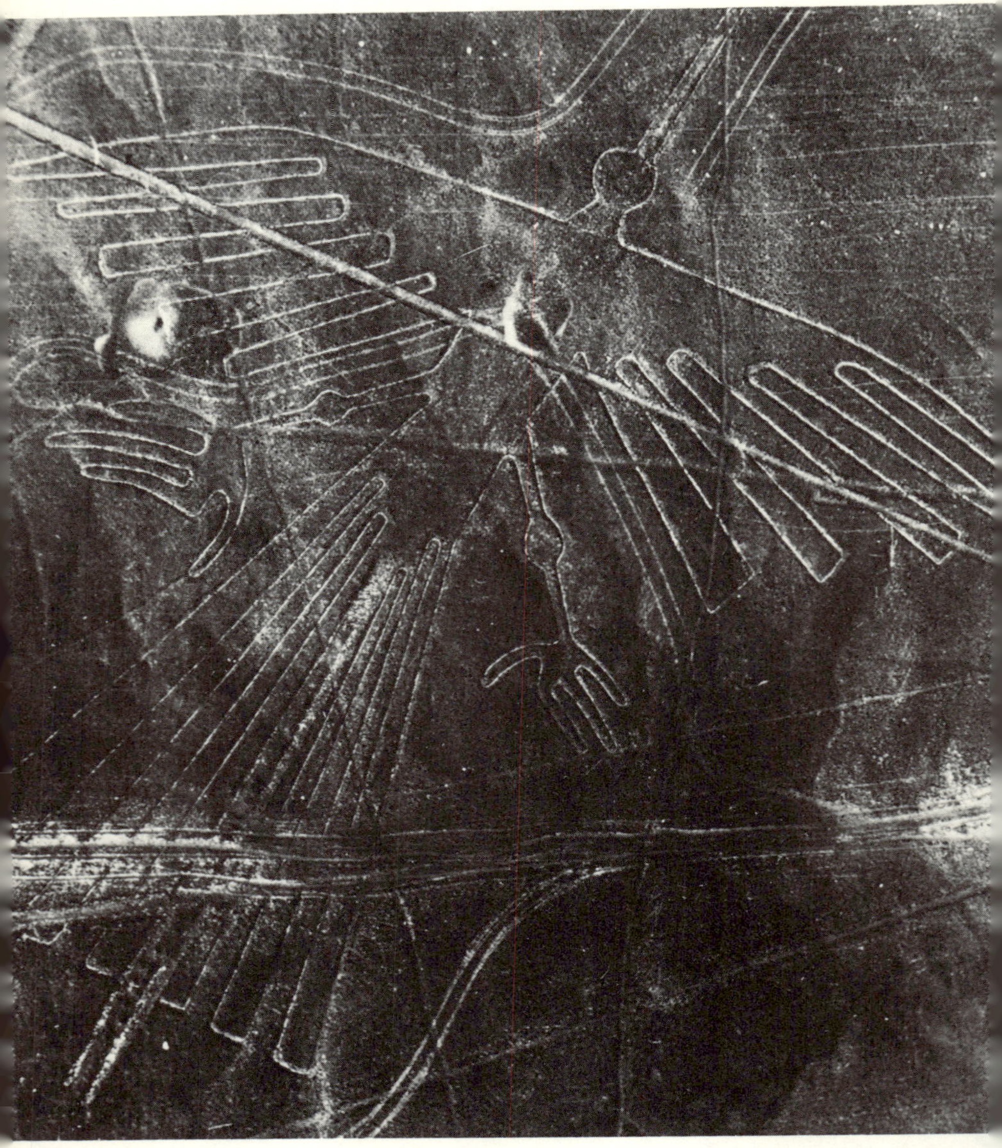

Der Kondor mit den ausgebreiteten Schwingen (180 m).

Der picaflor (Kolibri).

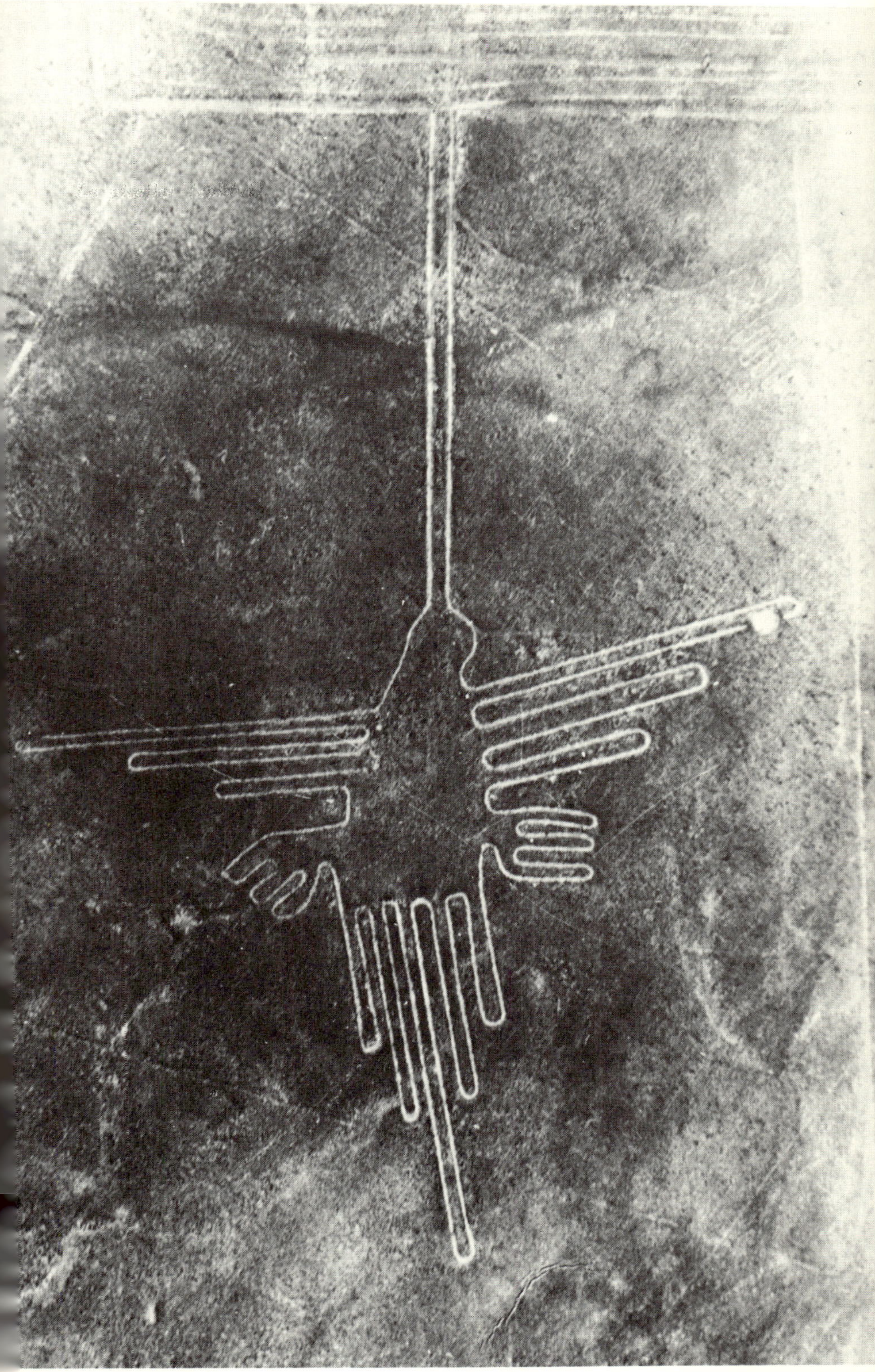

Die Cairns und die Amphitheater der Kordilleren

Auf dem Rückweg überfliegen wir eine Pampa im Südwesten des Rio Ingenio, wo schon weitere Entdeckungen auf uns warten. Von 5 bis 8 km voneinander entfernten, dreieckig oder trapezförmig angeordneten Zentren strahlen *líneas* nach allen Seiten auseinander. Dazwischen tauchen immer wieder breite helle Bänder mit mehr oder weniger regelmäßig verteilten dunklen Erhebungen auf, die meist sehr dicht, z. T. auf kleinem Raum aber auch wesentlich lockerer gereiht erscheinen. Dieselben rätselhaften Muster finden wir auf den Gebirgsvorsprüngen der Kordilleren wieder, wo sie »Blattern« oder »Pocken« genannt werden. Wie wir später sehen werden, handelt es sich dabei um *cairns* (steinerne Grabhügel, Steinhaufen), wie sie im Westen von den Kelten errichtet wurden.

Auf solche *cairns* stößt man überall in Peru, sogar an den Straßen. Meist jedoch sind sie weiter abgelegen und erst in jüngerer Zeit errichtet worden. Nur gelegentlich von einem Weg durchkreuzt, ziehen sich diese 10 bis 20 m breiten, aber über 500 m langen Pockenbänder über ganze Gebirgsflanken der Anden hin.

Und weiter führt uns unser Flug über die Pampa von Maras, wo uns 25 km nordwestlich von Cuzco eine andere Konstruktion in Bewunderung und Staunen versetzt: riesige, 200 bis 400 m lange, in den felsigen, sandigen, halb wüstenartigen Boden gegrabene und gehauene »Amphitheater«, von Terrassen eingefaßte Kreise, die auf der einen Seite in eine Fläche auslaufen, die ihrerseits von einer Art stufenförmig angeordneten Sitzreihen überragt wird. Diese Stufenreihen erinnern allerdings auch an die Maisterrassen von Ollantaytambo und Machu Picchu; ein landwirtschaftlicher Zweck ist tatsächlich nicht völlig auszuschließen; ebensowenig bei der Plattform,

Die mysteriösen »Pocken« (womöglich Gräber), die sich über die Abhänge der Vorberge hinziehen (Fotografie der Expedition Johnson-Shippee, Bildnachweis Wide World).

Die Amphitheater in den Pampas von Maras, 25 km nordwestlich von Cuzco.

Nahaufnahme solcher Pocken.

die freilich stark einer Sport- oder Spielfläche ähnelt. Überhaupt nicht in Frage dagegen kommt eine landwirtschaftliche Verwendung bei den Kreisflächen mit ihren sieben bis zwölf Sitzreihen, auf denen unbestreitbar Freiluftspiele und -kämpfe ausgetragen wurden.
Tatsächlich neigen die Archäologen heute mehr und mehr dazu, diese Anlagen für ein riesiges Theater der Inkas zu halten, in dem zu bestimmten Zeiten Kultriten begangen oder Zirkusspiele abgehalten wurden – eine Hypothese, die durch die Nähe von Cuzco, der Hauptstadt des Reiches, gestützt wird.

Die Große Mauer von Peru

Natürlich konnte uns unsere Piper-cub nicht ins Herz der Anden fliegen; schon die ersten Kordillerenketten waren zu weit entfernt und zu hoch. Immerhin ist 1931 die Johnson-Shippee-Expedition, die im Bestreben, ein archäologisches Inventar von Peru anzulegen, doch insgesamt ausgezeichnete Arbeit leistete (auch wenn sie die *grabados* der Pampa von Nazca nicht fand), bis hierher vorgedrungen und hat südlich von Chan-Chan über dem Rio Santo die 65 bis 70 km lange Große Peruanische Mauer entdeckt.
Diese vermutlich von den Inkas oder den Chimus zur Verteidigung ihres Reiches errichtete, an den höchsten Punkten von separaten Forts flankierte, aus groben, mit Lehm verkitteten Steinquadern gebaute Mauer ist, außer in den Schluchten, selten über 2 m hoch. Über ganze Strecken hin schon eingestürzt, erinnert sie trotzdem heute noch an die heroischen Zeiten einer Kultur, die weitaus älter ist als man uns glauben machen möchte. Schließlich wurden 1967 am Ufer des Titicacasees beim Marktflecken Chinchillapi, 150 km von Puno entfernt, mehrere Höhlen mit großartig erhal-

Die von der Expedition Johnson entdeckte Peruanische Mauer. Im Vordergrund die Ruinen eines Dorfes.

tenen Felsmalereien und -zeichnungen entdeckt: die Höhlen von Mazo Cruz, von Kelkatani, von Pizacoma, die sich mit den Höhlen von Montignac-Lascaux vergleichen lassen, auch wenn ihre Fresken (das Werk eines geheimnisvollen Volkes, der Kollas oder »Gründer der Welt«) im Gegensatz zu Lascaux und Altamira (13 000 bis 20 000 Jahre) nur rund 10 000 Jahre alt sind.

Im übrigen erbringen diese Darstellungen den Beweis, daß das Pferd zu dieser Zeit in Amerika durchaus bekannt war.

Daneben tauchen noch etliche andere, mittlerweile ausgestorbene Tiere auf, von Jägern mit Pfeil und Bogen verfolgt, die, wie später die Inkas, einen Kopfputz aus Federn tragen.
Andere *grabados* wiederum, vornehmlich aus der Höhle von Kelkatani, in der sich auch der sogenannte »beschriebene Stein« befindet, sollen, wie die von der Sprachforscherin Victoria de la Jara vom Museum Lima 1962 entzifferten *keros* (Holzgefäße), im Grunde Schriftdokumente sein.

Nazcas Geschichte ist irgendwo aufgezeichnet

Lange Zeit glaubte man, die Inkas hätten (wie die Kelten) keine Schrift gekannt, sondern lediglich das mnemotechnisch-arithmetische System der *quipus*[1]. Mit der Zeit und dem Fortschritt der Forschung jedoch kamen eine gallische[2] und mehrere Inkaschriften ans Licht.
Allen voran die auf farbigem Stoff, von der Domingo de Santa Tomas (1560) spricht und die auf den Inka Pachacuti, den neunten seiner Dynastie, zurückgehen soll. Vom Wunsch erfüllt, die Geschichte des Reiches der Nachwelt zu hinterlassen, soll er alle *amautas* (Hüter der alten Weisheit) nach Cusco berufen haben, damit sie denkwürdige Ereignisse erzählen und die Künstler sie auf golddurchwirkte Teppiche malen konnten.
Diese im Haus der Sonne in Cusco und Pachacamac sowie im Tempel von Titicaca, Tiahuanaco und Chan-Chan aufbe-

[1]Die *quipus,* Schnüre mit arithmetisch angeordneten Knoten, dienen dem Merken von Zahlen, aber auch von Ereignissen. So sollen die Gesetze von Cuzco durch solche *quipus* und Farbzeichen auf einem *tablone* (einer Holztafel) überliefert worden sein.
[2]Als *der* Spezialist für die gallische Schrift, von der einige Proben vorliegen (z. B. die »Tafeln von Rom«, die sich im Besitz von Rechtsanwalt Blumereau von Loudun befinden), gilt heute unser Freund Michel Honnorat aus Marseille.

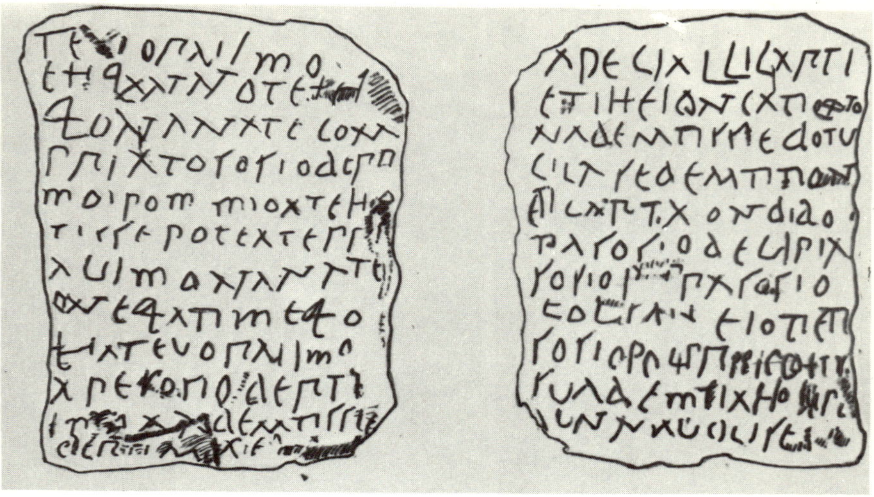

Oben: Gallische Schrift: Tafeln von Rom (Deux-Sèvres).
In der Übersetzung des Sprachforschers Michel Honnorat: »Jehu Orlilmo, dem Herrn der Völker von Aquitanien und des atlantischen Gallien sowie des Landes Picton lasse ich folgendes vermelden: Ich von Rom schicke diesen Boten nach Tyr«, etc.
Unten: Ausschnitt aus der gallischen Inschrift der Bronze Salomos (oder der iberischen Bronze von Botorrita, Saragossa). Gallo-hebräische (d. h. laut Michel Honnorat gallische) Botschaft Salomos an die Oberhäupter Europas, Afrikas und Asiens zwischen 985 und 945 v. Chr.
Übersetzung: »Der Große Herr Salomo, der mächtige Fürst des Abendlandes und Asiens, und das fürstliche Staatsoberhaupt Samuel, König von Sidon, des Landes El-Oela (Tripolitanien), der Länder von Algasi und Gessen läßt bestellen: Ich entsende diesen Boten«, etc.

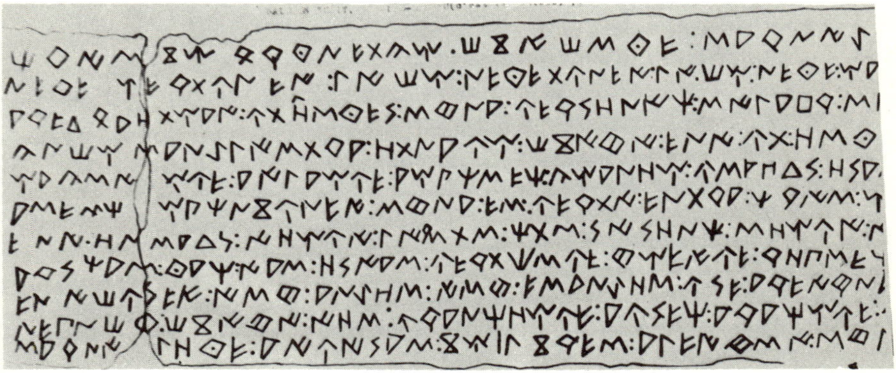

Heute kennt man eine ganze Reihe von Inkaschriften vom Typ »Signaltafeln« (auf hölzernen Trinkbechern, den sogenannten *keros)* bis zu den figürlichen Darstellungen der hier abgebildeten Art, die aus unserem Jahrtausend stammen.

wahrten *pintadas* wurden von den Konquistadoren zerstört. Victoria de la Jara allerdings ist überzeugt, daß Fragmente oder Kopien erhalten blieben und sie Ausschnitte davon auf den *mantos*[1] der Mumien von Paracas und den *unkus* (kurzen Tuniken) der Adeligen gefunden hat.
Der peruanische Archäologe Rafael Larco Hoyle wiederum verficht die Hypothese, die *pallares* (Bohnenmuster) der Mochica-Keramiken seien ein Schriftsystem gewesen, was durch die Berichte des Chronisten Fernando bestätigt wird. Dieser Chronik zufolge kannten die Prä-Inkas eine Schrift, deren Gebrauch jedoch nach einer schrecklichen Pestepidemie als mutmaßliche Wurzel dieser Geißel auf den Rat eines Orakels hin vor rund 2000 Jahren verboten wurde. In Umgehung des königlichen Ediktes aber entwickelten Einge-

[1] *Mantos:* Baumwollstoffe, aus denen die Mumien-»Säcke« oder *fardos* gefertigt sind.

weihte, Priester und Gelehrte, um die Traditionen und geschichtlichen Ereignisse weiter überliefern zu können, die Idee der *unkus, keros, pallares,* der auf verzierte Gewebe aufgemalten geometrischen Muster und der mit Farbstrichen geritzten Stöcke.
Diese Entdeckungen der modernen Archäologen lassen vermuten, daß auch das Geheimnis von Nazca auf einem Stoff oder *keros* zu finden wäre, wenn wir den Text auch heute leider noch nicht entziffern könnten.
Ebenfalls mit dem unbekannten Volk der Pistenbauer in Verbindung stehen könnte der Fund des peruanischen Archäologen Julio C. Tello: die Nekropolen auf der Halbinsel Paracas bei Pisco und die in ihnen in fötaler Haltung bestatteten männlichen Leichen. Die *fardos* oder Leichensäcke der Mumien waren aus so kostbaren, reich verzierten Stoffen gefertigt, daß es sich bei den Verstorbenen nur um einstige hohe Würdenträger, Priester, Fürsten, Könige oder Götter gehandelt haben kann. Andererseits hat man in der Nähe keinerlei Burg- oder Tempelruine gefunden, was Julio C. Tello zu dem Schluß veranlaßte, daß »diese Totenstadt als letzte Wohnstatt für berühmte Männer gedacht war, die anderwärts lebten und herrschten«.[1]

[1] Thor Heyerdahl berichtet in seinem Buch *Aku Aku* (Edition Albin Michel), daß man in Paracas vollkommen erhaltene Mumien großer weißer bärtiger, rot- oder braunhaariger Männer gefunden habe und bei ihnen Schiffsmodelle (oder -zeichnungen?), was bedeuten könnte, daß die Nekropole von Paracas für jene Initiatoren oder weißen »Götter« bestimmt war, die die Prä-Inkas aufklärten.
Dr. George Hunt Williamson hat in Peru an einer nicht näher bezeichneten Stelle 200 Gräber mit nackten Toten gefunden, von denen manche auf der Stirn eine große Öffnung, ein drittes Auge, trugen, das, wie die Knochenhaut zeigte, nie geschlossen gewesen war. Williamson hält seinen Fund für die Nekropole eines seit langem verschollenen Volkes. (Entnommen aus einer englischen Zeitschrift und *Religion Soleil Inca* [25, Passage des Princes, 75002 Paris – nur schriftliche Anfragen möglich].)

Interessant übrigens, daß Ocucaje mit der von Dr. Cabrera entdeckten primhistorischen Bibliothek und die rätselhafte Pampa mit den *pistas* und Zeichnungen Paracas am nächsten liegen und daß in der ganzen Umgebung Tonscherben herumliegen, die gewöhnlich den Gedanken an den Tod oder verstorbene Vorfahren symbolisieren. Allerdings scheinen die Nekropolen von Paracas aus jüngerer Zeit zu stammen als die gravierten Steine und *pistas.* Sie könnten in diesem Fall jedoch als Zeichen für den Wunsch der Inkas von Pachacamac und Cuzco zu deuten sein, in der Nähe der alten, schon fast vergessenen heiligen Stätten begraben zu werden.

Die 10 000 Bände von Arequipa und Ilo

Immer noch auf der Spur der Geheimnisse von Nazca und Ica, wollen wir einen kleinen Abstecher in ein verlassenes, von den Vulkanen Ampato, Misti und Cachani eingeschlossenes Tal östlich von Arequipa machen, wo eine internationale Archäologenkommission rund 10 000 glatte Basaltblöcke mit etwa 30 000 Ritzzeichnungen und Malereien entdeckte. Dargestellt sind Tiere – Vögel, Schlangen, Jaguare etc. –, von abstrakten Zeichen und Wellenlinien eingerahmte Menschen sowie Kosmographien, die darauf schließen lassen, daß die Kultur dieser Region zumindest genaue astronomische Kenntnisse besaß.[1]

Diese *grabados* und Felsmalereien sind vom Flugzeug aus

[1] Der Archäologe Eloy Linares Malaga hat in der Umgebung von Arequipa zahlreiche Funde gemacht, die z. T. mindestens 8000 Jahre alt sind, so z. B. in Querulpa, Chico, Huacarama und Ccollpa sehr schöne Malereien, auf denen rote, weiße und gelbe Farbtöne vorherrschen; auf Felsen bei dem drei Wegstunden von der Ciudad Blanca entfernten Toro Muerte Ritzzeichnungen und vielleicht sogar eine Schrift sowie ähnliche Zeugnisse an dreißig weiteren Orten.

fotografiert, bis jetzt unseres Wissens nach aber noch nicht im einzelnen untersucht worden. Schätzungsweise nimmt diese gigantische Bibliothek einen Raum von etwa 10 qkm ein und berichtet die Geschichte eines unbekannten, vielleicht dem Inkareich fremden Volkes.

Auch hier wieder könnte es sich bei den abstrakten Zeichen, Wellenlinien und undurchsichtigen Motiven um ein Schriftsystem handeln.

Soviel also (samt einigen Kommentaren) zu dem Eindruck, den wir vom Flugzeug aus von der Pampa von Nazca gewannen.

Im nächsten Kapitel wollen wir uns die Zeichnungen und *pistas* nun aus der Nähe, d. h. vom Boden aus anschauen.

VIII. NAZCA VOM BODEN AUS

Der *Candelabro* oder Dreizack der Anden[1], Teil jenes Systems mysteriöser Spuren, auf die wir bei Nazca gestoßen sind, zeichnet sich durch eine Besonderheit aus: Er ist in den lockeren Sand einer Düne gegraben.

Die genauen Maße des Dreizacks

Bei unserer zweiten Andenreise 1973 bot sich uns die Gelegenheit, die gewöhnlich für den berühmten »Leuchter« angegebenen Maße zu überprüfen: Er ist 183 m lang, der Querbalken, von dem die beiden Arme ausgehen, verläuft genau 100 m unterhalb des Scheitels. Die Mittelachse, ein 5 m breiter und zwischen 50 und 60 cm tiefer Graben, zeigt von Nordwest nach Südost.

Im Gegensatz zu den anderen *pistas* ist diese rätselhafte Spur nicht nur vom Himmel, sondern auch von der Erde, vom hohen Hügel der Halbinsel oder aus 400–500 m Entfernung vom Meer aus zu erkennen. Aus der Nähe freilich sieht man auch hier nur rechtwinklig aufeinanderstoßende Gräben ohne erkennbaren Sinn.

Nun sind natürlich zahllose Mutmaßungen über den Zweck dieses Monumentes und die Bedeutung der Motive auf den drei Armen angestellt worden. Unter anderem hat man das Ganze mit einem Lebensbaum verglichen – eine keineswegs abwegige Hypothese, der wir uns jedoch trotzdem nicht anschließen, da unseres Erachtens auf dem linken Arm ein stilisierter Saurier dargestellt ist.

[1]Wir sprechen gewöhnlich vom Andenleuchter; daneben sind auch die Bezeichnungen »Dreizack« und »Drei Kreuze« gebräuchlich, wobei »Dreizack« die logischste wäre, da das Monument nicht das Geringste mit einem Beleuchtungskörper und der christlichen Religion zu tun hat.

Drei Heiligtümer: Paracas, Ica, Tiahuanaco

Ist es Zufall, ist es Absicht, daß der Leuchter, über die Basis hinaus verlängert, nach Paracas, Ica und Tiahuanaco, den drei geheimnisvollen Heiligtümern der Anden, zeigt?
Nach Paracas: der Nekropole jener Fremden, von denen wir nur wissen, daß es Männer mit weißer Haut und rotem Haar und Bart waren.
Nach Ica: jenen unterirdischen Kammern, in denen die

Der hier abgebildete, 1974 fotografierte Andenleuchter wird, da Peru seine archäologischen Schätze nicht vor den Landrovervandalen schützt, das Schicksal vieler anderer geheimnisvoller Spuren teilen und in ein paar Jahren verwischt und zerstört sein.

hochentwickelten Vorfahren die unbekannte Geschichte der Menschen (Dr. Cabreras Steine) aufbewahrten.
Nach Tiahuanaco: jener rätselhaften Tempelstadt, wo auf der Puerta del Sol seltsame Maschinen und vierfingrige Menschen abgebildet sind, die ebensowenig unserer Rasse angehören wie die daumenlosen Ahnen auf Dr. Cabreras Steinen.
Und ist auch das nur ein Zufall, daß die Hauptrichtung der *pistas* in der am Rande der gedachten Verbindungslinie gelegenen Pampa von Nazca von Nordwest nach Südost[1] verläuft und auf den Sonnentempel der heiligsten Insel im Titicacasee hinweist, also dorthin, wo der Überlieferung zufolge Orejona in einem »Raumschiff, so strahlend wie die Sonne« gelandet sein soll? Zumal auch Orejona nur vier Finger und einen auffällig langgezogenen Schädel gehabt haben soll wie die in Tiahuanaco gefundenen Mumien, die heute im Museum von La Paz zu sehen sind?
Deutet nicht alles auf eine Rasse höherer, nicht von unserer Erde stammender Wesen hin? Auf eine Botschaft von einem anderen Stern oder von einem seit Jahrtausenden verschollenen Volk? Eine gewagte Hypothese, gewiß, die jedoch den Fakten, soweit sie bekannt sind, durchaus Rechnung trägt.
In diesem Falle wäre der *Tridente de los Andes* ein Wegweiser für die Archäologen aufgeklärter Zeiten, unserer Zeit.

Das Chromosomengedächtnis

Außerordentliche Vorfälle hinterlassen dauerhafte Spuren. So ist es gewiß kein Zufall, daß man auf dem ganzen Weg von

[1]Wir haben am Ufer des Rio Ingenio Dutzende großer Linien auf ihren Verlauf hin untersucht und festgestellt, daß etwa ein Drittel Nordwest-Südost-Richtung aufwies. Aber das ist natürlich nur eine partielle Beobachtung.

Lima bis Paracas durch die Sand- und Steinwüste auf den Bergen Zeichen und Schriftzeichen findet, die erst aus jüngster Zeit stammen: einfache Kreise, Familiennamen, politische Parolen etc. Oft sind sie riesengroß, vermitteln aber irgendeine banale Botschaft. Zusammengesetzt sind diese Signale aus Steinbrocken oder *ichu*-Büscheln, einem bestimmten, nur locker in der Erde verwurzelten Andengras. Die Anordnung verrät einen nüchternen, mathematisch hochbegabten Geist. Vermutlich könnte kein Volk der Welt die Schriftlinien mit solcher Präzision hinsetzen – außer den Andenvölkern, die den Sinn für Geometrie und diese Technik von den Inkas bzw., wenn wir in der Zeit noch weiter zurückgehen, von Vorfahren ererbt haben, die mit unsern abendländischen Ahnen nichts gemein haben. Für die Andenvölker ist es ebenso selbstverständlich wie zwingend, ihre Vorstellungen auf den Hügeln zu verewigen wie für unsere Hirten, einen Stock zu schnitzen oder eine Flöte zu schneiden. Das Erbe ihrer Ahnen treibt sie, leitet sie mit Hilfe des Chromosomengedächtnisses, weshalb uns auch diese Gewohnheit, die man schon fast als Manie bezeichnen könnte, nicht weiter erstaunen muß.

In der Pampa

Nazca, ein 215 km von Paracas entferntes, in den Einöden seiner Pampas verlorenes kleines Nest, liegt an dem bis Ica leidlich guten Panamerican Highway, der, abgesehen von zwei Tälern, dem des Rio Grande und dem des Rio Ingenio, so weit das Auge blicken kann durch die Wüste führt. Der Rio Nazca, auf den der Besucher gleich am Ortseingang stößt, ist nichts weiter als ein kleiner schmutziger Gießbach, das Städtchen selbst alles andere als verlockend: eine triste,

Auf dem Weg zwischen Lima und Paracas formen die Eingeborenen – Beweis für das Chromosomengedächtnis – heute noch mittels Steinen oder *ichu*-Büscheln Schriftzeichen.

armselige Hauptstraße und »transversales«, die gewiß nicht zum Flanieren einladen.
Einen angenehmen Gegensatz dazu bildet das von der Regierung errichtete Hotel Turista, mit seinem von Bougainvilleas umrankten Innenhof und dem Schwimmbad eine Oase der Frische und der Erholung. Trotz aller Annehmlichkeiten und den bescheidenen Preisen fehlt es jedoch (wie in Ica) an Touristen. Bis hierher wagen sich die großen Reisegesellschaften nicht vor. Die Attraktionen sind ihnen nicht reißerisch genug.
So muß man in Lima einen Wagen mieten – tunlichst einen soliden, gut erhaltenen – samt Chauffeur, der, an südamerikanische Überlandverhältnisse gewöhnt, mit den verschiedenartigsten Pannen fertig zu werden versteht, und sich auf eine mindestens viertägige Reise gefaßt machen.

Der Aussichtspunkt der vier cerros

Ungefähr 16 km von der Stadt entfernt in Richtung Palpa finden sich beidseits des Panamerican Highway die ersten Spuren, die, vorausgesetzt, man hat ein paar Meter Höhe gewonnen, besonders bei Sonnenauf- und -untergang gut zu erkennen sind.
Etwas weiter werden von der Straßenböschung aus dann auch die großen *pistas* sichtbar, d. h. genauer, nur die im rechten Winkel zur Straße verlaufenden, während von den Zeichnungen keine Spur zu entdecken ist. Sie sind lediglich an Ort und Stelle und auch da nur bruchstückhaft zu erkennen, da sie sich bereits nach 20–30 m im Geröll zu verlieren scheinen.
Wir befinden uns hier in einer Höhe von durchschnittlich 485 m, während weiter östlich die ersten zwei-, drei-, ja viertausend Meter hohen Kordillerengipfel aufragen.

Nach dem Besuch der Pampa von Nazca: Erholung im Hotel Turista in Nazca.
Von links nach rechts: Yvette Charroux, Francis Mazière, Dr. Cabrera, Edmont Borit, Oberst Omar Chioino Carranza, Direktor des Museo Aeronáutico von Lima.

Bei Kilometer 425 stößt man (von Nazca kommend linker Hand) auf vier kleine, etwa 20 m hohe *cerros* (Hügel), von denen man eine ideale Aussicht genießt, was wir uns natürlich nicht entgehen lassen, denn hier breitet sich nach Norden, Westen und Osten eine unvorstellbare Vielfalt von *pistas* und

líneas aus. Aber Vorsicht, es ist nicht einfach, hierher zu kommen. Die Pampa ist nicht besser als die Sahara, nur da und dort winzige *barrancos* mit einer Handvoll Wasser zur Regenzeit (wobei es fast nie regnet), d. h. so gut wie nichts zu trinken und kein Entkommen vor der Sonne.
Von einem dieser *cerros* aus entdecken wir eine Vier, die wir schon vom Flugzeug aus gesehen haben. Unsere kleine Expedition – Edmond Wertenschlag, Alain Elias, Emilio und Yvette – versucht sie abzuschreiten. Etwa zwei bis drei Kilometer geht alles gut, dann verliert sich die Spur im Stein- und Geröllgewirr. Wir machen einen zweiten Anlauf, einen dritten, aber jedesmal ist die Spur an derselben Stelle wie weggezaubert.

Eine pista aus der Nähe

Ungefähr 35 m von unserem Hügel entfernt laufen im stumpfen Winkel zwei kleine *pistas* auseinander, die wir uns nun einmal aus der Nähe anschauen wollen: langgezogene Dreiecke mit einer Basis von 3 m, deren Schenkel sich langsam einander nähern und nach 1 km zusammentreffen. Am Schnittpunkt findet sich, wie auch sonst, eine kreideartige, allem Anschein nach kalkhaltige Substanz, feiner als Sand, nur kompakter, ähnlich wie Gips und von fast ebensolcher Härte. Sie liegt unter der Kiesdecke mit ihrer Vielzahl kleiner und größerer rötlicher, violetter und dunkler Steine; d. h. die *pistas* scheinen irgendwann einmal blank gefegt worden zu sein, so daß der helle Untergrund freigelegt wurde. Heute ist er freilich durch Wind und Erosion grau geworden, nur die 12 bis 15 cm breiten *líneas* sind nahezu weiß geblieben. Die am Rand zu erwartenden Steinhaufen fehlen meist, Beweis dafür, daß die Streifen abgeklaubt und nicht gekehrt wurden.

Kilometer 419

Vertrauensvoll überlassen wir uns der Führung unseres Freundes Alain Elias, der die Gegend gut kennt. Unser Orientierungspunkt ist die *casita* oder das Restaurant San José bei Kilometer 419.[1] Von hier aus erkunden wir im Umkreis von einem Kilometer die *pistas* und *líneas*, identifizieren Spiralen, den *picaflor* (Kolibri), das Küken, den Papagei, wohingegen manche Vögel so groß sind, daß wir den Überblick verlieren und sie nicht mehr erkennen können.

Zwei Tage erkunden wir hier die Pampa. Immer wieder verirren wir uns in der entsetzlichen Einsamkeit. Hat man eine Spur aber erst einmal verloren, findet man sie bestenfalls durch einen Glücksfall wieder, so sehr gleicht ein Quadratmeter Boden dem anderen.

Die großen *pistas* liegen in der Mehrzahl 30 bis 40 cm vertieft, aber der Rand hat sich verwischt und bietet nicht den gradlinigen Anblick wie vom Flugzeug aus. Steine sind auf den blanken Streifen gerollt, der zwar eine hellere Färbung aufweist als die umliegende Pampa, aber eindeutig dunkler erscheint als die *líneas*. Offensichtlich hat der Wind eine graue Ablagerung herangetragen. So frappierend die geometrische Führung der Pisten und Zeichnungen vom Himmel aus ist, so verwirrt, ja enttäuscht ist man, wenn man sie am Boden untersucht, wo Auge und Geist nichts von der großartigen Ordnung mitbekommen. Ist die Pampa vom Flugzeug aus ein Riesengemälde mit einer phantastischen Botschaft, so

[1]Zwar sind zwischen Rio Ingenio und Rio Nazca überall am Panamerican Highway *pistas* und Zeichnungen aller Art zu sehen; besonders empfehlenswert aber erscheinen uns (auf der Route Palpa – Nazca linker Hand) die bei Kilometer 443, 441, 440, 425, 424, 419. Die *casita*, ehedem ein praktischer Orientierungspunkt, ist zwischen 1973 und 1974 leider abgebrannt, und die Kilometersteine werden im Zuge der Straßenkorrektur bedauerlicherweise auch immer wieder versetzt.

ist sie ebenerdig gesehen eine banale, alltägliche Wüste ohne alle Magie oder Großartigkeit. Aus dieser Enttäuschung aber erwächst das Gefühl, ja nahezu so etwas wie Sicherheit, daß die Spuren von Nazca für die Betrachtung von oben gedacht waren.

Von den *cerros* aus sind auf dem dunklen Pampaboden zwei kleine *pistas* zu sehen.

Die weißen Linien: Vögel, Affe, Spiralen

Abgesehen von den großen *pistas,* die in den Boden gegraben worden zu sein scheinen, sind alle Spuren ebenerdig. So auch die Konturen der Vögel, des Papageis, des Kükens, der Spiralen, des Affen etc.: durchschnittlich 12 bis 15 cm breite weiße, leicht ockergetönte, mit braunen Steinchen übersäte Streifen, die im übrigen unschwer mit der Hand oder dem Fuß zu finden sind. Man braucht notfalls nur ein bißchen den Boden aufzukratzen, und gleich kommt das weiße Substrat zum Vorschein.

Wir haben uns unter anderem mit dem gut 50 m großen Papagei beschäftigt, den man an seiner Schnabelform erken-

Eine Spirale, deren Linien jedoch nur in der Vertikalen sichtbar sind. In der Horizontalen verschwimmen sie nach 30 m mit dem Untergrund.

Der Rand der großen *pista,* vom Flugzeug aus ein gerader Strich, verliert, aus der Nähe betrachtet, seine ganze Gradlinigkeit.

nen kann, wohingegen der *picaflor* für eine Identifikation (außer für Alain und einige Einheimische) schon zu groß ist. Die von uns gesammelten Gesteins- und Bodenproben – wobei wir den Sand mit einem spitzen Stein aufritzen mußten, so fest und hart ist er (kein Wunder also, daß sich die Linien so gut erhalten haben) – haben uns wenig Aufschluß gebracht.

Da und dort sind wir auch auf Cairns gestoßen, auf kleiner Fläche aufgeschichtete Steinhaufen, die oben z. T. eine Öff-

nung aufwiesen. In diesen Öffnungen steckten laut Aussagen der Einheimischen ehedem Holzstangen, die man um 1929 herum jedoch als Brennholz verwendet haben soll.
Und schließlich und endlich findet man in der Pampa überall rote Tonscherben vom Typ der Keramiken Nazca 3 und 4, polychrom bemalt und nach Schätzung der Professoren Rowe und Menzel gut und gern 2000 Jahre alt. Sie gleichen den in den Museen von Lima und Ica ausgestellten *huacos*, könnten aber ohne weiteres aus weit jüngerer Zeit als die *pistas* stammen. Die Zahl dieser Tonscherben, unter ihnen ganz erhaltene Gefäße, die mit 225 000 wohl etwas hoch angesetzt wurde, scheint darauf hinzudeuten, daß die Pampa früher eine Riesennekropole war, aber die von Dr. Rossel Castro 1948 durchgeführten Stichproben förderten nur einige wenige Knochen wilder Kleintiere zutage. So muß diese Frage fürs erste also wohl oder übel noch offenbleiben.

Das Meisterwerk eines kollektiven Unbewußten

Soviel also zu dem, was wir selbst in der Pampa von Nazca gesehen und fotografiert haben.
Vielleicht kann sich der Leser nach dem Gesagten selbst ein Bild davon machen, welche Stimmung sich über diese fast mondähnliche Landschaft legt, wenn sich der Friede des Sonnenuntergangs auf sie senkt und die Schatten der großen Steine länger werden.
Kein Vogel zeigt sich am Himmel; kein Tier scheint es in dieser Wüstenei auszuhalten, die dürrer und abweisender ist als die Sahara.
Das bretonische Ödland fällt uns ein und die Osterinseln, wo die langen Schatten der Megalithblöcke und Statuen in der Dämmerung zum Leben erwachen und leise eine Sage zu erzählen oder eine Aufforderung zu flüstern scheinen.

In der Pampa von Nazca dagegen erstehen die Manen unserer Großen Ahnen des Abends nicht zu heimlichem Leben; sie bleiben unsichtbar, stumm, vielleicht tot und flüstern uns nichts über das Geheimnis zu, das uns umgibt.
Und dennoch lebte hier vor Jahrhunderten, ja Jahrtausenden ein rätselhaftes Volk, das in zäher Geduld ein ungeheures Werk vollbrachte. Niemand kann sagen, ob dieses Volk nach einem Plan, in jemandes Auftrag arbeitete oder ob es angesichts der riesigen schwarzen Fläche, von seinem Unterbewußtsein[1] getrieben, nur das Bedürfnis verspürte, Zeichen darauf zu setzen, eine ihm selber unverständliche Botschaft zu hinterlassen.
Wie dem auch sei, diese Phantasmagorie hat Geist und Sinn, auch wenn das Schweigen der Pampa die profane Neugier von uns Nichteingeweihten zurückzustoßen scheint.

Das größte archäologische Rätsel der Welt

Eigentlich stellen uns die Mumien von Paracas, die *piedras* des Dr. Cabrera und die *pistas* von Nazca, in denen selbst manche Archäologen »das wichtigste Vermächtnis der menschlichen Geschichte« sehen, vor das größte archäologische Rätsel der Welt.
Der Mensch, von Natur aus neugierig, sucht für alles, was ihm auffällt und was er nicht versteht, eine Erklärung. So erklären sich Professor Kosok und Maria Reiche Nazca als

[1]Eine Formation von Zugvögeln z. B. kann vom einen Augenblick zum anderen geschlossen schwenken, als würde sie von einem einzigen Gehirn, von einem kollektiven Bewußtsein oder Unbewußtem gelenkt.

Gesteinsproben. Eine solche *línea* ist im Höchstfall 20 cm breit.

astronomischen Kalender, mit dessen Hilfe alte Völker die Zeit der Tagundnachtgleiche, die Sonnen- und Mondfinsternisse, die Zeit der Aussaat etc. bestimmten. Diese Ansicht teilt der Astronom G. S. Hawkins vom Smithsonian Astrophysical Observatory. Er nimmt die Zeit zwischen 100 vor und 100 nach Christus als Entstehungsdatum an.

Uns dagegen erscheinen diese Hypothesen, da die Linien nach allzu vielen Richtungen auseinanderlaufen und seit Jahrtausenden in dieser Wüste keine Kultur mehr denkbar ist, in keiner Weise überzeugend.[1]

Sollte die Pampa von Nazca dann ein großer Friedhof gewesen sein? Möglich, nur ist sie von menschlichen Siedlungen reichlich abgelegen.

Allerdings sind noch keine systematischen Grabungen unternommen worden, da sich bis jetzt nur die mehr oder minder unvermeidlichen Schatzgräber hier betätigt haben. Immerhin hat man an zwei Stellen große gravierte Steine gefunden, von denen der eine den Kopf einer Schlange und eines Menschen darstellt, wie man sie auch auf Textilien und Tongeschirr der Inkas findet; aufgrund seiner roten Farbe war er weithin sichtbar, z. B. wenn die Sonne schräg einfiel.

Die mound builders

Solche Hypothesen sollte man jedenfalls nicht unbesehen übernehmen, sondern sich in diesem Zusammenhang erst einmal an das Geheimnis der *mounds* von Ohio, Illinois,

[1] Professor Kosok hat am 22. Juni 1949, also am Tag der Sommersonnenwende, beobachtet, wie die Sonne in direkter Verlängerung einer *línea* aufging. Nur daß es zahllose Linien gibt und eine Beobachtung des Sonnenstandes von 1949 laut Aussage der Astronomen keinerlei Gültigkeit für frühere Zeiten hat.

Mississippi und Wisconsin (USA) erinnern. Denn wie in Nazca ein Volk auf die Idee verfallen ist, riesige *pistas* anzulegen, so hat ein anderes Volk in den USA Riesenschlangen, Spiralen, geometrische Formen aus Erde gebaut.
Freilich wissen wir sehr wenig über diese *mound builders* oder Erdhügelbauer, die uns kreisförmige, elliptische Konstruktionen sowie Bären, Fischotter, Elche, Büffel, Füchse, Vielfraße, Eidechsen und gelegentlich auch Menschen hinterlassen haben.
Typisch sind der Alligator (75 m lang) und die Große

Ein Blick auf die Steinwüste der Pampa. Die Zeichnung verliert sich schon nach wenigen Metern im Geröll, so daß sich der dargestellte Gegenstand nur schwer oder überhaupt nicht erkennen läßt.

Schlange vom Mississippi sowie die Schlange aus Adam County (Ohio). Letztere, die bei einer Breite von 33 m über 300 m mißt und den Schlund aufgerissen hat, wie um ein Ei zu verschlingen, besteht aus lehmüberkleistertem Geröll.
Den Überlieferungen zufolge, die uns maßgeblicher erscheinen als die offiziellen Thesen, sollen diese Erdkonstruktionen von den Angehörigen einer unbekannten, von »jenseits des Ozeans«, also aus Europa[1] stammenden Rasse erbaut worden sein, deren Kultur von den Eingeborenen Amerikas zerstört wurde.
Der Dichter William Cullen Bryant schreibt dazu: »Menschen einer seit langem untergegangenen Kultur haben diese Monumente errichtet, Angehörige einer fortschrittlichen, disziplinierten Rasse . . . Doch dann kam der rote Mann und mit ihm die kriegerischen wilden Stämme der Jäger. Und die *mound builders* verschwanden von der Erde.«
Bei diesen von den Prähistorikern als »Adenas« bezeichneten *mound builders* handelte es sich um kurz nach der Sintflut (vor 8000 bis 10 000 Jahren) nach Amerika ausgewanderte Prä-Kelten, deren Erdhügel und -dämme religiösen Zwecken und Bestattungsriten gedient zu haben scheinen. Die klassi-

[1]Diese Überlieferung scheint begründet, verdient also durchaus ernstgenommen zu werden. Jedenfalls sind irischen Quellen zufolge vor 3700 Jahren die von den »Inseln des Westens« und vom »Lande der Erdhügel« gekommenen Tuatha Dé Danann in Irland gelandet und haben das Land nach ihren Vorstellungen kultiviert.
Diese Eindringlinge, die von göttlicher Rasse waren, erbauten vor der Rückkehr in ihre Heimat »jenseits des Ozeans und der Inseln des Nebels« (Neufundland, Prinz-Eduard-Insel, Anticosti) im Lande der Kelten Erdhügel und Pyramiden ähnlich denen von Mexiko.
Diese Tuatha Dé Danann waren ohne allen Zweifel ehedem nach Amerika ausgewanderte und ins »Land ihrer Väter« zurückgekehrte Europäer, wie sie selbst behaupteten, und wie auch das Popol-Vuh der Quiché-Mayas bestätigt.

Abb. S. 251: Die große, 400 m lange Schlange von Cincinnati. Erinnerung an die geheimnisumwitterten Adenas, wie die Erbauer dieser Erdmonumente genannt werden.

Die »Große Schlange« von Cincinnati, erbaut von dem geheimnisvollen Volk der Adenas

sche Archäologie setzt sie allerdings erst kurz vor unserer Zeitrechnung an, wobei wir, wie gesagt, anderer Meinung sind. Aber wie dem auch sei, jedenfalls sollte man doch die bei aller Unterschiedlichkeit der Techniken bestehende Ähnlichkeit der *mounds* und der *pistas* sehen.

Monumente und pistas von unbekannter Hand

Im übrigen ließ sich diese Aufzählung nahezu beliebig fortsetzen. Man denke nur an die weißen Zeichnungen auf dem Kreideboden der Hügel von Dorset, die von Gräben umrandeten *Riesen* in England und Peru (bei Arequipa), die geometrischen Figuren von Carnac, dessen Menhire zweifelsohne archaische Phallen symbolisieren, an die auf der Flugbahn des Wildgeflügels in Entenform künstlich angelegten Teiche in Kanada oder an die Erdhügel und »Pyramiden« in der Bretagne, den USA, Mexiko, Peru, Patagonien, die »Pocken« in den Anden und den USA usw.

All diese Monumente und Zeichnungen lassen, auch wenn sie begreiflicherweise der durch den jeweiligen Landstrich gebotenen Technik angepaßt sind, eine Grundidee erkennen und damit wohl auch einen gemeinsamen Urheber erahnen: eine unbekannte Rasse von Konstrukteuren.

So zögern manche Autoren wie z. B. der peruanische Schriftsteller Manuel Scorza denn auch nicht, diese geheimnisvollen Arbeiten, wie Nazca, einem Volk aus dem All zuzuschreiben. Andere wiederum haben Vergleiche zwischen den *pistas* und den hellglänzenden, 2400 km langen und 8 bis 16 km breiten Mondgräben angestellt, die, im allgemeinen von Kratern ausgehend, sich geradlinig und ohne jede Abweichung über Täler und Gipfel gleichermaßen dahinziehen.[1]

Wirklichkeit, Delirium oder Massenwahn

Der mittlerweile weitverbreitete Glaube an außerirdische, von einem anderen Stern unserer Milchstraße (vermutlich der

[1] Aus einem Artikel des *Reader's Digest* vom Juni 1957.

Venus) gekommene Initiatoren hat die wunderhungrigen Massen verleitet, heute schon Zeichen und Wunder zu sehen, die bestenfalls der Zukunft vorbehalten sind.
Aber auch wenn sich die UFOs fast durchweg als Meteoriten, Meteore, Versuchsballons oder als Reflexion von Erde, Sonne oder Mond entpuppen, sollte das Problem der interplanetarischen Beziehungen doch nicht auf die leichte Schulter genom-

Die künstlich angelegten entenförmigen Teiche in Kanada, die den Weg der Wildenten bei ihren Wanderzügen andeuten. Wie die *pistas* und *líneas* von Nazca ist diese Anlage für die Betrachtung vom Himmel aus gedacht.

men werden. Die Möglichkeit, daß gelegentlich tatsächlich unbemannte außerirdische Flugapparate auftauchen, sei es als Beobachtungsstationen, sei es als Botschaft, deren Sinn wir nicht begreifen, ist nicht völlig ausgeschlossen. Leider allerdings wird die Untersuchung des Phänomens durch diesen Massenwahn außerordentlich erschwert. Denn woher will man wissen, wann eine Aussage wahr und wann sie falsch ist. Oder anders gefragt, woher will man wissen, ob die Halluzinationen seherischer Massen nicht überhaupt von einem anderen Universum kommen als dem unseren und ebenso real sind wie die Concorde oder das Skylab.

Wir jedenfalls haben uns nicht gescheut, die Spuren von Nazca als Werk eines (intelligenten, kultivierten) von außerirdischen Intelligenzen oder einem phantastischen kollektiven Unbewußten gelenkten Volkes zu bezeichnen.

Ebensogut könnten dann aber auch die Anhänger der fliegenden Untertassen das Medium einer höheren extraterrestren Kraft sein, die sie in bestimmten Augenblicken mit einem Geist und einem Gedanken beseelt, der in die rechthaberischen Köpfe der Rationalisten wohl nie hineingehen wird.[1]

Nur, wann ist das der Fall und wann nicht? Ist es doch heute Mode, alles, vom Stromausfall bis zum Erdbeben, den Extraterrestriern zuzuschreiben. Weshalb man sich auch nicht wundern muß, daß in der Pampa von Nazca zahllose fliegende Untertassen, UFOs, Marsmenschen und andere grüne Männchen gesichtet worden sind, seit diese Region durch die Veröffentlichung meiner Bücher *Le Livre du Mysterieux Inconnu* (1969) und *Le Livre des Mondes Oubliés* (1971) allgemein bekannt geworden ist!

[1]Die Beschränktheit des Rationalisten liegt in der Unzulänglichkeit seiner Vernunft und seiner Sinne, seine Unterentwicklung in der Unkenntnis der neuentwickelten Denkformen, seine Degeneration im Verlust der außersinnlichen Wahrnehmung, ohne die die Vernunft die Wahrheit nicht finden kann. Mit einem Wort, ein Rationalist ist ein Empiriker, der sich selber nicht kennt.

So wollen wir uns denn auch für die Wahrheit folgender Geschichte lieber nicht verbürgen.

1972 soll sich der polnische Fernsehredakteur Will Roczinsky in Los Angeles mit einem schwedischen Archäologen getroffen haben und in dessen Begleitung nach Peru gereist sein, wo beide die *pistas* überflogen und in der Nähe von Nazca eine fliegende Untertasse sichteten. Roczinsky, der den Piloten angeblich sofort nach Pisco zurückfliegen hieß und von dort mit dem Auto an den Ort zurückkehrte, an dem er die außerirdische Maschine gesehen hatte, fand auf der Erde ein »bleiches, kahles Geschöpf mit sehr langen Zähnen«, das er, versteht sich, von allen Seiten filmte.[1]

Neben dem Toten entdeckte er ein »Tetraeder aus Polyester mit einem Transistor aus Titaniumoxyd« *(sic)*, der mit 400 Megahertz betrieben wurde. Der Versuch, mit dem Volk im All in Kontakt zu kommen, scheiterte allerdings. Zwar fing er irgendwelche Signale, vermutlich von der Wega, auf, aber eine wirkliche Verbindung kam nicht zustande. Entmutigt warf er das Tetraeder bei der nächstbesten Gelegenheit samt Inhalt in den Pazifik.

Am 11. November 1972 kam der zweiundvierzigjährige Roczinsky bei einem Autounfall auf der Straße von San Diego nach Los Angeles ums Leben. Aus den Trümmern seines Wagens wurden Fotos, Tonbänder und elf Filmrollen gebor-

[1]Uns mutet an dieser Geschichte freilich manches recht fragwürdig an. Die Piper-cubs, die man in Pisco mieten kann, sind (von einigen wenigen Ausnahmen abgesehen) erst nachmittags frei; die Erkundungsflüge über die Pampa werden gewöhnlich zwischen 15.30 Uhr und 17.30 Uhr durchgeführt; die Flugzeuge fliegen allein schon ihres begrenzten Aktionsradius wegen *nie* bis Nazca, sondern höchstens ca. 10 km über den Rio Ingenio hinaus. Aber selbst wenn man all das noch akzeptierte, wäre Roczinsky, auch wenn er auf schnellstem Wege die Rückfahrt angetreten hätte, von der Nacht überrascht worden, mit anderen Worten, hätte nicht filmen können.

gen – alles in allem natürlich nur Stückwerk, das zu ergänzen jedoch unerschrocken *Das aktuelle Forum* übernahm. Bedauerlich nur, daß das Beweisstück Nr. 1 im Meer verschwand.

Peru, Land der UFOs

Nun war aber der polnische Fernsehredakteur nicht der einzige, der solche Vorgänge in Peru beobachtete. Am 3. Februar 1972 sahen zwei Honoratioren der Stadt Nazca (die mit Tierfutter handeln) in der Pampa von Carbonera eine auf der Erde gelandete Untertasse und daneben ein Wesen von »mittlerer Statur in einem grünen, durchsichtigen Taucheranzug«.
Die Zeitung von Nazca griff die Sensation auf und nannte als Ort der Begegnung eine 8 km südlich der Stadt gelegene Stelle in der Pampa de la Calera, woraufhin sich der Schauspieldirektor von Nazca, Tito Rojas, und der Schneidermeister Adolfo Penfiel sofort an Ort und Stelle begaben, um den Fremdling willkommen zu heißen. Dieser jedoch verzichtete, ihrer ansichtig geworden, auf jede weitere Inspektion und flog ab. Beim Aufsteigen aber erzeugte die Untertasse ein Mark und Bein durchdringendes hohes Sirren, ein den Pampabewohnern durchaus vertrautes Geräusch, woraus sie denn auch stracks schlossen, daß schon öfter Außerirdische bei ihnen gelandet waren.
Von nun an wimmelte es in Peru nur so von fliegenden Untertassen. Allein 1973 zählten die »Experten« 214 »von unbezweifelbarer Echtheit«, von denen 95,8 Prozent von uns ähnlichen, sich nur durch Größe und Hautfarbe unterscheidenden Wesen, 4,2 Prozent von Außerirdischen nichtmenschlicher Gestalt und in 18 Fällen von Robotern gesteuert wurden.

Nun fehlt es diesem Bericht nicht an zweifelhaften Punkten, die Peruaner jedoch glauben felsenfest, daß ihr Land für den Besuch außerirdischer Wesen auserwählt ist, sind doch auf den *mantos* (den bemalten Mumiensäcken) von Paracas, auf Petroglyphen und Reliefs Personen dargestellt, die einen Taucheranzug oder bizarre Kopfbedeckungen ähnlich denen unserer Kosmonauten tragen.

Die Unmöglichkeit, die Extraterrestrier auszuschließen

Wie wir aus zahlreichen Beobachtungen wissen, besaßen die alten Völker eine weit größere Sehschärfe als die zivilisierten Menschen unserer Zeit. Heute kommen ihnen darin nur noch die Primitiven, die Hirten und Bergvölker der Anden gleich, die überhaupt eine ganz andere Assoziations- und Wahrnehmungsweise haben als wir.

Diesem Umstand müssen wir bei einer Erklärung der Pampa von Nazca ebenso Rechnung tragen wie der Tatsache, daß die *pistas* und *líneas* für eine Betrachtung vom Himmel aus gedacht waren, sich an wirklich existente oder erträumte Bewohner des Himmels wandten, die auf dem Luftweg erwartet wurden. Das Mittelalter hätte diese Fremdlinge Gott und seine Engel genannt, das 20. Jahrhundert spricht von den Bewohnern eines anderen Planeten, von Extraterrestriern. Gegeben haben aber muß es solche Wesen, denn sie allein lassen eine vernünftige Deutung des Phänomens zu. Schließlich kann die Erklärung einer phantastischen Sache ihrerseits wiederum nur phantastisch sein.

Gegen die andere, die ringsum verstreuten Tonscherben aufbauende Hypothese, die in den Zeichnungen des Affen, der Spinne, der Vögel und Blumen Totems sieht und die Pampa zu einer Riesennekropole abstempeln möchte,

spricht, daß sie die *pistas* und *líneas* nicht deuten und keinerlei menschliche Knochenfunde vorweisen kann.
So dürfen wir also wohl mit Fug und Recht annehmen, daß diese geradezu unglaublich geradlinigen Zeichnungen und Muster von einem sehr alten, geometrisch außergewöhnlich begabten Volk angelegt wurden, das womöglich derselben Rasse angehörte wie die Erbauer der Puerta del Sol in Bolivien und der Sonnenobservatorien, von denen aus die Explosion der Nova und die Entstehung des Sternnebels Gum beobachtet wurde. Und weiter, daß diese Prä-Inkas entweder auf direkte Anweisung von Extraterrestriern oder im Bestreben handelten, das ihnen mitgeteilte Wissen wenigstens in rudimentärer Form zu überliefern. Daher denn in Ica die primhistorische Bibliothek und unweit davon die Riesenillustration von Nazca.

Die Wissenschaft hält extraterrestrische Besuche für möglich

Selbst zahlreiche Physiker und Astronomen räumen mangels sicherer Gegenbeweise die Möglichkeit außerirdischer Besuche auf unserer Erde ein.
So schreibt P. Guérin vom astrophysischen Forschungsinstitut Paris in seinem bei Larousse erschienenen Buch *Planètes et Satellites:* »Wenn es auf anderen Planetensystemen Extraterrestrier mit einer hochentwickelten Kultur gibt ... könnten sich diese Wesen zur Erforschung des Universums bestimmter Techniken bedienen, die uns nicht nur unbekannt, sondern darüber hinaus auch gänzlich unbegreiflich wären.«
Die Zahl der bewohnbaren Sterne wird in der Dezembernummer der Zeitschrift *La Recherche* von 1973 im Artikel »Astrophysiker interessieren sich für Extraterrestrier« auf 5 Prozent geschätzt. Und Sebastian von Hoerner stellt über

die Lebensdauer technologischer Zivilisationen folgende Statistik auf:

- 5 Prozent vernichten im Verlauf von 100 Jahren alles Leben auf ihrem Planeten.
- 60 Prozent gehen innerhalb von 30 Jahren nach Erreichung eines gewissen Standes unter.
- 15 Prozent degenerieren nach 30 000 Jahren.
- 20 Prozent verlieren nach 10 000 Jahren alles technologische Interesse.

Daraus folgt unter Berücksichtigung der Entfernung, daß die überlegenen Bewohner dieser Planeten im Laufe ihrer gesamten Existenz wahrscheinlich dreimal miteinander in Berührung kommen.

Daneben gibt es allerdings auch optimistischere Physiker. So Carl Sagan, der eine Million fortgeschrittener Kulturen in unserem Milchstraßensystem annimmt; G. V. Forster, der, einen Aktionsradius der interstellaren Flugapparate von 50 Lichtjahren vorausgesetzt, für unser Sonnensystem während der 5 Milliarden Jahre seiner Existenz 400 extraterrestrische Besuche errechnet; und Conley Powell, der die eine oder andere Superzivilisation des Kosmos ebenfalls solcher Leistungen für fähig hält.

Ein Mutterplanet im Kosmos

Diese Thesen und Mutmaßungen stellen die von Oparine und Miller vorgetragene Hypothese von der spontanen Entstehung des Lebens, der Urzeugung durch Aminosäuren und Wasser auf der Erde in Frage. Ebensogut könnte das Leben durch Panspermie entstanden oder von Extraterrestriern von einer bereits seit Jahrmilliarden existierenden Mutterkultur auf unseren Planeten gebracht worden sein. In diesem Falle wäre der Mensch allerdings selbst ein außerirdisches Wesen, was mit den ältesten Überlieferungen jedoch durchaus übereinstimmte, z. B. mit denen der Hindus, deren Vorfahren »über den Weg von Aryaman von einem Stern« auf die Erde kamen; aber auch mit dem Neuen Testament: »Im Glauben sind alle diese gestorben, . . . daß sie Pilger und Fremdlinge auf Erden seien« (Hebräer 11,13).

Da die der Mythologie Kundigen jedoch gemeinhin ebenso wenig von Astrophysik verstehen wie umgekehrt die Astrophysiker von Mythologie, wird das Problem meist viel zu einseitig betrachtet. Was um so betrüblicher ist, als die Steine von Nazca, die Kosmographien von Bolivien und Kalifornien und die astronomischen Beobachtungen einem weitgespannten Geist alle Mittel an die Hand gäben, die Ankunft extraterrestrischer Initiatoren auf der Erde vor Tausenden von Jahren plausibel zu erklären bzw. sogar stichfest zu beweisen. Im übrigen lassen sich, wie wir im folgenden zeigen wollen, sogar soziologische Argumente dafür vorbringen.

Ehedem, als die weißen Götter vom Himmel kamen

Als im zweiten Weltkrieg amerikanische Düsenjäger und B 52 auf den pazifischen Inseln und Neuguinea auf den von amerikanischen Kommandos in Rekordzeit angelegten Rollbahnen landeten, brachten die Soldaten den Eingeborenen und den Papuas Geschenke mit. Sie verteilten Zigaretten, Kaugummi, Messer, Äxte und Fotografien von Rita Hayworth und veranstalteten durch den Geschenkregen, der mit den großen silbrig glitzernden Vögeln vom Himmel fiel, eine Art Dauerweihnachten.

Doch im weiteren Kriegsverlauf wurden die Luftstützpunkte

nach Guam und Tinian auf den Marianen verlegt, und zur Verzweiflung der Papuas vergingen Jahre, ohne daß die Himmelsvögel mit dem köstlichen Manna zurückkehrten. So bildete sich nach und nach unter der nachwachsenden Generation in wehmütiger Erinnerung an glücklichere Zeiten eine mündlich überlieferte Tradition heraus: »Ehedem, als noch Menschen vom Himmel kamen und Geschenke mitbrachten . . .«. Das heißt, nach und nach setzte sich ein ganz bestimmtes Wunschbild im Geist der Papuas fest.
Da ihnen aufgefallen war, daß der Ankunft der Himmelsvögel allerlei Arbeiten vorausgegangen waren, fingen sie an zu roden, das Terrain einzuebnen und zündeten, um die Reisenden auf sich aufmerksam zu machen, große Feuer an. Kurzum, sie entwickelten einen regelrechten Kult, bauten Abbilder feuerspeiender Flugmaschinen, die sie zu Tänzen und Gesängen bei rituellen Zeremonien verbrannten. Nach gut 20 Jahren waren aus den ehemaligen Soldaten Götter geworden. Und nach hundert, zweihundert Jahren wird der wirkliche Entstehungsgrund gänzlich in Vergessenheit geraten sein, der Kult selbst dagegen aller Wahrscheinlichkeit nach noch immer begangen werden. Dann aber wird sich eine Mythologie herausbilden ähnlich der, die die Andenvölker zum Gedenken an die Entstehung des Sternennebels Gum entwickelt haben.

Nazca: ein Appell an die Götter

Daß einst auch in Ica höhere Wesen Station machten, steht außer Zweifel. Der Beweis: die 11 000 Steine Dr. Cabreras. Möglicherweise allerdings sind auch hier die Initiatoren, die Chirurgen, Geographen, Physiker, Astronomen, schon bald nach ihrer Ankunft wieder abgeflogen. Jedenfalls haben sie uns keinerlei dauerhafte Monumente hinterlassen. Die irdische Urbevölkerung hat nach dem Weggang der Tuatha Dé Dannan und die Papuas haben nach dem Abzug der Yankees einen Kult mit Menhiren und Dolmen in Europa und mit Pistenfeuern in Melanesien entwickelt. Ähnlich hat wohl auch die bolivianische und die peruanische Bevölkerung mit den Legenden von Orejona und ihrem von der Venus kommenden Raumschiff, mit den Reliefs der *Puerta del Sol,* den *grabados* von Ica und den Mustern von Nazca an den Besuch göttlicher Wesen gedacht. Das jedenfalls würde uns ein Nazqueño zur Antwort geben, hätte nicht die spanisch-christliche Kultur seine Erinnerung an die großen Ereignisse aus der Zeit seiner Ahnen ausgelöscht.

Wären wir auf die Auskunft von Eingeborenen angewiesen, bliebe uns das Phänomen von Nazca für immer ein Rätsel. So jedoch haben wir noch eine andere Möglichkeit, es aufzuhellen: Wir müssen es nur in den richtigen Zusammenhang bringen, in Zusammenhang nämlich mit den geheimnisvollen weißen, bärtigen, rothaarigen Wesen, die in der außergewöhnlichen Nekropole von Paracas so prunkvoll bestattet sind; den riesigen Menschen mit dem großen Kopf von Tiahuanaco und den auf der *Puerta del Sol* abgebildeten vierfingrigen Angehörigen einer extraterrestrischen Rasse; den unterirdischen Höhlen von Ocucaje mit ihren wissenschaftlichen Enthüllungen; und schließlich dem Andenleuchter, der aus dem Element des Gottes Poseidon aufgetaucht, zum Himmel hinaufzuweisen scheint ...[1]

[1]Der Meeresgott Poseidon soll den Überlieferungen zufolge auch König von Atlantis gewesen sein. Jedenfalls gelten der Dreizack und das Wasserpferd als Symbole des versunkenen Kontinents. Sollte demnach der »Andendreizack«, wie er in Paracas genannt wird, als Zeichen geretteter Atlanter zu betrachten sein?

Die heilige Linie Tiahuanaco–Paracas

Nehmen wir die Idee, der Andenleuchter könnte, da seine Achse in einer Linie mit der Nekropole von Paracas, den Steinhöhlen des Dr. Cabrera, Nazca und der faszinierenden *Puerta del Sol* liegt, so etwas wie ein Wegweiser aus alter Zeit sein, ernst, so erhebt sich die Frage: Wo weist er denn eigentlich hin?

Zum Sonnentor von Tiahuanaco, das so gebaut ist, daß es die Sonne zur Zeit der Sonnenwende bei Sonnenaufgang voll von vorn bescheint, um dann durch seine Öffnung zu fallen und über Nazca, Ica und Paracas zu scheinen?

Oder zum Kontinent Mu, der in ferner Zeit jenseits des Stillen Ozeans aufragte? Wohl kaum, zeigen doch die drei Spitzen des rätselhaften Tridente, der symbolischen Gabel des Meeresgottes, aufgrund des Neigungswinkels der Düne (durchschnittlich 38°) unverkennbar nach oben.

Unseres Erachtens deutet der *Tridente,* die heilige Linie Tiahuanaco–Nazca–Ica, vermutlich auf einen bestimmten Punkt am Himmel hin, der zu den Höheren Ahnen, die die Heiligtümer gründeten, in irgendeiner Beziehung stehen dürfte.

Tatsächlich strahlt in der Verlängerung der Gabel allabendlich in etwa 40 Millionen Kilometer Entfernung Venus die Grüne, die Göttliche, in unvergleichlichem Glanz am Firmament auf. Ist Venus, die Heimat von Chasca, Viracocha, Orejona, auch die Heimat der Initiatoren der Wissenschaft auf unserer Erde?

Ist Venus als liebevoll unterwürfige Begleiterin des Sonnengottes Inti verschwunden, schiebt sich Sirius, die Sothis der Ägypter und nach Meinung der Dogoner Afrikas die Mutter unseres Sonnensystems, an ihre Stelle. Sirius, der nicht nur in der Mythologie der Völker, sondern auch in ihrer Astronomie eine ganz besondere Rolle spielte.

Ein Weg, der zum Stern führt

In der armenischen Sowjetrepublik wurde bei Medzamor ein Bronzewerk aus dem Neolithikum ausgegraben. Vor 8000 bis 10 000 Jahren wurden dort achtzehn verschiedene Bronzelegierungen hergestellt. An den Ufern des benachbarten Flusses identifizierte Frl. E. S. Parsamian, vom Observatorium aus Burakan, drei alte Observatorien. Von dort aus

Peru: Maßstab 1:14 250 000
Die Achse Andenleuchter–Ica–Nazca–Tiahuanaco. Diese vier sehenswürdigen Heiligtümer sind durch eine derart rigorose Gerade verbunden, daß ein Zufall ausgeschlossen ist.

beobachteten die Menschen des Neolithikums den heutigen Berechnungen zufolge am 22. Juni 1200 v. Chr. gegen vier Uhr morgens den Aufgang des Sirius.
Ebensowenig ein Zufall ist wohl, daß das Jahr der Ägypter mit dem Monat Thot (Initiator), d. h. mit dem Erscheinen des Sternes der Isis: Sirius oder Sothis, begann. Und womöglich werden uns die Astronomen eines Tages belehren, daß auch der Sternennebel Gum, der die Physiker des Andenplateaus vor 40 000 Jahren so beschäftigte, ehedem im selben Azimut stand.
Wir haben also eine einzigartige Indizienkette, zu der noch ein weiterer sonderbarer »Zufall« kommt: Fällt man in der Mitte der »heiligen Linie«, d. h. 450 km von ihren beiden Endpunkten entfernt, die Lotrechte, so stößt man direkt auf Cuzco und Sacsahuaman, die heilige Stätte und Festung der Inkas!
Warum sich also länger gegen die Wahrheit sträuben? Durch die *pistas* und *líneas* der Pampa von Nazca, die Blumen, Tiere und Riesenvögel, die denen der Initiatoren glichen, wollten die Prä-Inkas den großen, vor Jahrtausenden vom Himmel gekommenen Vögeln huldigen und die Götter ehren, die ihnen von ihrem Planeten die Kunst der Herzverpflanzung, der Sternenbeobachtung, des Schreibens und des Metallschmelzens gebracht hatten, wobei es relativ belanglos ist, ob die Geheimnisse des Teleskops und der Lupe nun vor 10 000 oder 40 000 Jahren bekannt wurden.[1]
So gesehen, wären die Vögel und Götter Symbole, die Spiralen, Linien und geometrischen Spuren eine Nachgestal-

[1]Äußerst aufschlußreich in diesem Zusammenhang ist, daß die Götter der Mexikaner und Inkas genau wie die der Assyr-Babylonier und Phönizier Vertreter des Planeten Venus waren. Solch außerirdische Besuche auf unserer Erde werden auf ca. 40 000 und 10 000 und im Falle von Nazca um 5000 angesetzt.

tung alter Kosmodrome, die Blumen eine Gabe und die Tiere das rituelle Blutopfer, das die Primitiven seit eh und je den Göttern zu schulden glauben.
Und in der Tat, was wäre so Erstaunliches daran? Schicken nicht die Menschen von Indien bis Amerika, von Südafrika bis Grönland ihre Gebete zu den Sternen hinauf? Sind nicht die Kathedralen, Kirchturmspitzen, Obelisken ein Ausdruck des Wunsches der Erdenbewohner, mit den Göttern, den Himmelsbewohnern, ins Gespräch zu kommen? Genau dasselbe aber sind, nur in Anpassung an die geologischen Gegebenheiten auf horizontaler Basis, auch die *pistas* und *líneas* der Anden, und – in Anpassung an die veränderten Zeitläufe – die kosmonautischen Unternehmungen des 20. Jahrhunderts.

IX. DIE VON DER APOKALYPSE ANGEKÜNDIGTE ENDZEIT

Wie bereits erwähnt, hat der Astrophysiker Sebastian von Hoerner den Zusammenhang zwischen Lebensdauer bzw. Verfall einer technisierten Zivilisation und ihrer Entwicklungsstufe untersucht und in einer Tabelle festgehalten, daß 5 Prozent der technisch hoch entwickelten Zivilisationen innerhalb eines Jahrhunderts jegliches Leben auf ihrem Planeten zerstören, während 60 Prozent innerhalb von 30 Jahren verschwinden.
Wir müssen uns also fragen, welches Schicksal der Erde bevorsteht.

Das 21. Jahrhundert für die Chinesen

Auf den ersten Blick könnte man glauben, die seit dem Ende des 19. Jahrhunderts zu verzeichnenden technischen Errungenschaften hätten uns an den Rand eines Abgrundes geführt, in den wir mit dem nächsten Schritt hineinstürzen.
Auf etwa ein Fünftel des Globus mag das tatsächlich zutreffen; für die noch wenig entwickelten Länder dagegen besteht diese Gefahr zweifellos noch nicht.
Bleibt also die Frage, ob es diesmal eine ethnische Einheit, eine Nation, einen Kontinent oder doch den ganzen Planeten trifft.
In den letzten vier Jahrtausenden sind viele Kulturen versunken, kaum daß sie entstanden sind, manchmal ohne irgendeine Spur zu hinterlassen; in den meisten Fällen jedoch haben wir Überreste vorgefunden, die uns allerdings oft nur einen mangelhaften Eindruck vermitteln.
In Tiahuanaco, Ica, Hoggar, im olmekischen Yukatan und Grönland ist nichts oder fast nichts erhalten. In Ägypten, Phönizien, Assyro-Babylonien, Mohenjo-Daro, in Griechenland, Petra finden wir heute zwar noch Überreste der

einstigen Hochkulturen, aber die Blütezeit dieser Völker oder Städte scheint ein für allemal vorbei.
Dennoch ist die Evolution unaufhaltsam fortgeschritten, die Fackel des Fortschritts auf historisch und geographisch noch wenig erforschten Wegen weitergereicht worden. Aus alledem aber dürfen wir schließen, daß die Kulturkreise Frankreich, Deutschland, Rußland, England, Italien, Kanada, USA etc., die heute in Blüte stehen und folglich unweigerlich zum Untergang verdammt sind, bald von anderen Nationen – allen voran China – abgelöst werden. Denn so schwierig die Propagierung der Ideen und Techniken früher war, so schnell breitet sich der Fortschritt im 20. Jahrhundert aus. Zweifelsohne wird China, Mexiko, Brasilien, der Islam und selbst Schwarzafrika in weniger als einem Jahrhundert aufgeholt und den technischen Stand erreicht haben, den zu erringen Europa zwei Jahrtausende brauchte.[1]
Das 21. Jahrhundert wird also erweisen, ob von Hoerner recht hatte oder nicht.

Die Verschwörung von Pugwash

Zeichen, die das nahende Ende der Welt ankündigen, geben zu denken. Sie zeigen sich im sozialen Bereich, in der Politik, der Industrie, der Moral, der Religion. Zu ihnen gehört die Ausbreitung der Verbrechen, der Unmoral, mangelnden Pflichtgefühls und Bürgersinns, des Leistungsprinzips, der Genußsucht, in Justizskandalen, Rassendiskriminierung, un-

[1]Laut dem Schweizer Psychologen Jean Piaget und dem Archäologen Alexander Marshack befinden sich manche Primitive allerdings auf dem umgekehrten Weg. So die Papuas und einige australische und afrikanische Stämme, deren Gehirn einer Entwicklung nicht fähig ist. Solche Stämme können wir als schlichte Statisten des großen menschlichen Abenteuers nicht weiter berücksichtigen.

berechtigten Privilegien, im Egoismus, in der Diktatur des Geldes, in der Verdummung durch Fernsehen und Funk, Presse, Schallplatten etc. Nicht zuletzt drücken sie sich in einer fortgeschrittenen, bis ins Unsinnige getriebenen, von den Politikern und Spekulanten mit Hilfe der sogenannten Gelehrten manipulierten Technologie aus.
Manche Gelehrte allerdings, Physiker, Astrophysiker, Soziologen, Biologen, Chemiker, Philosophen, Geologen, Psychologen, Mathematiker etc. sind zu Recht über das Schicksal unseres Planeten beunruhigt.
So kamen 1957 auf Anregung des Mäzens Cyrus Eaton die hervorragendsten Denker der ganzen Welt, Russen, Amerikaner, Deutsche, Franzosen etc., mit Ausnahme der Chinesen, in Pugwash, einer kleinen Stadt in Neuschottland, zusammen, um die Möglichkeiten der Rettung unserer Zivilisation zu diskutieren. Am guten Willen und der Selbstlosigkeit dieser Gelehrten ist nicht zu zweifeln. Dennoch wird es ihnen nicht leichtfallen, das berechtigte Mißtrauen gegen sie und ihresgleichen zu zerstören.
Freud hatte die Schuld an den Neurosen dem Gottesglauben und der Religion gegeben (was für das Mittelalter gewiß auch zutraf). Wir glauben, daß der »Streß« seit Ende des 19. Jahrhunderts auf die Angst vor der Wissenschaft und ihren oft satanischen Jüngern, den Wissenschaftlern, zurückzuführen ist. Nicht umsonst leben heute die alten Mythen vom verlorenen Paradies und dem Baum der Erkenntnis wieder auf.
Einer der Schuldigsten war zweifelsohne Albert Einstein, der mit dem Ziel, den Nazismus zu zerstören und einen Judenstaat zu gründen, die US-Präsidenten Roosevelt und Truman zum Einsatz der Atomwaffen gegen Japan und notfalls auch gegen Deutschland überredete. Freilich sah er bald darauf ein, welch verheerende Folgen seine Forderungen haben mußten,

machte radikal kehrt (»Vorsicht mit der Atombombe ... die Völker der Erde sind in Todesgefahr!«) und trat zum Zeichen, daß es ihm Ernst mit seiner Bekehrung war, zum Protestantismus über.
Übrigens war der Kongreß von Pugwash nicht die einzige Wissenschaftlervereinigung, die sich mit solchen Fragen auseinandersetzte. Am 4. Februar 1962 gründeten Jean Rostand, Professor Marois, François de Clermont-Tonnerre und weltberühmte Biologen unter der Schirmherrschaft von Nina Kruschtschewa im Château de la Muette in Paris das *Institut de la Vie.*[1]

Das Oberhaupt, der Magier, der Priester, der Gelehrte

Die Zukunftsforschung ist eine Wissenschaft, die sich einerseits mit denjenigen technischen Ursachen auseinandersetzt, die die Entwicklung der modernen Welt beschleunigen, und andererseits diejenigen Situationen vorherzusehen versucht, die sich aus einer Verquickung dieser Ursachen ergeben könnten (Definition nach Larousse).
Das heißt, der Hellsichtige, der seinen Ort in der Gegenwart bestimmen möchte, um herauszufinden, wo er hingeht, muß auch den Weg kennen, auf dem er gekommen ist. Mit anderen Worten, die Zukunftsforschung beginnt bei der Vergangenheit, bei den Anfängen der Gesellschaftsbildung in der Prähistorie.
Unsere prähistorischen Vorfahren fanden bald heraus, daß sie den allenthalben lauernden Gefahren im Verband besser begegnen konnten. Also schlossen sie sich zum Clan zusammen, der ersten organisierten Gesellschaft.

[1]Näheres über die Zielsetzungen dieses Institutes in *Histoire Inconnue des Hommes depuis 100 000 ans* (Ed. R. Laffont, 1962).

Ein solcher Clan sollte sich, um das Maximum an Wirksamkeit zu erreichen, nach den von Professor Lévy-Bruhl an den primitiven Kulturen von Neuguinea und vom Amazonas angestellten Untersuchungen *(La Mentalité Primitive,* 1922) aus etwa 30 Individuen zusammensetzen. Umfaßt er wesentlich mehr, läuft er Gefahr, die Fisch- und Jagdgründe zu schnell zu erschöpfen; umfaßt er hingegen wesentlich weniger, wird er angreifbar, da ihm die Kraft zur Verteidigung fehlt.

Der Clan muß vom stärksten und klügsten Mann geführt werden. Vom stärksten, damit er seine Gesetze durchsetzen kann; vom klügsten, weil der geringste Irrtum seinerseits den Untergang der ganzen Gruppe zur Folge haben kann.

Dieses Oberhaupt muß Kinder haben, die sich ihrerseits mit den besten Mitgliedern der Gruppe, womöglich mit den Kindern eines anderen Oberhauptes paaren müssen, um das Erbgut zu bewahren. Es wäre verantwortungslos von einem zukünftigen Führer, eine physisch oder geistig nicht intakte Frau zu heiraten.

Möglicherweise stellte ganz am Anfang der Gesellschaftsbildung eine Frau, die Mutter, die *Mater,* das Clanoberhaupt. Ohne Zweifel jedoch wurde die weibliche Herrschaft bald vom Patriarchat mit seiner Gewaltenteilung zwischen dem Stärksten und dem Vater, dem Alten (oder einer Gruppe von Alten) mit gesichertem Erfahrungsschatz abgelöst.

Die regelrechte Ausbeutung der Erfahrung führte zur Spezialisierung und diese wiederum mit der Zeit zu einer komplexeren Gesellschaftsstruktur. Die Figur des Magiers bildete sich heraus, der die pflanzlichen Heilmittel und überhaupt die Geheimnisse der Natur kannte. Gelehrter als die anderen und damit die Seele der primitiven Gesellschaft, zögerte er nicht, Gesetze aufzustellen, Verpflichtungen, Riten, eine Moral und schließlich eine ganze Religion zu erfinden. Dergestalt zum

Priester aufgerückt, übte der ehemalige Magier seine Funktionen neben dem Oberhaupt oder dem aufgrund seines Blutes akzeptierten König aus.
So spielte der Priester jahrtausendelang die Rolle des Initiators, bis sich der Religion, wie sie sich ehedem selbst der Magie zugesellt hatte, nun die Wissenschaft zugesellte, die sich allerdings, als die Kluft zwischen Dogmen und Naturgesetzen allzu groß wurde, schließlich wieder von der Theologie trennte.
Seitdem beschränkte sich der Priester, von gelegentlichen Vorstößen in die Laboratorien abgesehen, auf das Priestertum, während der Gelehrte die Wissenschaft nach und nach vom Aberglauben und den Pseudowahrheiten der Religion befreite und von der Entwicklung, dem Fortschritt in der Industrie und der in erster Linie für Kriegs- und Raumfahrtzwecke hochentwickelten Technologie an die Spitze der sozialen Hierarchie getragen wurde, so daß er heute der *deus ex machina* unserer Kultur ist.

Das Erwünschte und das Unerwünschte

Wir sind heute vom Wissenschaftler und seinem Zauberbuch, dem Computer, in einem Maße abhängig, daß sein Verschwinden das Ende der Welt bedeuten könnte. Dumm nur, daß auch sein Nichtverschwinden das Ende der Welt bedeuten kann, denn für jede Wohltat, die er uns erweist, gibt er uns ein Übel obendrein.
Der Mensch des 20. Jahrhunderts, anstatt sein Glück durch Geduld und Fleiß selber zu erarbeiten, erhofft sich in seiner Ungeduld alles von den Wundertätern unserer Zeit, den Physikern, Chemikern, Biologen und Mathematikern. Und tatsächlich liefern die stolzen, nur allzu oft verantwortungs-

losen Wissenschaftler was immer von ihnen gewünscht wird – samt unerwünschter Kehrseite, versteht sich.
Will man ein Mittel gegen eine bestimmte Krankheit? Warum nicht? Die Medizin gibt es uns, nur schwächt die Gewöhnung daran unseren Organismus und macht ihn für andere Infektionen anfälliger.
Will man ein Mittel zur schnelleren Fortbewegung? Warum nicht? Das Fahrrad wird erfunden, dann das Auto, das gute Straßen erforderlich macht, die ihrerseits zu immer neuen Geschwindigkeitsrekorden einladen: 200 Stundenkilometer. Und das Endergebnis? Allein in Frankreich jährlich 17 000 Tote und 390 000 Verletzte, von denen sich 150 000 nie wieder völlig erholen – von der moralischen Verrohung der Autofahrer, dem Verlust jeglicher Ritterlichkeit noch ganz abgesehen.[1]

Lebensqualität oder Tod

1973 veranstaltete das Komitee von Pugwash in Paris eine öffentliche Diskussion über die heutige Situation der abendländischen Kultur und die Möglichkeiten, ihren Verfall aufzuhalten. Als eine der schlimmsten Gefahren wurde das enorme Bevölkerungswachstum genannt.
Im Jahr 2000 wird die Erde eine Bevölkerung von 6 bis 7 Milliarden Menschen aufweisen, 3 Milliarden zu viel, die auf die eine oder andere Weise verschwinden müssen. Die natürliche Selektion aber funktioniert nicht mehr. Im Gegenteil, gerade die fortschrittlichsten Nationen versteifen sich darauf, im Grunde todgeweihten Neugeborenen das Leben zu erhal-

[1]Für die Vereinigten Staaten erwies sich die Straße 1968 (55 500 Tote und 2 300 000 Verletzte) mörderischer als der Vietnamkrieg.

ten, die der Gemeinschaft dann zumindest in ihrer Jugend, wenn nicht ihr ganzes Leben lang zur Last fallen. Arbeitet ein Mann heute schätzungsweise für vier Personen, die noch zu jung oder schon zu alt oder zu krank sind, um sich selber zu ernähren, so wird er im Jahre 2000 für acht bis zehn unfreiwillige Müßiggänger sorgen müssen. Kommt dazu noch ein Krieg, der 90 Prozent dieser Lebensuntüchtigen verschont, dagegen 30 bis 40 Prozent der arbeitsfähigen Menschen tötet, spitzt sich die Situation gerade im zivilisierten Abendland verzweifelt zu.

Ähnlich ungünstig sieht es auf dem Sektor der medizinischen Versorgung aus. Schätzungen der Biologen zufolge werden 80 Prozent der für medizinische Zwecke zur Verfügung stehenden Gelder zur Rettung Neugeborener und zur Erhaltung Kranker, die keinerlei Aussicht auf eine wirkliche Besserung mehr haben, ausgegeben. Das aber heißt: Verrat an den Lebendigen. Denn so löblich ärztliche Bemühungen sind, wo es um heilbare Krankheiten geht, so fragwürdig werden sie, wo es sich nur noch um eine Verlängerung der Schmerzen handeln kann, für die Angehörigen nicht minder schrecklich als für den unheilbaren Patienten selbst. Denn wer bezahlt die künstlichen Lungen und Herzen und all die kostspieligen Apparate wenn nicht der Gesunde, der auf wohlverdiente Urlaubstage und sonstige Erleichterungen verzichten muß, um dahinvegetierende Moribunde zu erhalten, und dazuhin gezwungen ist, Drogen- oder Alkoholsüchtige oder dem »großen Fressen« Verfallene (in Frankreich an die 50 Prozent) mitzuernähren.

Vielleicht ist es falsch, der natürlichen Selektion in den Arm zu fallen, vielleicht sollte man sogar die Schlechtangepaßten, das menschliche Treibgut, eliminieren. Aber wer wagte schon, eine solch schreckliche Verantwortung auf sich zu nehmen, selbst wenn es sich eines Tages zur Rettung der Völker als unumgänglich erweisen sollte?

Selbstverständlich will das Pugwash-Komitee nicht den Pensionisten und Rentnern die wohlverdienten Früchte eines arbeitsamen Lebens streitig machen. Es hält es im Gegenteil für die Pflicht einer Gesellschaft, die noch Ehrgefühl besitzt, den Unfallopfern, Kranken oder Ruheständlern die Sicherheit und das Glück zu garantieren, auf die sie ein Recht haben. Garantie auf Glück, gewiß; aber nicht Garantie auf Leiden bei äußerster physischer und geistiger Hinfälligkeit.
Das Problem samt seinen Lösungsmöglichkeiten ruft Empörung und menschliches Mitgefühl auf den Plan. Ohne Zweifel wäre es ideal, Generationen gesunder, starker, anpassungs- und glücksfähiger Menschen für eine wahrhaft paradiesische Zivilisation heranzuzüchten. Aber um welchen Preis?
Hier jedoch mußte das Pugwash-Komitee leisetreten. Allzu sehr erinnern solche Thesen an Hitlers von 1940 bis 1945 so unpopulär gemachten Ziele.

Die unmögliche Lösung

Dennoch wird die Menschheit noch vor dem Schicksalsjahr 2000 eine Lösung dieses entsetzlichen Problems finden müssen, so unbehaglich ihr dabei auch zumute sein mag. Es sei denn, sie zöge in einem unsinnigen Machiavellismus den Krieg, den Völkermord vor, der, soviel läßt sich jetzt schon sagen, bestimmt keinerlei positive Resultate brächte.
Im übrigen sahen sich die Menschen seit eh und je vor eine ähnlich verzweifelte Situation gestellt. Beweis dafür, daß selbst heute noch die primitiven Völker sie auf altüberlieferte Weise zu lösen pflegen.
So wird der nicht mehr lebensfähige alte Mensch im hohen Norden zur Promenade des »großen Schlafes« in die eisige Tundra hinausgeführt, wo er, alleingelassen, bald erstarrt und

so auf schmerzlose Weise in die Welt des Schweigens hinübergeht. Die nomadisierenden Stämme Australiens lassen, wenn sie auf Nahrungssuche ihr Revier wechseln müssen, die Alten und Kranken, die für den oft langen Marsch zu schwach sind, mit ein paar Tagesrationen unterwegs zurück. In der Berry sowie einigen anderen französischen Provinzen war es vor nicht allzu langer Zeit noch üblich, den todgezeichneten Alten hinüberzuhelfen, »faire la bonne vie«.
Das Pugwash-Komitee dagegen schwankt, welche Politik es einschlagen soll: der westlichen Welt enthüllen, daß ihre Tage gezählt sind? Würde eine solche Information den Niedergang nicht nur noch beschleunigen und die ohnehin schon Verzweifelten nicht nur noch mehr entmutigen, so daß sich schließlich niemand mehr fände, der Gefahr die Stirn zu bieten?[1]

Wenig vertrauenerweckende Vorzeichen

Aber diese Frage ist nicht die einzige, die unserer Zivilisation heute zu schaffen macht. Vor ein ebenfalls äußerst schwerwiegendes Problem stellt uns auch unser gestörtes Verhältnis zur Natur.[2] Millionen von Menschen leiden an falscher

[1]Auch wir haben lange gezögert, dieses Kapitel zu schreiben, uns aber schließlich doch dazu entschlossen in der Hoffnung, dieser Warnruf möge nicht als Unkenruf, sondern im Gegenteil als Aufforderung verstanden werden, die Wissenschaftler in ihre Schranken zu verweisen und den Untaten der Religionen ein für allemal ein Ende zu bereiten. Die meisten der hier erörterten Thesen wurden in einer Fernsehsendung des ORTF vom 18. März 1973 um 22.10 Uhr im 1. Programm unter dem Titel *Le Grand Virage* von Bertrand de Jouvenel, Paul Ehrlich, Aurelio Peccei, Iwan Illich und Joel de Rosnay diskutiert.

[2]Ja, man kann geradezu von einer Degradierung der Natur sprechen, die nur denkbar ist, weil sich der Mensch selber, die Gefühle seines Herzens und der Liebe, degradierte.

Ernährung oder Unterernährung; die Naturschätze werden auf die unsinnigste Weise ausgebeutet; der Strahlenverseuchung wird nicht Einhalt geboten.

Auch die allenthalben zu beobachtenden Vorzeichen lassen nichts Gutes ahnen: Männer und Frauen sind oft nicht mehr voneinander zu unterscheiden. Die Frauen vermännlichen und die Männer tragen Ringe, lange Haare und Unisexkleidung. Dieser Verwechslung der Geschlechter, die an den ursprünglichen Hermaphrodismus erinnert, entspricht das Ende des bereits durch die Ankunft des »einzigen Gottessohnes« schwer angeschlagenen Mater-Kultes. Die sogenannte kultivierte Frau, die dank der Pille von Schwangerschaft und Kinderkriegen befreit ist, richtet ihr ganzes Sinnen und Trachten auf eine morbide Verfeinerung, eine im äußersten perverse Erotik.

Diese Verwirrung der Zungen und Sprachen, der Körper und Geschlechter kündigt den Turm von Babel des Jahres 2000 an, der sich immer sichtbarer auf den Ruinen der Tempel, der Moral, der Sklaverei und auf den Palästen der politischen und kirchlichen Potentaten erhebt. Eine besondere Komplizierung erfährt diese allgemeine Verwirrung noch durch die oft unsinnigen Forderungen, ja Streitsucht der Arbeitnehmer und den stupiden, ja kriminellen Starrsinn der Arbeitgeber und Ausbeuter. Konnte vor dreißig Jahren ein Vater seinem Sohn noch sagen: »Sei fleißig, damit du mit einem guten Examen abschließt, dann hast du später ein feines Leben«, so finden heute Hunderttausende junger Abiturienten, Sekretärinnen, Lehrer trotz guter Examina keine Anstellung. Und erschreckt fragt man sich, wie es in zwanzig Jahren aussehen mag.

Aus diesem Grunde kommt das Pugwash-Komitee zu dem Schluß: Der zivilisierte Teil der Welt kann wohl noch fünfundzwanzig Jahre zu existieren hoffen. Doch dann Gnade ihm Gott!

Die Natur rettet sich selbst

Immerhin bleibt uns eine letzte Hoffnung, die keineswegs von der Hand zu weisen ist:
Auch Wissenschaftler können irren!
Gewiß, ihre Aufstellungen sind weder im Prinzip noch von den Zahlen her wirklich angreifbar, aber der Mensch denkt, und Gott lenkt. Gott, d. h. die Intelligenz, die das Universum leitet und deren Wirken dem menschlichen Intellekt bis jetzt weitgehend verborgen geblieben ist. So können durchaus ernstzunehmende Gefahren wie die Luftverschmutzung, die Atombombe oder die Übervölkerung durch ein großes Erdbeben, eine Sintflut oder sonstige kosmische Katastrophen mit einem Schlag beseitigt werden.
Ähnliches mag schon in der Vergangenheit geschehen sein. Von Auswüchsen durch die Brandschere befreit, mag sich die dergestalt dezimierte Menschheit schöner entfaltet haben als je zuvor. Und gewiß wird niemand bestreiten, daß der westliche Mensch, ja der zivilisierte Mensch überhaupt, heute eine Bestrafung verdient hätte. Trotzdem sollte man sich kein vorschnelles Urteil anmaßen.
Die Wissenschaftler nun, die die Gesellschaft für verderbt, aber in ihren Strukturen, ihren Kadern, ihrem ganzen Wesen unter den gegebenen Umständen für unveränderlich halten, sehen das Heil in einer Veränderung des Menschen. 1973 kam es unter den berühmten Biologen Jean Rostand, dem Schweizer Genetiker Müller (Nobelpreisträger von 1969), Professor Pincus, Erfinder der Antibabypille, den Professoren Lhéritier, Medawar und Dobshansky zu einer recht tiefschürfenden Diskussion über dieses Thema, aus der wir einige Auszüge bringen wollen.
Jean Rostand: Der größte Feind des Menschen ist der Mensch. Jede wissenschaftliche Entdeckung hat ihre Kehrseite.

Professor Pincus: Ich lehne jede Verantwortung ab; ich bin nur ein Forscher, weiter nichts. Die Verantwortung überlasse ich den Praktikern. Die Kirche hat unrecht, die Pille zu verdammen. Die Biologie kann das moralische Problem nicht lösen.
Professor Dobshansky: Man müßte Menschen nach Maß herstellen; fragt sich nur, nach welchem Maß.
Professor Lhéritier: Es kommt nicht darauf an, das Erbgut der Menschen zu verändern, sondern es zu bewahren. In dem Augenblick, in dem die Biologie dieses Gesetz übertritt, wird sie kriminell. Sich selber überlassen, neigt das Leben zur Abnutzung, zur Degeneration einer Art, weshalb wir um uns materielle und psychische Bedingungen schaffen müssen, die uns erlauben, jede Neuheit auszuschalten, die sich bei ihrem Auftauchen als schädlich erweist.
Jean Rostand: Laut Darwin wird durch die Selektion die Anhäufung schlechter Gene eliminiert, oder anders ausgedrückt, eine der Erhaltung der Art dienende genetische Reinigung bewirkt. Unglücklicherweise jedoch sind wir durch unsere eigenmächtigen, unbedachten Eingriffe der Selektion selbst in den Arm gefallen. Ärzte, Chirurgen, Hygieniker, Sozialhelfer tragen dazu bei, schadhaftes Leben zu erhalten; Leben, das die Natur, darin klüger als wir, ihrerseits ausgeschaltet hätte.
Professor Müller: Und da der Arzt die Krankheiten, die Schäden hätschelt und pflegt, sitzt unser größter Feind heute im Erbgut selbst.
Jean Rostand: Aber könnte man dem nicht mit künstlicher Selektion abhelfen?

Professor Müller: Es gibt zwei Wege, das Problem anzugehen: 1. durch negative Selektion oder Ausklammerung der Beschädigten; 2. durch positive Selektion oder Züchtung der Nachkommenschaft. In beiden Fällen wird man uns des Faschismus bezichtigen! Und tatsächlich ist dieses Problem letztlich folgenschwerer als das der Atombombe. Trotzdem befürworte ich persönlich die positive Selektion durch Samenbanken. 1970 haben sich immerhin bereits 10 000 Amerikanerinnen künstlich befruchten lassen.

Hier müssen wir einen kleinen Einschub machen. Natürlich muß eine künstliche Selektion unter moralischen Gesichtspunkten erfolgen. Nach Meinung von Professor Müller z. B. sind physische und intellektuelle Begabung gleichermaßen zu berücksichtigen, wogegen Jean Rostand einwandte: Möge auch das mathematische Genie erblich sein, das künstlerische, das sich aufgrund affektiver Schocks und nicht aufgrund einer biochemischen Spezialmischung bilde, sei es jedenfalls nicht.

Jean Rostand: Aber wenn man schon die Wahl hat, sind Einsteins den neurotischen Rembrandts oder van Goghs wohl vorzuziehen.

Professor Müller: Ich bin ein absoluter Anhänger des maßgeschneiderten Menschen . . ., wobei ich für eine totale Reproduktion des Modells eintrete (d. h. 46 Chromosomen vom Vater und nicht 23 vom Mann und 23 von der Frau).

Theoretisch könnte man die Welt mit Einsteins und Pasteurs bevölkern und so, von nicht vorhersehbaren Überraschungen abgesehen, das Goldene Zeitalter einläuten.

Jean Rostand: Das verstößt gegen die Moral, die Würde und die Einzigartigkeit des Menschen. Für mich jedenfalls hätte eine Welt voller Supergenies nichts Einladendes!

Die große Angst vor dem Jahr 2000

Die Angst vor einer universalen Katastrophe ist so alt wie die Welt selbst! Und doch hat die Menschheit als solche noch stets, sogar die Sintflut, überlebt.

Die nächste vom Pugwash-Komitee angekündigte Katastrophe, die »Götterdämmerung«, die die Existenz der Götter offenbaren wird, wie es die Apokalypse verheißt, wird nur Europa und die USA betreffen.

Bald wird die Angst vor dem Jahr 2000, im Geleit aller Schrecken und gefolgt von Vertrauensmißbrauch, einer ansteckenden Krankheit gleich um sich greifen – wie vor 1000 Jahren, als die Christenheit, aufgeheizt von der Kirche, die ihren Schnitt dabei machte, das Ende der Welt mit dem Jahr 1000 erwartete.

In den Kathedralen, von allen Kanzeln predigten die Bischöfe und Geistlichen die Prophezeiungen des hl. Johannes, malten Teufel und Hölle an die Wand, wobei sich nicht sagen läßt, was sie selber glaubten. Die eingeschüchterten Armen jedoch gaben der Kirche ihren letzten Groschen, und auch die Reichen, die Herren, stifteten da eine Meierei, dort ein Lehen, dort ein Schloß, Geld und Gold, um es am Jüngsten Tag in ihre Waagschale zu werfen.

Wie im 20. Jahrhundert Luftverschmutzung, Seuchen und Naturkatastrophen auf ein nahes Ende hindeuten könnten, so schien die Natur vor 1000 Jahren das Ende der menschlichen Rasse durch Hungersnöte und Pest fördern zu wollen. Die Urkunden der Zeit trugen das makabre Motto: *mundi fine appropinquante!*

Die reinste Visionen- und Mirakelepidemie

Eine Flut von Visionen und Halluzinationen half das Durcheinander vollenden; überall sahen die Leute den Teufel, fühlten sich von ihm bei der Arbeit gepeinigt, ja bis in den Schlaf hinein verfolgt. Noch der geringste unangenehme Zwischenfall wurde ihm angelastet.[1]
Daneben geschahen aber auch Zeichen und Wunder ohne Zahl. So soll laut dem Chronisten Raoul Glaber die marmorne Christusfigur in der Kathedrale von Orléans vor aller Augen in Tränen ausgebrochen, ein andermal ein Riesenwolf in das Gotteshaus eingedrungen sein, den Glockenstrang mit den Zähnen gepackt und zur Matutine geläutet haben, und gleichsam zur Krönung solcher Vorkommnisse zerstörte eine Feuersbrunst die halbe Stadt.
Aber auch andernorts mangelte es nicht an Mirakeln: Steine und Blut regneten vom Himmel; ein Walfischungetüm reckte früh morgens den Kopf aus dem Wasser und erst drei Stunden nach Mittag den Schwanz; fliegende Boote kreuzten am Himmel, der Vesuv spie Lava und stinkende Gase aus; ein »furchterregender« Komet zog über das Firmament. Und im Laufe der Monate und letzten Wochen wuchs sich die Angst vollends zur Panik aus, jeder sah sich schon zu ewigen Qualen verdammt.
Als dann der schicksalsschwere Tag anbrach, erwarteten die Gläubigen auf den Knien liegend in den Kirchen den Gnadenstoß ... Aber nichts Besonders geschah, und von Dankbarkeit und Liebe trunken, brachen sie in ein Freudengeschrei aus, beteten und gelobten Wallfahrten. Der eine oder ander freilich, der sich für nichts und wieder nichts seines Besitzes entledigt hatte, knirschte mit den Zähnen, aber die

[1] An die Stelle des Teufels sind heute die fliegenden Untertassen und die Marsmenschen getreten.

allgemeine Euphorie über die wunderbare Rettung überwog bei weitem.
In den Klöstern lobpriesen die Mönche mit prallem Wanst den Herrn, und in den reich ausgestatteten, in neuer Schönheit erstrahlenden Kirchen dankten die Geistlichen, Dukaten zählend, dem lieben Gott. Einzig die Muslims und Juden hatten sich von der Krankheit nicht anstecken lassen. Alles in allem jedoch erwies sich die Geschichte als rentabel und wohltätig: Die Armen verloren nicht viel, und die Reichen zahlten den Zoll auf ihre unrechtmäßig erworbenen Privilegien.
Möge es uns in vierundzwanzig Jahren ähnlich gehen. Möge sich die Menschheit nach den Schrecken des Schreckens erleichtert fühlen und ein weiterer Schritt zur sozialen Gerechtigkeit getan werden.

Die Gurus und ihr blauer Rauch

Eine andere Begleiterscheinung solcher Zeiten: das unfehlbar in Ländern mit Geldreserven einfallende Heer von Scharlatanen, Yogis und Gurus, das eben nicht die Tunesier, Ägypter, Eskimos oder Indianer mit seiner Weisheit beglücken möchte, sondern von einer behaglichen Wohnung in der 35. Avenue in New York oder einem Schloß in Frankreich aus auf reiche Ignoranten und Wahrheitssucher wirken will.
Daß die Wahrheit aus Indien kommt, versteht sich von selbst, ist es doch Archetyp und Spiegel der Welt: 635 Millionen unterernährter, unsauberer, unterentwickelter, arbeitsloser armer Kerle ohne Bleibe, gezwungen, am Straßenrand zu kampieren und aus stinkenden Pfützen zu trinken, dem Aberglauben ebenso ausgeliefert wie den Krankheiten. Diese Hölle auf Erden ist das »Land der Wunder«, aus dem die Yogi

und Gurus kommen, die Lehrer der Weisheit, die ihre Philosophie in die USA und ins Abendland exportieren, Männer mit einem vertrauenerweckenden Gesicht, einem gewaltigen Bart und langen Haaren, die sich bloß mit einem weißen Sari zu bekleiden und barfuß zu laufen brauchen, um die Naiven nach Lust und Laune melken zu können. Einer dieser Gurus ist 15 Jahre alt, hat zwei Rolls Royce und ein Monatseinkommen von 50 000 Dollar; und der große Swami Vichnu de Venanda läßt die Amerikaner um 250 Dollar pro Woche und Person an seiner Erleuchtung teilhaben.

Messiasse treten auf

Eine Stufe über den Gurus und Swamis stehen die Messiasse, die, wiewohl etwas später, ebenfalls unfehlbar auftreten werden, hat doch Jehova schon in der Genesis verheißen, daß von der Frau der Same geboren wird, der der Schlange den Kopf zertritt.

Dieser König, Gott, Gesetzesgeber, Herr der Gerechtigkeit, wird der Erde das Goldene Zeitalter bescheren, indem er die Völker von der Herrschaft des Bösen befreit.

Welch edle Absicht, in der Tat, nur nicht einfach auszuführen, denn der giftigen Schlangen gibt es gar viele, und wer überhaupt übt die Herrschaft des Bösen aus? Die USA, die UdSSR, China oder eine andere der Atombombenmächte?

Für manche Japaner hat sich Gott am 27. Februar 1959 um 5 Uhr früh geoffenbart, als er Herrn Okada aussandte, den Menschen durch die Feuer-»Taufe« und Yang und Yin, die Kräfte, die das Leben aller Dinge beherrschen, »das Licht der Wahrheit« zu bringen, das alle Religionen so gern verbreiten möchten, in diesem Fall Sekai Mahikari Bunmei Kyôdan genannt.[1]

[1] Die Anschrift der Bewegung: Dojo Mahikari, 53, rue Condorcet, Paris. Seit 1974 läßt sich Kotama Okada »Messias« nennen.

Gänzlich anderer Meinung dagegen ist der »Herr der letzten Tage« alias Sun Myung Moon, Elektroniker aus dem koreanischen Séoul, ist ihm doch Christus 1936 in Person erschienen, um ihn zu beauftragen, die erlösende Religion auf Elektronik, Christentum und Naturwissenschaften zu begründen.
Und wieder andere Sekten, die nicht einmal einen neuen Messias brauchen, erhoffen sich das Heil von einem wiedererweckten Hitler, Stalin oder Mao Tse-tung.

Eine Stadt aus Jaspis

Zum weitaus größten Teil jedoch erwartet sich die Menschheit die schicksalhafte Hilfe vom Himmel. So auch die alte Sekte der Millenaristen, nach deren Lehre Gott die tausendjährige[1] Herrschaft Christi durch das Jüngste Gericht beenden werde, um dann einen neuen Himmel und eine neue Erde zu erschaffen, mit denen das Goldene Zeitalter[2] anbricht: »Dann werden Wolf und Lamm einträchtig weiden, und der

[1]Die Zahl 1000 entnahmen die Christen einer Bibelstelle, in der Gott den Juden nach Diaspora (d. h. der Zerstreuung ihrer Gemeinden) eine von einem Gottesgericht gefolgte Neugründung ihres Staates verheißt. Nun begann aber die Zerstreuung der Juden unter Achab, erreichte einen ersten Höhepunkt in der babylonischen Gefangenschaft (6. Jahrhundert v. Chr.) und endete schließlich nach weiteren Verfolgungen im 4. und 1. vorchristlichen Jahrhundert mit der gänzlichen Vernichtung des jüdischen Staates im Jahr 135 unserer Zeitrechnung.

[2]Dieses Goldene Zeitalter ist von den Wissenschaftlern durch die Einlagerung von Atombomben und den Bau von Kernkraftwerken jedoch für die nächsten 5500 Jahre unmöglich gemacht worden. Jedenfalls erlaubt uns unser gegenwärtiger Wissensstand nicht, uns dieser Höllenmaschinen zu entledigen, die jeden Augenblick losgehen können. Allein im Jahr 1974 mußten die Russen ihren Zerstörer Kashin mit 300 Mann Besatzung im Schwarzen Meer opfern und die Amerikaner 20 undichte Kernkraftwerke schließen. Übrigens veranlaßt derselbe Defekt seit Ende August alle Häfen, dem japanischen Schiff Mutsu mit Atomantrieb die Landeerlaubnis zu verweigern.

Löwe frißt Stroh wie das Rind; die Schlange aber ernährt sich vom Staub« (Isaias 65). Jerusalem wird, wie der Seher Johannes verkündet, in übernatürlichem Glanz wiedererstehen, auf daß Christus dort inmitten von Heiligen, Propheten und Patriarchen tausend Jahre lang herrsche: »Ich sah die heilige . . . Stadt . . . herabsteigen . . . aus dem Himmel« (Offenbarung 21).

Offenbar aber mußte, sollten solche gewaltigen sozialen, moralischen, geistigen Revolutionen überhaupt möglich sein, erst einmal die alte Welt zerstört werden. »Häufen werden sich«, wie der Prophet Isaias (66,16) prophezeit, »die Erschlagenen des Herrn«.

Das Jahr 1000 jedoch brachte diese erwartete Säuberung nicht, weshalb denn die Millenaristen, eisern an der Koppelung von Vernichtung und Neuanfang festhalten, den Weltuntergang und das Goldene Zeitalter auf das Jahr 2000 verschoben.

Das Land der Verheißung nicht von dieser Welt?

Auch wenn heute kein vernünftiger Mensch die Bibel mehr wörtlich nimmt, ihre Vorhersagen über den »neuen Himmel und die neue Erde» verdienen doch, aufmerksam untersucht zu werden. Was eigentlich wollte Isaias mit seinen Prophezeiungen sagen?

Ein neuer Himmel scheint Änderungen in unserem Sonnensystem nahezulegen, und die neue Erde könnte nach der Meinung einiger Exegeten bedeuten, daß das jüdische Volk – möglicherweise bereits seinerseits extraterrestrischen Ursprungs – eines Tages als Vaterland, als Land der Verheißung, ein nicht auf unserem Planeten gelegenes Land erhalten wird. Anders gesagt, es scheint nicht ausgeschlossen, daß die

Israelis, die sich besonders für die Eroberung des Alls interessieren, Palästina, wo sie sich ohnehin nur mit vielen Opfern halten können, eines Tages aufgeben werden, um sich auf einem benachbarten Planeten niederzulassen. Auf dem Mond oder dem Mars z. B., die bislang zwar unbewohnbar sind, über kurz oder lang aber vom menschlichen Genie kolonisierbar gemacht werden könnten. Und dieser Exodus könnte nach Meinung mancher auf das Jahr 2000 fallen, also mit der Großen Angst, der Vernichtung unserer irdischen Kultur und der Ankunft des Messias zusammenfallen.
Vorher freilich müßte der Antichrist kommen, ein Jude wie Jesus, aber vom Stamme Dan[1], der sich als der wahre Messias ausgäbe und auch dieselben Wunder wie Jesus vollbrächte. Seine Herrschaft soll, da er das in der Apokalypse beschriebene Tier mit der Zahl 666[2] ist, dreieinhalb Jahre dauern.

Berichtigung der Erdachse – das Goldene Zeitalter

Zu Beginn des 19. Jahrhunderts entdeckten französische Millenaristen in Napoleon den neuen Antichrist. »Offensichtlich«, schrieb Pierr-Jean Agier, der Präsident des Revolutionstribunals, »wird der Antichrist, d. h. der große

[1]Die Dan oder Daniten verstanden sich nie sehr gut mit den anderen Hebräern. Sie waren ausgezeichnete Krieger wie die Kelten und verehrten wie diese das Zeichen des Stieres oder, um mit den Exegeten zu sprechen, das Goldene Kalb. Die Wortwurzel weist auf jene Wesen, die ehedem nach Irland kamen, die Dé Danann, und der Göttin Dana oder Ana einen Kult weihten. Im übrigen taucht dieselbe Wurzel in verschiedenen legendären dänischen Königsnamen sowie im Namen des Bruders des ägyptischen Königs Egyptus »Danaüs« wieder auf.

[2]Diese Zahl 666 scheint Kesar Neron zu bedeuten. Da das hebräische Alphabet keine kurzen Vokale kennt, hätte man K100 + S60 + R200 + N50 + R200 + 06 + N50 = 666. Diese ganze Geschichte ist, wie der Leser wohl schon erraten hat, dem alten, abergläubischen Talmudisten- und Theologenarsenal entnommen.

Feind der christlichen Erneuerung, ein russischer Kaiser sein.«

Der Leichtgläubigkeit der Millenaristen kam nur noch ihre Verachtung der Naturgesetze gleich. Der Anbruch des Goldenen Zeitalters sollte Hand in Hand mit einer Stabilisierung des Universums, genauer mit einer Berichtigung der Erdachse bzw. Beseitigung der Schiefe der Erde von 23° 27′ gehen, wodurch jedoch nicht nur, wie sie glaubten, der ewige Frühling Einzug halten, sondern auch sonst noch einiges aus dem Lot geraten sollte. So z. B. dürften die Eisfelder aufbrechen und durch das dadurch entstehende Treibeis große Teile von Europa, Asien, Afrika, die USA, ganz Kanada, Yucatan sowie die östliche Hälfte Südamerikas unter Wasser gesetzt werden; drei Viertel der Menschheit ertrinken oder an Seuchen sterben; Erdbeben und Vulkanausbrüche folgen – die durch den plötzlichen Klimaumschwung bedingten Änderungen und Umstellungen im Tier- und Pflanzenreich noch nicht berücksichtigt.[1]

Anstatt solcher und ähnlicher Katastrophen versprach sich Präsident Agier paradiesische Zustände, die Schaffung der Vereinigten Staaten von der ganzen Welt und einer Einheitssprache für alle Völker.

Die dritte Prophezeiung von Fatima

Im Februar 1974 stand in den mehr ob ihrer Sensationslust denn Informationslust bekannten Wochenschriften *Stop* (Ita-

[1] Die Möglichkeiten dazu werden heute tatsächlich bereits untersucht. An eine schrittweise Verwirklichung ist jedoch bestenfalls vom 21. Jahrhundert an zu denken. Die zu erwartenden Vorteile wären allerdings in der Tat ungeheuer: eine gerechtere Neuverteilung der Naturschätze sowie eine günstige Auswirkung der anderen Gravitationsverhältnisse und der regelmäßigen Rotation auf das Verhalten von Mensch und Tier, denn mit der Beseitigung der Schiefe der Erde fielen auch die Ursachen der menschlichen Krisen, die elektrischen und klimatischen Turbulenzen weg.

lien) und *Nostradamus* (Frankreich)[1] zu lesen, Papst Paul VI. sei der letzte Papst vor dem Weltuntergang. Beide Zeitschriften veröffentlichten nach dem Bericht des Turiner Professors Renzo Baschera in extenso die bis dahin geheimgehaltene dritte Prophezeiung von Fatima, die angeblich durch eine »Indiskretion des verstorbenen Präsidenten Eisenhower oder des Herrn Chruschtschow« ans Licht gekommen sein soll.
Ohne uns – zumal die ersten beiden Botschaften von Fatima pure Scharlatanerie waren – zum Garanten des Berichtes machen zu wollen, möchten wir doch nicht versäumen, hier einen Auszug zu bringen:
»In dieser Welt fehlt jegliche Ordnung. Auf allen Ebenen herrscht Satan, alles geschieht nach seinem Willen. Er wird bis zu den obersten Stufen der Kirche aufsteigen und den Geist der großen Wissenschaftler verführen, Waffen zu erfinden, mit denen die Menschheit in wenigen Minuten vernichtet werden kann.[2]
Er wird die Mächtigen dieser Erde, die über die Völker herrschen, in seiner Macht haben und sie antreiben, diese Waffen in riesigen Mengen herzustellen ... Selbst für die Kirche wird die Zeit der großen Prüfungen anbrechen.
Die Kardinäle werden sich gegen die Kardinäle stellen, die Bischöfe gegen die Bischöfe. Und Satan wird sich unter sie mischen und in Rom ein schreckliches Durcheinander stiften.
Die Kirche wird einstürzen und die Welt in Schrecken

[1]Nostradmus, 162, Faubourg St. Honoré, 75008 Paris. Der vollständige (?) Text wurde in der Nr. 97 vom 14. 2. 74 abgedruckt.

[2]Der Text selbst ist, wie zu sehen, im Futur gehalten, müßte heute jedoch eigentlich in die Gegenwart gesetzt werden. Die Prophezeiung datiert immerhin von 1917.

versinken. In der 2. Hälfte des 20. Jahrhunderts wird es zu einem großen Krieg kommen.[1]
Feuer und Rauch werden vom Himmel fallen, das Wasser der Ozeane wird zu Dampf, und der Schaum wird sich erheben und die Welt überschwemmen. Millionen und aber Millionen Menschen werden zu Tode kommen. Wohin der Mensch auch seinen Blick wenden mag, überall Angst, Elend, Ruinen ...
Bis zu dem Tag *(versteht sich!)*, an dem die Überlebenden erneut Gottes Ruhm verkünden werden ...«

Die Kabiren werden auf fliegenden Drachen wiederkehren

Wenn der Welt letzte Stunde anbricht, wird der Fenrirwolf der skandinavischen Mythologie den Mond (Mana, Mani oder Moni) verschlingen, und Ströme von Blut werden sich auf der Erde ergießen – eine deutliche Anspielung auf eine kosmische Katastrophe –, und nach der Lehre der Mendaiten (Mendai, Yahya oder Johanneschristen) wird die Welt nach ihrer Erschaffung 480 000 Jahre bestehen.
Natürlich sind diese alten Überzeugungen nicht allzu ernst zu nehmen, aber auch die Wissenschaftler des Pubwash-Komitees halten die Zeit einschneidender kosmischer Ereignisse für gekommen.
Besaß die Menschheit im Jahr 400 Waffen, die einen einzigen Menschen töten konnten, konnte die Sprenggranate im 18. Jahrhundert zehn und um 1914 zwanzig töten; so kann die

[1] Die Heilige Jungfrau kann in Fatima wohl nicht sehr gut inspiriert gewesen sein: Nachdem sie schon das Ende des ersten Weltkrieges für 1917 vorhergesagt hatte, setzte sie den zweiten Weltkrieg in ihrer Trance auf die zweite Hälfte des 20. Jahrhunderts an. Nostradamus hatte im übrigen bei seinen Prophezeiungen auch nicht viel mehr Glück.

Atombombe von 1944 100 000, die H-Bombe von 1955 2 Millionen, die 5-Megatonnen-Bombe 20 Millionen und die 400-Megatonnen-Bombe 50 Millionen Menschen töten.
Das aber bedeutet, daß es heute in der Hand eines einzigen Menschen liegt, die ganze Welt in die Luft zu sprengen, so daß gemäß den schriftlichen Überlieferungen eine neue »Runde« beginnen kann. Auch in diesem Fall hieße das Sintflut und langsame Wiedergeburt, und wenn man den Traditionen glauben will, Wiederkehr der Kabiren (Azazel, Asen, Prometheus, Nagas) auf ihren fliegenden Schlangen (Drachen, Widdern, Sonnenschiffen, Donnervögeln), mit anderen Worten, der Instruktoren von einem anderen Planeten, die sich der in Primitivität zurückgefallenen Überlebenden annehmen.

Das Unterbewußtsein und das Schicksal

Wir bereiten die Reisen zu anderen Planeten heute ähnlich vor wie die Ameisen Zweiglein herantransportieren oder wie sich die Zugvögel auf die Überfliegung des Atlantik vorbereiten.
Warum? Wir glauben es zu wissen, in Wirklichkeit aber sind die tieferen Gründe für dieses Verhalten nur unserem Chromosomengedächtnis, unseren Genen, bekannt. Unsere Physiker und Biologen glauben wohl, im Dienst der Wissenschaft zu stehen und den Himmel erobern zu wollen; in Wirklichkeit aber können sie, ebensogut von ihrem Unterbewußtsein getrieben, einerseits an der Vollendung des Instrumentes arbeiten, das die polaren Eismassen erneut in Bewegung setzt, und andererseits an der Arche Noah, die einige Exemplare unserer Rasse und ein paar Proben unserer Kultur auf einen anderen Stern bringen soll.

Ehe diese Raumschiff-Archen ihr Ziel nicht erreicht haben, wird die Welt nicht untergehen, wie unsere Runde umgekehrt in dem Augenblick zu Ende geht, in dem es erreicht ist. Denn alles ist zeitlich aufeinander abgestimmt, wie der Apfel vor dem Winter reift und fault, und die Samen und Pollen ihren »Raumflug« vor dem Kälteeinbruch antreten.
Deshalb sollten sich die Menschen beeilen, die Wissenschaft voranzutreiben – was sie auch tun, die Narren, die nicht schnell genug in ihr Verderben rennen können. Mit ein bißchen gutem Willen, Intelligenz und Liebe aber ließe sich ihr Zyklus verlängern. Denn nicht die Zeiten kündigen die Apokalypse an, sondern die apokalyptischen Werke die Zeiten, genauer die Endzeit.
Oder anders gesagt, das Ende der Welt scheint mitnichten in bestimmten, von vornherein genau festgelegten Zyklen (z. B. 11 800 oder 13 000 Jahren) zu erfolgen. Dieser Glaube geht ganz sicher auf eine falsche Initiation zurück.

Zehn Minuten Zeit für den Menschen

Aber wir wollen dieses Kapitel nicht so deprimierend ausklingen lassen, sondern nach guter alter französischer Sitte mit einer Anekdote schließen.
Die Welt, erzählt ein Humorist in seiner Version des Schöpfungsberichtes, wurde in sieben Tagen erschaffen: Am Montag schuf Gott die Planeten, Sterne, die Milchstraßen; am Dienstag die Meere, die Flüsse und die Vulkane; am Mittwoch die niederen Pflanzen und Tiere; am Donnerstag die endgültige Konstellation am Himmel; am Freitag das Land, die Fauna und die Flora; und am Samstag traf Gott die letzten Vorbereitungen für die Erschaffung des Menschen. Am Sonntag aber verzögerte sich alles, und der Mensch wurde erst zehn Minuten vor zwölf fertig.

So hat er also nur zehn Minuten Zeit, um das Werk einer ganzen Woche herunterzuwirtschaften und kaputtzumachen.

X. KOSMOGENESE
UND ENDE DER WELT
IN DER SICHT DER ALTEN

Die Initiierten wagten sich in ihrer Vorstellung von der Weltentstehung und dem Raum-Zeit-Kontinuum schon vor Jahrtausenden weiter vor als die Physiker in ihren kühnsten Theorien heute. Sie lehrten, daß im Nichtexistenten, im Nichts der ursprünglichen, jenseits der Vergangenheit gelegenen Leere alles mit dem Existenten des jenseits der Zukunft gelegenen Universums erschaffen wurde.

Eine Weltschöpfung hat nicht stattgefunden, wie es auch keine Zeit und dementsprechend kein Ende gibt.

Wenn wir hier trotzdem von »Kosmogenese« sprechen, so nicht in der wörtlichen Bedeutung des Begriffes von Erschaffung des Universums, sondern im Sinne von »Erklärung des Lebens«, oder, wenn man es lieber will, des Lebendigen, des Existenten, unter Ausklammerung aller Vorstellung von Geburt und Tod, Anfang und Ende.

Damit haben wir auch den Schlüssel zum Verständnis der indischen Kosmogenese: Ein Weltanfang und ein Weltende sind nur *Atemzüge* des Brahma, die Grenzen einer Energie, einer Kraft, die weder gleichförmig noch wechselhaft, sondern *elektrisch* ist, d. h. sich ohne bestimmte Richtung, vielmehr dem jeweiligen Reiz folgend, bewegt, also keine *Strömung* ist.

Die Kosmogenese des Rigveda

Diese ungemein subtile Kosmogonie, die uns das Leben als nicht wirklicher als den Tod, den Raum und die Zeit hinstellt, oder anders ausgedrückt, die Wirklichkeit ebenso möglich wie die Möglichkeit wirklich erscheinen läßt, verdient eine eingehendere Analyse.

»Da war«, heißt es im Rigveda, »weder das Seiende noch das Nichtseiende noch der Äther noch das Himmelszelt, nichts,

was sich entwickelte und nichts, was schon entwickelt war . . . aber *Derjenige.* Er atmete allein, allein mit Ihr, deren Leben er in seinem Busen trug.
Außer ihm existierte nichts von dem, was seither existierte.
Der im Geist geformte Wunsch dessen wurde zum Samen und der Same zur Vorsehung, zu empfindsamen Seelen und Materie oder den Elementen.
Sie, die von Ihm erhalten wird in seinem Busen, war der niedrigere Teil; und Er, der alles im Auge hat, der überlegene.

Wer in dieser Welt weiß schon genau und könnte behaupten, wo und wie diese Schöpfung vor sich ging.
Die Götter sind erst nach der Entstehung der Welt entstanden.«[1]
Die Idee der »Schöpfung« in der Bedeutung, die wir dem Wort geben, ist den indischen Theologen fremd. Gott hat das Universum ihrer Meinung nach nicht erschaffen, sondern ausgespien.[2]
Unter Schöpfung verstehen sie vielmehr »die Geburt der Elemente, der elementaren Moleküle, der Sinne und der Intelligenz, eine durch das Brahma mittels der ungleichen Vermischung von Qualitäten bewirkte Geburt, wobei die sekundären Ausstrahlungen von Purusha (dem konstruktiven Prinzip) stammen«.
In Wirklichkeit jedoch geschieht nichts dergleichen, denn alles ist *mâyâ* (Illusion, Täuschung).

[1] *Le Livre du Passé Mystérieux,* Kap. XIX, S. 264

[2] »Ausspeien« wird als Schöpfung mittels einer inneren, dem Schöpfer gehörenden Materie verstanden.

Die Kosmogenese des Manu

Manu (das Gesetzbuch des Manu) gibt im Grunde dieselbe, im Wortlaut jedoch recht unterschiedliche Erklärung der Entstehung des Universums.[1]

»Diese Welt«, heißt es hier, »war in undurchdringliches Dunkel getaucht, bar aller Unterscheidungsmerkmale; und da sie weder durch das Denken entdeckt noch geoffenbart werden konnte, schien sie gänzlich dem Schlafe ausgeliefert.

Als dann das pralaya (Auflösung, Chaos) zu Ende ging, erschien der durch sich selbst seiende, den äußeren Sinnen nicht wahrnehmbare Herr und entfaltete die Natur.

In Gedanken zu dem Entschluß gekommen, aus seiner Substanz die verschiedenen Kreaturen hervorgehen zu lassen, machte er zuerst die Wasser, in die er einen Keim legte.

Dieser Keim entwickelte sich zu einem Ei, das wie Gold glänzte und nicht weniger strahlte als der Stern mit den tausend Strahlen, und in diesem Ei inkarnierte sich das Höchste Wesen in der Form des Brahma, das vor allen Wesen war.[2]

Und nachdem nun der Herr ein Brahmajahr in dem Ei geblieben war, trennte er es allein durch die Macht des Denkens in zwei Teile, und aus diesen zwei Teilen formte er Himmel und Erde; und in die Mitte tat er die Atmosphäre, die acht Himmelsregionen und das nie versiegende Wasserreservoir . . .«

[1] Louis Jacolliot: *Histoire des Vierges,* Paris 1874.

[2] Im übrigen ist diese Tradition vom höchsten Wesen, das sich in ein Ei verwandelt, also Form annimmt und sich inkarniert, um das Universum zu gebären, keineswegs nur auf die Hindus beschränkt, sondern im Gegenteil Gemeingut aller kosmischen Lehren der alten Völker.

Die Trimurti

Manu, auch Svayambhuva oder Viradj genannt, »derjenige, dessen Macht unermeßlich ist«, wird das erste Wesen der Schöpfung sein. Unter dem Namen Viradj ist er die Emanation der Brahma. »Nachdem er seinen Leib in zwei Teile geteilt hatte, wurde der höchste Herr halb Mann, halb Frau, und indem er sich mit dem weiblichen Teil vereinigte, zeugte er Viradj« (Manu, 1. Buch).
Der Keim, der den »goldenen Mutterboden« befruchtete (die Raute, die Mandel), wurde von den Hindus, wie später von den Christen, der *Geist* und das *Wort* genannt.
Alle drei zusammen bildeten die erste Trinität: das Brahma; oder Nara, der Vater; Nari, die Mutter; Viradj, der Sohn.
Später erfanden die Priester die Trimurti: Brahma, der Schöpfer; Vischnu, der Bewahrer; Schiwa, der Verwandler.
Die gleiche Verfallserscheinung zeitigte später das Christentum. Auch es führte eine heilige Dreieinigkeit ein: Vater, Sohn und Heiliger Geist.

Außerirdische Vorfahren

»Die Sonne brachte Menschen und Devas die Scheidung in Tag und Nacht.« Devas sind genau wie die Asuras Götter, nur daß letztere später ohne besonderen Vorsatz bösartig und zu Dämonen wurden.
Der berühmte Varuna war ein Asura; Indra ein Dava.[1]

[1] *Varuna,* der weiße Gott, Verwalter der Weisheit, Herrscher der Gerechtigkeit (Symbol: der Mond), verwaltet zusammen mit Mitra die *mâyâ,* was in diesem Fall nicht »Illusion«, sondern magische Kräfte, *mana, bedeutet. Indra,* Sohn des Himmels und der Erde, der auf dem im Mittelpunkt der sieben Kontinente der Erde gelegenen Berge Meru wohnt, ist ebenfalls ein weißer Gott und der Gott-König unserer arischen Rasse, der Adligen,

Was für die Sterblichen ein Monat, ist für die *Pitris,* die zu den Göttern erhobenen Ahnen der Menschen, die auf anderen Planeten wohnen, ein Tag und eine Nacht.
Bei diesen Wesen, den »Pitris« des Buches Manu, die auf anderen Planeten wohnen, handelt es sich offensichtlich um Extraterrestrier, deren Söhne auf unsere Erde gekommen sind, um die Menschen zu lehren, die sie zum Dank dafür zu Göttern erklärten.

Die Weltzeitalter, die Zeiten, die Pralayas

Die Pflicht oder das *Dharma* wird in den Purânas durch einen *Stier* versinnbildlicht, dessen vier Füße die vier Weltzeitalter oder Yugas symbolisieren: Krita, Tretâ, Dvâpara, Kâli.
Oder nach einer anderen Schreibweise:
Crita-juga: Strenge – Meditation – goldenes Zeitalter
Treta-juga: Wissenschaft – Opfer – silbernes Zeitalter
Dwâpara-juga: Kult – bronzenes Zeitalter
Cali-juga: Lobpreis – Verfall – eisernes Zeitalter
Nach Abschluß eines Zeitalters verliert der Stier jeweils einen Fuß, so daß er zum Schluß bloß noch einen hat.
Die Dauer der einzelnen Zeitalter läßt sich berechnen: »Was für die Devas ein Tag und eine Nacht, ist für die Sterblichen ein Jahr.«

Krieger, der Natur, der Weisheit und der Gerechtigkeit. Streitsüchtig, zuweilen unzüchtig, prahlerisch, aber tapfer und ritterlich, ist er das Urbild des Galliers!
Der Berg Meru, der laut den Mythologien 84 000 *yodjanos* hoch sein soll, von denen jedoch 60 000 unter der Erde liegen (1 yodjano = ca. 33,33 cm), ist möglicherweise mit dem mysteriösen Agartha der Esotheriker gleichzusetzen. Er hat Pyramidenform (gelegentlich wird er allerdings auch als konisch, viereckig, rund etc. bezeichnet) und ist im Norden rot, im Osten weiß, im Süden gelb und im Westen schwarz. Auf seinem Gipfel thront Brahma.

Das heißt, ein göttliches Jahr entspricht 360 menschlichen Jahren.
»Viertausend göttliche Jahre aber bilden nach Aussagen der Weisen das Crita-yuga, das also 4000 × 365 = 1 460 000 Jahre dauert.[1]
Die Dämmerung, die vorausgeht, dauert ebenfalls Hunderte von Jahren (400), wie auch die Dämmerung, die folgt.«
Morgen- und Abenddämmerung dauern also jeweils 200 göttliche Jahre, d. h. 400 × 360 × 2 = 288 000 insgesamt.
»In den drei anderen Weltzeitaltern, denen ebenfalls jeweils eine Dämmerung voraufgeht und folgt, sind die Tausende und Hunderte von Jahren gleichfalls um eine Einheit verringert.«[2]

- Das *Krita* würde also: 1 460 000 + 288 000 = 1 748 000;
- das *Tretâ:* 1 748 000 − 1080 (1 + 1 + 1 göttliches Jahr) = 1 746 920;
- das *Dvâpara:* 1 746 920 − 1080 = 1 745 840;
- das *Kâli:* 1 745 840 − 1080 = 1 744 760 Jahre dauern.

[1]Ein Jahr hat heute 365,24 Tage. Früher, zu Manus Zeiten, als sich die Erde noch schneller um die eigene Achse drehte, mag es 364 oder noch weniger Tage gehabt haben. Mittlerweile jedoch hat sich die Erdrotation pro Jahrhundert um 17,51 Sekunden verlangsamt, also alle 4300 Jahre um einen Tag. Im Prinzip müßte unser Erdball in 510 Millionen Jahren völlig stehenbleiben.
Wir legen bei unserer Rechnung das Jahr zu Manus Zeiten mit 365 Tagen zugrunde, was möglicherweise zuviel ist.

[2]Aufgrund der Verlangsamung der Erdrotation werden die Tage länger, und das heißt, notwendig weniger. Die Verringerung um eine Einheit scheint sich uns, ohne daß wir es allerdings mit Gewißheit behaupten könnten, jeweils auf die Dauer des vorausgegangenen Weltzeitalters zu beziehen, wodurch eine progressive Verringerung gewährleistet wäre.
Geht man nun von einem Erdalter im Jahr 1974 von vermutlich 4 Milliarden 600 Millionen Jahren aus, ergäbe sich für das Universum ein Alter von 13 Milliarden Jahren.

Insgesamt brächten wir für die vier Weltzeitalter demnach eine Dauer von 6 985 520 Menschenjahren zusammen. Im *Buch Manus* jedoch heißt es:
»Die vier soeben aufgezählten Weltzeitalter ergeben zusammengezählt die Summe von zwölftausend Jahren oder ein sogenanntes Zeitalter der Devas.«
Nun sind aber 12 000 dieser Jahre 4 320 000 irdische Jahre. Also muß irgendwo ein Fehler liegen. Unserer Rechnung nach (wobei wir allerdings von oft widersprüchlichen Angaben ausgehen mußten) beläuft sich die Dauer eines Weltzeitalters auf 8 Milliarden 640 Millionen Jahre.

Das Ende der Welt und die Pralayas

Nach dem *Bhâgavata Purâna* wird die Welt nach jedem Weltzeitalter (oder *Kalpa)* durch das Feuer untergehen.[1] Vier solche *Paralayas* werden sich ereignen, denn viermal wird Vishnu (auch Samkarshana und Râma, der ältere Bruder Krishnas, genannt) die Welt untergehen lassen.
»Das Feuer der totalen Vernichtung wird aus Samkarshanas Mund schlagen, sich mit der Gewalt eines Sturmes über die Erde verbreiten und diese bis in ihre letzten Tiefen verzehren.«
Diese vier *Pralayas* heißen: Naimittika – Prâkritika – Nitya – Atyantika.[2] Sie entsprechen jedoch entgegen der allgemeinen Vorstellung der Hinduisten nicht den vier Weltzeitaltern. Nach den Ausführungen des hervorragenden Orientalisten Eugène Burnouf liegen die Dinge wesentlich komplizierter.

[1] *Bhâgavata Purâna*, XV, 26.

[2] Die Versuchung, Atyantika mit Atlantis und dessen Untergang vor 12 000 Jahren in Verbindung zu bringen, ist sehr groß.

»*Naimittika,* die zufällige Zerstörung, die durch Brahmas Schlaf verursacht wird, tritt am Ende jeder *Kalpa,* d. h. nach tausend *Catur-yugas,* mit dem Anbruch von Brahmas Nacht ein.

Prâkritika, die normale Zerstörung, mit den von der Natur hervorgebrachten Prinzipien, tritt mit dem Auslaufen zweier Lebensperioden Brahmas ein. *»Dann kehrt alles,* was im System Sâmkhya unter »Prinzipien« verstanden wird, nämlich die Intelligenz, die Persönlichkeit, die Sinne, die Elemente etc. *in den Schoß der Natur zurück.*[1]

Nitya, die »dauernde« Zerstörung, die das *Kaurma Purâna* (wie übrigens auch das Bhâgavata) bei der Aufzählung an erster Stelle nennt, findet alle Tage unter unseren eigenen Augen statt. Es ist die unendliche Reihe von Änderungen, die alle Lebewesen durchlaufen oder, wie Vans Kennedy sich ausdrückt, das Erlöschen des Lebens in der Nacht während des Schlafes.

Atynatika, die endgültige Zerstörung, ist die Identifikation der Einzelseele mit dem obersten Brahma, das Ziel, das der Yogi auf wissenschaftlicher Grundlage zu erreichen sucht. Und dieses Aufgehen der menschlichen Persönlichkeit in der göttlichen Person bedeutet, wie der Gelehrte A. Roussel betont,[2] letztlich das Heil der Menschheit.

Ist das das *Nirwana?*

[1]Das ist Pantheismus reinen Wassers, der das Prinzip der Metempsychose, der Reinkarnationen, ausschließt; alles kehrt ins Stadium der Elemente und zur Erd-Mutter zurück. Im übrigen ist es interessant, diese Pralayas einmal mit den von Sebastian von Hoerner aufgestellten Tabellen über die Lebenserwartung der technischen Kulturen zu vergleichen.

[2] *Cosmologie hindoue d'après le Bhâgavata Purâna,* Paris 1898.

»Am Anfang war nichts im Leeren oder doch nur das Wesen, dessen Substanz seit Ewigkeit aus sich selbst besteht, das sich selbst die Existenz gibt, das sich ewig fortzeugt: Ammon.« (Auszug aus einem ägyptischen Bestattungsritual)
Nach der Kosmogenese der Chaldäer ist die Welt aus der Vereinigung von Astarte und El hervorgegangen.
Nach der Kosmogenese der Assyro-Babylonier ist das Wasser das Urelement, der einzige Gott. Aus der Vermischung von Süßwasser (Apsu) und Salzwasser (Tiamat) entstand die ganze Schöpfung. Später machen die Assyrer Ashur zu ihrem obersten Gott.
In Elam ist In-Shushinak der »Oberste der Götter«, der Erbauer des Alls, der einzige Gott, dessen wirklicher Name nicht geoffenbart werden darf.
Nach der phönizischen Mythologie ist der oberste Gott El. Sein wirklicher Name bleibt den Nichteingeweihten verborgen – El, der wohl identisch ist mit dem hebräischen *Elohim* (Plural).
Bei den alten Persern ist der oberste Gott das Feuer, Atar, Vater und Sohn von Ahura-Mazdâ, der durch die Identifikation mit seinem Wesen zum Schöpfergott wird.
Nach der Kosmogonie der Perser wird unser gegenwärtiges Universum 12 000 Jahre Bestand haben. Ormuzd, der selber unerschaffene Schöpfer (eine Erscheinungsform von Ahura-Mazdâ), *denkt* das Universum zunächst unstofflich. So erschafft er Ahriman (das Böse), der 9000 Jahre lang den Kampf der Finsternis gegen das Licht, des Bösen gegen das Gute kämpft.[1] Nachdem Ormuzd das Universum gedacht hat,

[1]Dem Anschein nach sind Ormuzd und Ahriman Zwillinge, aber ihre Dualität wird durch ihre absolut überlegene Natur verdeckt, die ihren Ausdruck in Ahura-Mazdâ findet.

erschafft er es wirklich; aber da bereits sein schöpferischer Gedanke der unstofflich gedachten Welt eine materielle Konsistenz verliehen hat, existieren nun (soweit wir wissen zum ersten Mal in der Geschichte der Ideen) zwei Universen parallel nebeneinander.

Die Eva der Kelten

Für die alten Griechen war die *Große Göttin* Gaea, die Erde (oder Rhea), die Allmutter, die oberste Gottheit, während in der orphischen Kosmogonie *Chronos* (die Zeit), aus dem das *Chaos* (das Unendliche oder Nichts) und der *Äther* (das Endliche) hervorgingen, das erste Prinzip war.
Die irischen Kelten verehrten die *Große Göttin* Danu, Dana; in Gallien Epona oder Arduina genannt; und die keltische Kosmogenese schreibt die Schöpfung der Mutter oder Großen Göttin *Eva* oder Aigue oder Eau (Wasser) = Quelle des Lebens, zu.
In der Tat ist Eva keineswegs die *erste*, aus Adams Rippe erschaffene Frau, als die die Bibel sie darstellt. Die Hebräer haben ihre Mythologie u. a. aus ägyptischen, phönizischen, keltischen, indischen Teilen zusammengestückelt und die Eva der Kelten Adam zur Frau gegeben. In Wirklichkeit jedoch ist Eva die Große Göttin, das Wasser *(eau)*, in dem aus Aminosäuren die ersten Elemente lebendiger Zellen, die ersten Proteine, entstanden sind, die Quelle allen Lebens. Diesen Zusammenhang, der im Dialekt Südwest- und Mittelfrankreichs, wo *eau* wie *ève* ausgesprochen wird, deutlich wird, hat Jean Markale erahnt. In seinem Buch *Les Celtes et la civilisation celtique* (Payot, Paris) schreibt er: »Was nun das Wasser angeht, so ist es vor allem Fruchtbarkeit, schöpferische Feuchtigkeit, die Wasser-Mutter: es ist unsere Mutter Eva,

und die Sintflut keineswegs eine als Sühne zu denkende Katastrophe, sondern vielmehr die Rückkehr zur Urmutter.« »Die Läuterung«, schreibt er an anderer Stelle, »erfolgt durch das Feuer.«

Annun, Abred, Gwenved

Die von den meisten Historikern des Keltentums übergangene Kosmogenese des Druidenglaubens können wir, wenn auch in starker christlicher Einfärbung, aus dem Vorwort des Buches von Kaledvoule'h, *Sous le chêne des druides* (Ed. Heugel, Paris 1931) von Philéas Lebesgue entnehmen.
»Es gibt, sagen die Triaden, drei Lebenskreise. Alles Leben beginnt im *Annun* (dem Abgrund, der finsteren Tiefe), wo es zu gären anfängt, erlangt durch das Leiden an *Abred* (der Welt der Notwendigkeit) Wissen und erfährt im Kreis der Weisheit, dem Himmel oder *Gwenved,* Fülle.
Hier findet die Seele ihr *Awen* oder ursprüngliches Genie, die ursprüngliche Liebe und das ursprüngliche Gedächtnis wieder.«
Nach den Druiden setzt sich die physische Welt, wie wir aus dem *Barddas,* dem Theologiebuch der Gallier wissen, aus vier Elementen zusammen:
- *calas,* der Wurzel der Erde, des Steines (callais), der Mineralien,
- *gwyar,* Quelle der wäßrigen Gegend,
- *fun,* der Luft und den Gasen,
- *uvel,* Licht, Feuer, Hitze.

Die unsichtbare Welt oder das schöpferische Prinzip ist *Nwyvre* (Schlange), aus dem alles Leben hervorgeht.
Dieses Leben (*Barddas* I, 248) ist aus *manred* gemacht, einer

unstofflichen Welle, möglicherweise, wie die Etymologie des Wortes (*man* = nichts und *red* = das läuft) nahezulegen scheint, als Elektrizität.
Manred, das sind aber auch »die Elemente in ihrer kleinsten Aufspaltung, in ihren nicht mehr weiter reduzierbaren Atomen. Und jedes Atom ist vom obersten Wesen beseelt, das es gänzlich ausfüllt.«

XI. DIE INITIATION UND DAS GEHEIMNIS DES LEBENS

Initiieren, lateinisch *initiare,* kommt von *initium:* Anfang. Der Initiierte ist nicht ein »Wissender«, sondern immer ein Lernender, und ursprünglich auch nicht auf die Esoterik eingeschränkt, sondern jeder, der auf einem Gebiet wesentlich mehr weiß als der Durchschnitt. Der Okkultismus sieht in dem Initiierten eine geheimnisumwitterte, fast unsichtbare, unberührbare Person, unfehlbar und im Besitz übermenschlicher Kenntnisse, die ihr von mysteriösen Meistern vermacht wurden.

Tabu auf den Geheimnissen von Ica

Einer unserer ehrenwertesten Kollegen, Spezialist in Fragen der Esoterik und der phantastischen Wissenschaft, der kürzlich in aller Öffentlichkeit auf dem Bildschirm erklärte, er glaube nicht an unsere überlegenen Ahnen, solange man nicht eine 20 000 Jahre alte Schreibmaschine gefunden habe, warf u. a. die Frage auf, was ein Initiierter sei und woher die esoterischen Zirkel Kenntnis von seiner Existenz hätten.
Bravo! Das ist eine gutgestellte Frage, die eine Antwort verdient: Ein Initiierter ist ein Mensch, der bestimmte, von der klassischen Wissenschaft oft unabhängige Kenntnisse besitzt und im allgemeinen imstande ist, dafür auch den Beweis zu erbringen. Buddha, Pythagoras, Roger Bacon, Einstein waren Initiierte, und von den Lebenden darf man wohl Dr. Cabrera sowie die Physiker der NASA dazurechnen, die in Bolivien nach vorsintflutlichen astronomischen Laboratorien suchen.
Wie aber wurden ausgerechnet Dr. Cabrera und die amerikanischen Physiker »auserwählt«? Indem sie sich selber auserwählten, d. h. sich diese Ehre durch harte Arbeit, Glauben und eine geschärfte Wahrnehmungsfähigkeit verdienten.

Und wie erhalten die esoterischen Zirkel Kenntnis von der Existenz solcher Initiierter? Ganz einfach: von Lehrern, die in aller Öffentlichkeit lehren und sich nach Menschen umschauen, die das Licht bringen. Außerdem bestehen gewisse Beziehungen zwischen Esoterikern und Initiierten, die sich gegenseitig unterstützen und helfen, diese Hilfe allerdings auch auf die ganze Menschheit ausdehnen. So hat z. B. Dr. Cabrera uns, die wir keine Initiierten sind, die Genese dieser Geschichte enthüllt mit dem Auftrag, sie an die Öffentlichkeit zu bringen.
Und das Geheimnis? Nun, es gibt keine Geheimnisse. Es gibt nur Menschen, die bestimmte Wahrheiten noch nicht verstehen. Und wenn uns Dr. Cabrera bestimmte Steine gezeigt hat, über die wir nicht öffentlich sprechen sollen, so nur wegen dem Unverständnis und der Unwissenheit der Massen. Denjenigen dagegen, die würdig sind, dürfen wir alle Geheimnisse von Ica aufdecken. So sind z. B. die Rosenkreuzer des AMORC, um nur ein Beispiel von vielen zu nennen, durch ihren Großmeister Raymond Bernard seit eh und je über die Entdeckungen von Ica auf dem laufenden gehalten worden.

Yin und Yang

Aber selbst von den Eingeweihten wissen nur wenige in etwa, was das *akaschische Gedächtnis* ist. Angeblich soll es eine regelrechte Bibliothek sein, in der alle Vorfälle seit Urbeginn der Welt verzeichnet sind. Für Jacques Bergier ist es eine Informationszentrale in der Struktur von Zeit und Raum selbst, und für den Durchschnittsmenschen, den Profanen, ein Heiligtum, zu dem er keinen Zutritt hat.
Aber da das Ende nahe ist, werden die Geheimnisse allmählich offenbar: die akaschische Bibliothek des Universums ist

im Chromosomengedächtnis der Menschen eingeschlossen. Und dieses Gedächtnisses kann sich der Eingeweihte bedienen wie der Normalmensch des normalen Gedächtnisses. Voraussetzung dafür ist freilich ein von den Vorfahren nicht durch Todsünden beschädigtes genetisches Erbgut, das die Reinkarnationisten auch *Aura* nennen. Im übrigen weist schon die alte chinesische Philosophie der Sünde und ihrer Vererbung bei der Entwicklung der Materie Yin auf allen Ebenen zum Stadium Yang der vollkommenen, himmlischen Natur eine ausschlaggebende Rolle zu. Symbol dafür der Yin-Yang-Kreis.

Die Elektro-Encephalographie im Dienste der Erleuchtung

Dieses umfassende Wissen, über das wir, freilich nur im Prinzip, verfügen, macht deutlich, welche Selbstachtung sich der Mensch als Abglanz des Allgottes eigentlich selber schuldig wäre, könnte er doch – allerdings auch wieder nur im Prinzip, d. h. im günstigsten Fall – den Geheimnissen des Lebens und der Schöpfung aus eigenen Kräften auf die Spur kommen. Hermes Trismegistos hat das durch das Axiom »Alles ist in allem; das was unten ist, ist wie das, was oben ist« ausgedrückt. Und die Weisen (wie sie waghalsigerweise genannt werden) haben sich dadurch zu allen Zeiten angespornt gefühlt, nach der Erleuchtung zu suchen, nach dem Urbeginn, *initium,* dem Grund aller Dinge – eine Wißbegier, ein Erleuchtungshunger, der übrigens in der modernen Welt mit ihrem Gefühl, kurz vor dem Ende zu stehen schien, mit der Hippiebewegung zu neuem Leben erwachte.
Erklärt werden solche Bestrebungen gewöhnlich mit der Suche nach dem Glück, mit dem Versuch, sich selbst zu »verwirklichen«. In Wirklichkeit jedoch handelt es sich dabei um eine recht fragwürdige Initiation.

Im übrigen ist das Phänomen nicht neu. Die Yogis, Wahrsager, Magier, Zauberer und Priester der meisten Religionen haben schon seit Jahrtausenden versucht, sich mit Hilfe von Rauschmitteln wie Haoma, Graal, Soma oder Meßwein mit den Göttern in Verbindung zu setzen. Und auch die Wissenschaft hat nicht geruht, bis sie ein laut ihrer Aussage hochwirksames und gleichzeitig unschädliches Mittel zur Erlangung der »Erleuchtung« fand: die Produktion von Alphawellen, die allerdings ebenfalls nicht neu war. Schon seit langem nämlich hatten die Zen-Adepten verstanden, durch gedankliche Konzentration Alphawellen im Gehirn zu erzeugen. Will man Dr. J. Kamiya vom neuropsychiatrischen Institut von San Francisco glauben, so kann heute jeder den Konzentrationsgrad der Weisen aus dem Morgenland »samt all den damit verbundenen Annehmlichkeiten« wie Entspannung, Ruhe, gesteigerte Wahrnehmungsfähigkeit allein durch mechanische Mittel erlangen. Man braucht nur auf dem Schädel des Yogi-Adepten Elektroden anzubringen, die mit einem Elektro-Encephalographen verbunden sind, und das Gehirn durch Stromstöße zu reizen. Dann wird es anstelle der im Normalfall überwiegenden Betawellen Alphawellen aussenden – ein Verfahren, von dem, wie nicht anders zu erwarten, u. a. die Amerikaner Gebrauch machen.

Die Sünde der Suche nach dem Ich

Großer Beliebtheit als empirischer Initiationsmethode erfreut sich bei den Pseudo-Weisen nach wie vor die Suche nach dem höchsten »Ich« und der traditionellen Erleuchtung. Ja, es gilt sogar als göttliches Gebot,[1] sich mit dem eigenen

[1] Aber die Inschrift am Giebel des Tempels von Delphi *Gnothi seauton* (Erkenne dich selbst) – die sich Sokrates zum Wahlspruch machte – bedeutet keineswegs, daß der Mensch sein Leben mit Innenschau zubringen soll, sondern damit, seine Grenzen und Möglichkeiten zu erkennen, um die Götter zu ehren.

unbekannten, ewigen, göttlichen »Ich« vertraut zu machen, dessen Seelenzustände, Gedanken, Ausschwitzungen etc. die Götter spiegeln.
Nun liegt uns nichts ferner, als die Möglichkeit einer echten Initiation und den Wert der Meditation zu bestreiten, nur darf man doch nicht vergessen, daß die Spiegel das Gespiegelte manchmal recht häßlich verzerren; d. h. wenn das »Ich« durch tiefgreifende, nicht wiedergutzumachende Änderungen entstellt ist, wird die Gottheit als lächerliches Zerrbild aus ihm herausschauen. Das Universum und seine Gesetze sind nicht für eine unabsehbare Anzahl von *Ichs* gemacht, sondern für das große *Ich* des Ganzen, für die Totalität, die ihre Harmonie im Körper nur ausstrahlen kann, wenn Arme, Beine, Hals, Nieren genau aufeinander abgestimmt und einer einzigen Seele untergeordnet sind. Wenn das linke Bein Walzer und das rechte Tango tanzen will, fällt der Tänzer notgedrungen auf die Nase. Das Universum aber ist genau wie der Tänzer ein Organismus, der sich in vollkommener Harmonie befinden muß.

Der Aberglaube der Weisen und Biologen

Warum aber auch, wenn alles in allem ist, und das, was oben ist, wie das ist, was unten ist, die Natur in ihrem wenigstens getreuen Abbild, dem Menschen, suchen? Warum sie dann nicht im Sandkorn, im Getreidekorn, im Maikäfer suchen, die sich schließlich im wesentlichen aus denselben Bestandteilen zusammensetzen, dieselbe Art von Seele, Sinnen und Intelligenz besitzen wie etwa Niels Bohr?
Bis jetzt freilich bestreiten die meisten Biologen, Chemiker und Physiker noch diese Wesensgleichheit. Sie können nicht glauben, daß z. B. der Hobel des Schreiners ein gewisses

Glücksgefühl oder Haß oder Liebe empfinden und sich und seine Umwelt verstehen soll. Und doch ist dem Aberglauben der Wissenschaftler vor nicht allzu langer Zeit ein harter Schlag versetzt worden; nicht durch einen Nobelpreisträger oder einen Angehörigen der NASA, sondern durch einen auf Lügendetektoren spezialisierten Empiriker.

Eine Pflanze, die klüger ist als ein Weiser

Der amerikanische Psychologe Cleve Backster, dem noch nie in den Sinn gekommen war, daß auch Pflanzen vielleicht eine Seele haben könnten, hatte eines Abends eine Art Erleuchtung: Was, fragte er sich, würde wohl passieren, wenn ich meine Drachenwurz hier an einen Lügendetektor anschlösse? und legte ihr die Elektroden an. Da dieser Apparat bekanntlich Gefühle aller Art wie Zorn, Trauer, Betrübnis etc. registriert, galt es, bei der Pflanze ein Gefühl auszulösen, z. B. Angst und Schmerz. Zu diesem Zweck tauchte Backster ein Blatt seiner Drachenwurz in eine Tasse heißen Kaffee, die er gerade zur Hand hatte. Die Pflanze heulte laut auf vor Schmerz, was der Psychologe freilich nicht hörte. Dafür jedoch sah er zu seinem Erstaunen den Registrierstift wild ausschlagen.

»Mein Gott«, dachte er, »sie reagiert ja!« Und um sich Gewißheit zu verschaffen, zündete er eine Kerze an, um ihr ein Blatt zu versengen. Die Nadel schlug noch wilder aus. Offenbar hatte die Pflanze Angst.

»Warte nur, ich werde dich bis auf die Wurzel abbrennen«, drohte er laut. Aber diesmal reagierte die Drachenwurz nicht darauf, gerade als hätte sie erraten, daß er sie belog!

Das war freilich noch kein Beweis. Andererseits aber eröffneten sich hier revolutionierende Ausblicke für die Botanik.

Intelligenz und Intuition des Atoms

Von diesem Tag an machte sich eine ganze Reihe von Wissenschaftlern an die Erforschung des »Backster-Effekts« bei Zwiebeln, Karotten, Hyazinthen, Rosen, Bananen und Orangen. Da alle untersuchten Pflanzen auf Drohungen und zugefügten Schmerz reagierten, schloß man daraus auf eine dem Instinkt oder dem zweiten Gesicht, der Vorahnung entsprechende extrasensorische Fähigkeit.

Tatsächlich konnte experimentell nachgewiesen werden, daß die Drachenwurz, die Zwiebel und die Zitrone sogar die Gedanken der Menschen erraten konnten. Andere Pflanzen waren weniger intuitiv, weniger »intelligent«, so die Baumparasiten und Moose; wieder andere dagegen, wie die Hyazinthen, erwiesen sich als empfindsam und scheu wie Rassetiere.

Cleve Backster, seinerseits intuitiv und intelligent, fühlte sich durch diese Entdeckung so verunsichert, daß er alles, was er bis dahin für richtig gehalten hatte, in Zweifel zog. Vielleicht war der Mensch durch seine Sinne den Tieren und Pflanzen gar nicht überlegen. Womöglich waren die Sinne gar nicht die Krönung der Evolution; vielleicht war sogar das Gegenteil der Fall. Schließlich konnten die Vögel die elektromagnetischen Wellen eines Tons wahrnehmen, ehe er zu hören war; die Schlupfwespenweibchen durch 7,4 cm dickes Holz die von ihnen begehrten Larven »sehen«; war in den Atomkernen bestimmter Metalle eine Erinnerung an Vergangenes gespeichert; sollte sich ein Baum an Holzfäller rächen können.[1] Möglicherweise also waren unsere fünf Sinne nur ein Ersatz für andere, unendlich viel subtilere und präzisere Fähigkeiten.

[1] Robert Charroux: *Vergessene Welten*, Econ Verlag, Wien, Düsseldorf, Kap. XI – Falsche und echte Eingeweihte.

Außerdem deuteten andere Experimente, die mit einzelnen abgelösten Blättern, ja mit Bruchstücken von Blättern durchgeführt wurden, darauf hin, daß Empfindung, Gefühl, kurzum, die sensorischen Fähigkeiten nicht an einen intakten Organismus gebunden sind, sondern auf der Ebene des Lebens selbst auftreten. Alles besitzt Empfindsamkeit, Seele, unabhängig von der organisierten Art, eingeschlossen in seine Identität, in seine innerste Substanz.

Die Drachenwurz entlarvt den Mörder

Nun folgten Schlag auf Schlag weitere wunderbare Entdekkungen, so daß die Naturwissenschaftler gar nicht mehr aus dem Staunen herauskamen. Wiederholt wurde durch Tests bewiesen, daß die Pflanzen Angst empfinden, wenn sich ihnen ein Tier nähert, das sie fressen will, ja sich z. T. sogar in eine Art Koma versetzen, um dem Schmerz zu entgehen; oder Freude verspüren, wenn ihr Herr das Zimmer betritt, in dem sie leben.

Backster selbst führte einen Versuch durch, der in Zukunft bei strafrechtlichen Verfolgungen wohl eine große Rolle spielen dürfte. Er versammelte sechs Personen um sich, von denen eine durch das Los bestimmt wurde, eine Drachenwurz zu mißhandeln. Keiner der anderen Teilnehmer wußte, wer das »Verbrechen« begehen sollte. Nach vollbrachter Tat wurde die Drachenwurz an einen Lügendetektor angeschlossen, und Backster, der den Schuldigen natürlich ebenfalls nicht kannte, führte die Verhöre durch. Alle leugneten vereinbarungsgemäß, und dennoch schlug die Nadel heftig aus, als der Missetäter das Zimmer betrat. Pflanzen müssen also eine Art Gedächtnis besitzen.[1]

[1]Berichtet in dem von Peter Tompkins unterzeichneten Artikel »Oui les plantes pensent« (Und die Pflanzen denken doch) in *Match* Nr. 1285 und in *Le Parisien Libéré* vom 13. März 1972.

Durch andere Experimente zeigte Backster, daß seine Drachenwurz seine persönlichen Ängste und Freuden teilte, selbst wenn er über Hunderte von Kilometern von ihr entfernt war,[1] und daß auch einzelne Zellen noch wahrnehmungsfähig waren, sogar wenn sie sich vor der Abtrennung außerhalb des Organismus befunden hatten, wie Stacheln, Gewebefetzen, Haare etc.

Aus alledem schloß der Zytologe Miller, daß alles, was existiert, auch lebendig ist und noch in seinen innersten Elementen eine Art Bewußtsein besitzt, daß alles, mag es auch offensichtlich abgespalten und zerteilt sein, eine Art Ganzheit darstellt, die sich auf allen Ebenen gleichbleibt.

Kurzum, es gibt im ganzen Universum nichts Unbelebtes. Ein Sandkorn ist ebenso beseelt wie ein Metall oder ein Hügel – eine Erkenntnis, die den Eingeweihten übrigens schon seit über 4000 Jahren bekannt ist.

Heilungen durch Magie

Dieses alles erfüllende Bewußtsein läßt manchen bisher obskur anmutenden Aspekt der alten Metaphysik mit einemmal gar nicht mehr so unsinnig erscheinen. So auch die Theorie, die Kontinente und Meere hätten ihre Evolution in gewissem Ausmaß selber bestimmt und Naturkatastrophen ausgelöst, als die Menschheit allzu selbstherrlich wurde.

In einem faszinierenden Büchlein, das mehr hält als sein Titel verspricht,[2] befaßt sich der Ingenieur Jacques Pineau mit den magischen Banden, die Pflanze und Mensch verbinden.

[1] Dieses Verfahren wurde anläßlich eines Mordes in einer amerikanischen Fabrik erprobt. Die Topfpflanzen, die sich am Ort des Verbrechens befunden hatten, zeigten bei der Vorführung der verdächtigten Arbeiter keinerlei Reaktion, und tatsächlich stellte sich später heraus, daß der Mörder nicht zur Belegschaft gehörte.

[2] *Brion-Gencay. Mystères de leur histoire* von Jacques Pineau. Erhältlich in der Librairie Begnard, 37, rue Gambetta, Poitiers.

Er schildert unter anderem das Experiment Dr. Jean Barrys aus Bordeaux, dessen Assistenten das Wachstum von Champignonkulturen durch ihre Willenskraft sichtbar verzögert hatten. Die jeweils eine Viertelstunde dauernden Versuche waren von zehn Personen in neun Sitzungen in einem Abstand von 1,50 m von den Kryptogamen durchgeführt worden und hatten bei 33 von 39 Kästen Erfolg. Offensichtlich, folgerte Jacques Pineau, vermag ein wirklich willensstarker Mensch Einfluß auf Pflanzen zu nehmen.
In Schottland soll es ein Dorf geben, auf dessen unfruchtbarem Boden die schönsten Blumen gedeihen; wie es scheint, nur durch die Liebe einer religiösen Bruderschaft genährt.
Umgekehrt aber haben auch die Pflanzen Einfluß auf den Menschen, und mit dieser Beziehung beschäftigen sich die Zauberer schon seit Jahrtausenden. Auch hierfür bringt Jacques Pineau, der in Brion in der Poitou das hübsche Schloß La Bussière bewohnt, ein Beispiel. Früher hatte nämlich seine Familie einen waschechten Zauberer zum Gärtner: Vater Rousseau, der sich auf die magische Heilkunst verstand und stets, von welchem Übel der Kranke auch betroffen war, eine Locke seines Haares forderte, die er, mit einem Rebmesser bewaffnet, in den Wald von La Bussière trug. Dort suchte er sich einen jungen gesunden Baum, meist eine Eiche, aus, schnitt eine Kerbe in die Rinde und legte die Locke hinein. Dann tanzte er um den Baum herum und psalmodierte in einer ungeschliffenen, groben, uralten Sprache unverständliche Worte, worauf der Baum alsbald verkümmerte, während der Kranke zusehends wieder zu Kräften kam.
Offensichtlich handelte es sich um eine Übertragung (im okkulten Sinn des Wortes) der Lebenskraft mit Einwilligung des Baums, der sich aus freien Stücken selbst opferte. Woher freilich diese erhabene Nächstenliebe der Pflanzen rührt, die sie bis zur Selbstzerstörung treiben kann, ist bis jetzt noch ungeklärt.

Sollte sich bewahrheiten, daß auch die Mineralien mit Intelligenz und Gefühlen begabt sind, was heute allerdings noch eine Vermutung ist, würde sich der Forschung ein ungeheures Neuland eröffnen, und wir dürften hoffen, nach und nach in die tiefsten Geheimnisse von Magiern und Alchimisten einzudringen, womöglich Einblick in die geheimen Kräfte zu gewinnen, die im Zusammenspiel, im gefühlsmäßigen Aufeinanderabgestimmtsein von Mensch, Pflanze, Mineral und den uns umgebenden unsichtbaren Kräften wurzeln.

Das Tischchenrücken

Aber für alles offen sein, auch wenn wir es nicht erklären können, heißt nicht, blindlings reinweg alles glauben. So scheinen z. B. beim sogenannten Tischchenrücken oder -klopfen durchaus Zweifel angezeigt.

Um den Vorgang kurz zu skizzieren: Um einen dreibeinigen, leichten, wohl nicht wackeligen, aber doch mühelos zu manövrierenden runden Tisch haben sich mehrere Personen versammelt und die Hände so auf den Tisch gelegt, daß sie sich mit dem Daumen bzw. mit dem kleinen Finger berühren. Und nun wird der Geist angerufen.[1] Die Fragen werden meistens vom Spielleiter oder »Medium« gestellt, können aber auch aus der Runde kommen, und vom Geist durch Klopfen (einmal = A, zweimal = B, dreimal = C etc.) beantwortet werden. Dabei wird sich der Tisch stets auf die Seite des Spielleiters neigen. Fehlt ein solcher, wird sich

[1]Nach Eliphas Lévi *(Le livre des Splendeurs)* und Henoch ist der Geist das Produkt der Vereinigung einer bestimmten Art von Genien, die keinen Schlaf brauchen, und der Prostituierten der alten Welt; nach den Spiritisten eine in den unendlichen Regionen des Jenseits verirrte Seele.

wahrscheinlich auch der Geist nicht manifestieren, d. h. der Tisch wird sich nicht bewegen – es sei denn, einer der Teilnehmer begehrte es stark genug!

Geist, bist du da?

Gewöhnlich wird der Geist geduzt, nach seinem Namen und Vornamen gefragt. Die darauf folgende Unterhaltung ist meist ungemein banal und vulgär. Der Geist, der in drei von vier Fällen irgendeinen verstorbenen Angehörigen des Zirkels gekannt haben oder der »Schutzengel« eines Beteiligten sein will, verkündet: X werde bald einen Brief erhalten, Y von einer Hochzeit oder einem Todesfall in Kenntnis gesetzt werden, Z drohe ein Unfall. Fragt dieser dann, wann? Mit dem Flugzeug? Oder mit dem Auto?, so streikt der Geist. Über Einzelheiten will er meist keine Auskunft erteilen. Ja, er kann sogar verstockt werden, bis irgend jemand sagt: Ärgert ihn doch nicht. Seid lieber dankbar für die Warnung – was jeder, wenn ihm dann nichts passiert, auch ist.

Alles spielt hinter verschlossenen Türen

Nun fehlt aber dem Geist nichts so sehr wie eben der Geist. Ist der Spielleiter gebildet, äußert auch der Geist manchmal intelligente Ansichten, ist er dagegen ein Ignorant, kommen die Antworten nicht über ein intellektuelles Mittelmaß hinaus, was gelegentlich durch Einschübe in unbekannten Sprachen vertuscht werden soll. In sochen Fällen frage man den Geist nur dreist, was »Wahrheit« im Sanskrit oder auf griechisch heißt.

Dennoch halten wir es für möglich, daß eine Antwort das

Geist, bist du da?
Die Hände müssen einen Kreis bilden, der Kontakt darf nirgends unterbrochen sein, damit das Fluidum ungehindert durchfließen – oder auch entstehen – kann.

bewußte Bildungsniveau des Spielleiters übersteigt, was bedeuten würde, daß wir es mit einer Exteriorisierung des Unbewußten zu tun hätten.

Unser unterdrücktes unbekanntes Ich

Das menschliche Gehirn ist ein gewaltiger elektrischer Komplex, dessen effizienter Motor aus rund 2 Milliarden Neuronen bestehen soll. Nun besitzen wir aber darüber hinaus in den Zellelementen des Nervensystems noch weitere 7 bis 8 Milliarden Neuronen, deren Funktion wir nicht kennen. Nach Ansicht einiger aber sollen sie eine wesentliche Rolle für den sogenannten »geheimnisvollen Unbekannten« in unserem Ich spielen.
Dieser Hypothese zufolge sollen diese anscheinend ungenutzten Zonen des Gehirns und Rückenmarks eine zweite Person mit eigenem Wissen und Tätigkeitsdrang, von der die erste Person nichts weiß, nähren und tragen. Dieses in uns wohnende Unbewußte soll unter bestimmten Umständen, z. B. wenn das Bewußtsein in seiner Wachsamkeit nachläßt und seinen autoritären Zugriff lockert, ein unabweisbares Bedürfnis verspüren, sich zu manifestieren und zu befreien. Nur fehlen ihm dazu die biologischen Mittel, da die zur Übertragung geeigneten Kanäle zum größten Teil vom Bewußtsein besetzt sind; dafür aber verfügt es über phantastische Konzentrationsmöglichkeiten, die ihm eine theoretisch unbegrenzte Ansammlung von Wissen ermöglicht.
Verstünden wir nun dieses ungeheure Wissen abzurufen, wären wir unendlich viel klüger, ja besäßen ein nahezu allumfassendes Wissen.[1] Bis heute jedoch ist dieses Vermögen nur den Eingeweihten vorbehalten.

[1]Dieses in den Neuronen der unbekannten Zonen des Gehirns gespeicherte Wissen geht letztlich bis auf den ersten Adam, Gott, zurück, der es uns vererbt haben soll.

Aufbegehren von Zone 2

Um den Mechanismus des Tischleinrückens wirklich zu begreifen, muß man drei verschiedene Ebenen oder Zonen im Menschen unterscheiden:

- die bewußte oder erste Person = Zone 1;
- die unbewußte oder zweite Person, die zwischen dem bewußten und dem unbekannten Ich angesiedelt ist = Zone 2;
- das unbekannte Ich = Zone 3.

Zone 1 ist uns bekannt, sie bestimmt unser tägliches Leben; in Zone 2 befinden sich unsere Wünsche, Begierden und Komplexe, unsere Hoffnungen, Verdrängungen etc.; und in Zone 3 das uns durch Vererbung überkommene Wissen, das das Bewußtsein streift, ohne es doch durchdringen zu können, von unserem unbekannten Ich mit seinen Milliarden brachliegender Neuronen aber leicht bewältigt wird. Das in Zone 2 lebende, durch Zone 1 und 3 eingeengte Ich – ein konfuses, manchmal auch etwas schamhaftes Ich –, das weder über die Ausdrucksmöglichkeiten des Bewußtseins noch über die Aufnahmefähigkeit und Auswahl des unbekannten Ich verfügt, fühlt sich schikaniert und unterdrückt und ist deshalb streitlustig und stets geneigt, sich bei passender Gelegenheit ans Licht zu wagen und zu zeigen.

Eine Tür, die sich dem Unbewußten öffnet

Eben diese Gelegenheit aber bietet sich ihm, wenn das Bewußtsein einmal nicht Wache steht, also im Traum, bei gewissen Formen der Meditation und auf niedriger Stufe beim Hellsehen, Wünschelrutengehen sowie Tischchenrücken.[1]

Tischleinrücken ist demnach ein Mittel, um künstlich Informationen abzurufen, die sonst vom Bewußtsein verworfen und unterdrückt werden. Wenn sich die Hände auf der Tischplatte zur Kette zusammenschließen, findet allem Anschein nach eine Zusammenballung der Kräfte statt, deren sich das Medium (oder auch mehrere der Anwesenden) bedient, um das physische Phänomen der Halblevitation hervorzurufen. Voraussetzung dafür ist allgemeines Einverständnis. Sperrt sich einer der Teilnehmer, wird er gewöhnlich aufgefordert, sich zu entfernen. Alle müssen mithelfen, dem Unbewußten des Spielleiters die Möglichkeit zu geben, sich zu manifestieren. Dann kann sich seine *zweite Person* der schlecht bewachten Kommunikationskanäle bemächtigen, einen ihr im Prinzip verbotenen Bereich usurpieren (die gesprochene Sprache, die Gedanken und Taten) und sich mit Billigung der Ichs Nr. 1 der Teilnehmer mit Hilfe von Klopfzeichen exteriorisieren.

Auf die Frage des Mediums: »Geist, bist du da? Wenn ja, klopf einmal, wenn nein, zweimal«, suggeriert das Unbewußte, einmal zu klopfen, und automatisch verstärkt sich der Druck der Hände auf den Tisch in kaum wahrnehmbarer, aber ausreichender Weise soweit, daß sich der Tisch auf einer Seite leicht hebt. Wahrscheinlich kommt noch ein elektrisches Phänomen hinzu, oder genauer gesagt, vermutlich wird der physische Druck durch eine magnetische Anziehungs- bzw. Abstoßungskraft unterstützt; d. h. mutmaßlich wird

[1] Im Traum kann sich das Unbewußte voll und ganz befreien, so daß Bewußtes und Unbewußtes friedlich nebeneinander existieren. Ebenso befreiend wirkt die Entleerung des Geistes, wie sie bei der Meditation im hinduistischen System praktiziert wird, sowie die Aufgeschlossenheit eines Menschen für alle unbekannten Einflüsse, wie sie beim Hellsehen oder Wünschelrutengehen zum Tragen kommt.

der negative Pol des Tisches durch den positiven Pol, der sich in den Händen des Mediums bildet, abgestoßen und dadurch das ohnehin nicht sehr stabile Gleichgewicht des dreibeinigen Tischchens erschüttert: ein Klopfen kommt zustande. Ein Zuschauer könnte jedenfalls, wenn sich das leichte Tischlein neigt, eine Konzentration, eine Anspannung der Teilnehmer, und umgekehrt, wenn es in seine vorhergehende Lage zurückkehrt, eine ebenso deutlich sichtbare Entspannung beobachten. In dieser Phase verteilt sich die elektrische Kraft des Mediums dann wieder auf die ganze Händekette.

Das Tischchen spricht

So viel zum Phänomen des Klopfens; bleibt noch der Mechanismus der Sprache zu klären.

Ein ehrliches Medium betrügt nicht oder jedenfalls nicht bewußt; es hilft lediglich seiner zweiten Person, sich zu äußern. Und in der Tat kann diese, obwohl ihr normalerweise keine Mittel dafür zur Verfügung stehen, eine banale, durch das niedrige Wunschdenken bedingte Konversation eingehen, wenn das eingeschlafene Bewußtsein der anderen Teilnehmer damit einverstanden ist.

»Geist, wie heißt du?«

Das Unbewußte, bzw. die zweite Person, besitzt genügend Verstand und List, um nicht nur irgendeinen Namen zu nennen, sondern einen den Anwesenden mehr oder weniger bekannten zu wählen. Dabei wird es vom Medium oder einem der Teilnehmer gelenkt, ohne daß dieses oder dieser sich des Betrugsmechanismus bewußt werden.

Ist der Kontakt auf diese Weise einmal hergestellt, werden die vom Wunschdenken diktierten, schablonenhaft immer wieder auftauchenden Fragen nach Hochzeiten, Unfällen, Be-

gegnungen, Briefen, Reisen etc. laut. Nahezu ebenso obligatorisch wird der Geist gefragt, ob er etwas braucht, worauf er mit Sicherheit antworten wird: Gebete.
Gegenstand der Unterhaltung bilden also präzise, aber einfache Fragen, die fast stets stereotyp beantwortet werden: Ja, nein, vielleicht, bald ... Genaue Angaben über Ort oder Zeit etc. sind nicht zu erhalten, das Unbewußte ignoriert sie. Das wird durch die Erklärung vertuscht, daß die Zeit im Jenseits anderer Art ist als bei uns!

Verbindung mit dem überlegenen Ich aufnehmen

Nun ist die Idee, mit einem unbekannten Eingeweihten in Kontakt zu treten, keineswegs einfach von der Hand zu weisen, zumal wenn unser Unbewußtes tatsächlich eine Art Bibliothek untergegangener Kenntnisse ist.
Praktisch ist die Sprache des »Geistes« fast immer eine Funktion der Kultur des Spielleiters, theoretisch jedoch kann auch ein völlig unwissender Leiter kluge Antworten geben: Irgendwo in seiner Ahnenreihe hat er bestimmt einen gebildeteren Vorfahren – was auch die gelegentlichen polnischen oder hebräischen Auslassungen des Tischleins erklärt. Wir freilich hatten noch keine Gelegenheit, einer solch außergewöhnlichen Sitzung beizuwohnen.
Dennoch hielten wir es für interessant, ähnliche Experimente einmal mit einem Physiker oder einem Biologen zu machen. Zweifelsohne kämen auf der Ebene der zweiten Person ebenso nichtssagende, enttäuschende Antworten heraus. Gelänge es jedoch, eine Verbindung zu dem unbekannten überlegenen Ich oder zu Person Nr. 3 herzustellen, könnte man sich wahrscheinlich sensationelle Entdeckungen erhoffen. Womöglich verriete das Tischlein ein Heilmittel gegen

Krebs oder die Quadratur des Kreises; auf alle Fälle aber besäße es die Fähigkeit, in die Zukunft zu schauen.
Bis jetzt freilich haben die Tischlein der Menschheit noch nichts Nützliches enthüllt. Anscheinend liegt dem Jenseits nichts daran, den Lebendigen zu helfen. Aber dasselbe trifft vielleicht auch für die »Eingeweihten« und die »Wissenden« zu!

XII. SONDERBARE ZEICHEN ZWISCHEN HIMMEL UND ERDE

Die Existenz von fliegenden Untertassen ist bis heute nicht bewiesen, und noch weniger natürlich die Niederlassung außerirdischer Wesen auf unserem Planeten.
Immerhin interessieren sich die Wissenschaftler für das Problem, ja, sie akzeptieren sogar das Phänomen der identifizierten fliegenden Objekte (UFOs), wenn sie sich auch weigern, darüber irgendwelche Spekulationen anzustellen. Dafür schließen sie, wie einer von ihnen, der bewundernswert aufrichtige und unparteiische Professor Louis Leprince-Ringuet erklärte, »qua Wissenschaftler, der sich stets allen möglichen Beobachtungen offenhalten muß, auch die Existenz der fliegenden Untertassen nicht a priori aus . . . Besser wäre freilich irgendein von den Leuten aus dem All zurückgelassenes Relikt. Aber da ist nichts!«

Ein X ist kein U!

Gewiß ist das Fehlen eines solchen Beweisstückes höchst bedauerlich, aber der Sache nicht weniger abträglich ist die Neigung vieler Ufologen, ihre Wünsche für bare Münze zu nehmen und aus irgendwelchen Lichterscheinungen fliegende Untertassen, kurzum aus einem X ein U zu machen. Ja, manche scheuen sich nicht, die »Hexenringe« auf unseren Wiesen zu Landeplätzen außerirdischer Wesen zu erklären, obwohl heute doch kein Zweifel mehr daran besteht, daß sie durch unterirdische Kryptogamengeflechte verursacht werden, die der Umgebung die Nahrung entziehen. Als im Oktober 1972 ein relativ schwacher Zyklon 300 qm eines bewaldeten Hügels, des sogenannten Collet Redon bei Montauroux (Var) verwüstete, schrieb das sonst eher ernstzunehmende Bulletin du G.E.P.A.[1] in einem mehrseitigen Artikel,

[1]G.E.P.A. = Groupement d'Etudes de Phénomènes Aériens, revue trimestrielle – 69, rue de la Tombe-Issoire, 75014 Paris (Vierteljahresschrift der Forschungsgruppe für Lufterscheinungen).

Extraterrestrier hätten auf diesem wahrhaft idealen Landeplatz zu landen versucht. In welcher Absicht? Da freilich schweigt des Sängers Höflichkeit. So ist also, was ehedem als Laune der Natur galt, mittlerweile zu einem interplanetarischen Vorfall aufgerückt!

Clermont-Ferrand: Eine ernste Angelegenheit

Monsieur Claude Vorilhon aus Clermont-Ferrand, über eine solche Gefährdung unserer Besucher aus der Ferne zu Tränen gerührt, schlug vor, einen Flughafen für Flugmaschinen aus dem All bauen zu lassen und, wenn man schon einmal dabei sei, gleich noch ein Empfangszentrum dazu! Das heißt, im Grunde soll das sogar ein Vorschlag der Allbewohner sein. Aber fangen wir die Geschichte von vorne an:
Am 13. Dezember 1973 fühlt sich besagter Herr (verheiratet, schöner Wagen, immens viel Freizeit) zum Puy de la Vache, einem verschlafenen Vulkan etwa 15 km südwestlich von Clermont »gerufen«. In Wirklichkeit ist der junge Mann ein begeisterter Rallyefahrer, der sich die Zeit mit einer kleinen Rennerei vertreiben will. Gerufen hat diesen arbeitsamen, verdienstvollen jungen Franzosen, wie sich nach seiner Ankunft herausstellt, ein Außerirdischer: 1,20 m groß mit einem schwarzen Bart in einem eng anliegenden grünen Plastikanzug. Wiewohl von asiatischem Aussehen, spricht er fließend französisch oder sogar noch besser, und seine fliegende Untertasse erprangt in den französischen Farben Blau–Weiß–Rot. »Claude Vorilhon«, spricht dieser Mann, »ich habe Sie auserwählt, weil Sie im Jahre der Atombombe 1945 als Kind eines Juden und einer Christin (?) zur Welt kamen« und teilt ihm dann, gleich über mehrere Tage hinweg, unter dem Siegel der Verschwiegenheit unsägliche Geheim-

nisse, aber daneben auch manche für die Öffentlichkeit bestimmte Fakten mit. So, daß er mit einer Geschwindigkeit von 21 Millionen Sekundenkilometern von seinem, von der Erde nur ein Lichtjahr entfernten Planeten herabgekommen sei; und daß die Erdenbewohner von seinen Vorfahren vor unvordenklichen Zeiten als künstliche Lebewesen auf unserem Planeten angesiedelt worden seien, weshalb sich die Außerirdischen ein bißchen als unsere Eltern fühlten und uns helfen wollten, endlich Verstand anzunehmen. Voraussetzung dafür aber sei ein ordentlicher Landeplatz und eine Residenz, womöglich in einem »warmen, angenehmen Klima«.
Claude Vorilhon, nicht faul, gründet daraufhin die MADECH (Mouvement pour l'accueil des Extra-Terrestres créateurs de l'humanité), die Bewegung für den Empfang der außerirdischen Schöpfer der Menschheit. Nur fehlt es bis jetzt an Geld. Offensichtlich sind die kleinen grünen Männlein unseres Mutterplaneten trotz aller Weisheit nicht imstande, die erforderlichen Mittel aufzutreiben, und zählen deshalb auf die Großzügigkeit ihrer Ur-ur-ur-ur-urenkel!

Fliegende Züge und der Marspilot von 1897

Ähnliche Zeugnisse anscheinend glaubwürdiger Leute (Medien, Advokaten, Gendarmen) liegen zu Tausenden vor. Unmöglich, sie alle anzuführen, deshalb hier nur die hervorstechendsten. So soll es reichlich zweifelhaften argentinischen Berichten zufolge im San-Matias- und San-Jorge-Golf im Patagonischen Schelf submarine Stützpunkte für fliegende Untertassen geben und die UFOs in diesem Lande religiöser oder phantastischer Erscheinungen die Form von »Zügen« angenommen haben. Jedenfalls mußte der Industrielle Francisco Zamor, wie fünf Zeugen bekunden können, auf der Straße Difunta Correa-San Juan anhalten, um einen etwa 30 m langen Eisenbahnwaggon mit hellerleuchteten Fenstern vorbeizulassen, obwohl es weit und breit keine Gleise gibt; und in Santiago del Estero fuhr ein – diesmal sogar – 50 m langer mysteriöser »Zug« in einen Wald, aus dem er sich dann in Gestalt einer Feuerkugel erhob. Im übrigen war an diesem Ort auch schon früher ein ähnlicher Zug gesichtet worden. Solche und ähnliche Aussagen tragen nicht eben dazu bei, vernünftige Leute für die Ufologie zu gewinnen. Im Gegensatz dazu scheint mir, ist jedoch das Rätsel von Aurora in Texas (USA) durchaus ernst zu nehmen. Hier stürzte im April 1897 eine fliegende Maschine ab, bei der es sich offensichtlich noch nicht um ein irdisches Flugzeug gehandelt haben kann. Die Leiche des Piloten wurde ohne weitere Untersuchungen begraben. Nun will das Internationale Bureau für UFOs in den USA eine Exhumierung beantragen um festzustellen, ob es sich bei dem Toten um einen Erdenbewohner oder um ein Wesen von einem anderen Planeten handelt. In Aurora selbst ist jahrelang das Gerücht umgelaufen, auf dem Gemeindefriedhof liege ein Marsmensch begraben.

Bericht des Flugkapitäns Lemos

Ein anderer Vorfall, der uns von unserem Korrespondenten und Freund aus Lissabon, Alvaro Curado e Melo, berichtet wurde, drang sogar bis zur portugiesischen Regierung vor.[1] Hier der Bericht:
»Am 4. September 1947 hob um 20.21 Uhr ein Geschwader

[1]Die Angelegenheit wurde zwei Monate lang geheimgehalten, am 16. November 1957 aber von dem Journalisten Saraiva Mendes im *Diário Ilustrado* veröffentlicht.

von vier F-84 G Maschinen unter dem Kommando des Flugkapitäns Lemos Ferreira zu einem nächtlichen Routineflug über dem Dreieck Ota–Grenade–Portalegre–Coruche von Ota ab. Über Redondo erreichte das Geschwader eine Höhe von 25 000 Fuß; die Nacht war klar und wolkenlos ... »Mit einemmal«, sagte Kapitän Lemos, »sah ich knapp über dem Horizont eine sphärische Lichtquelle ... Ich benachrichtigte meine Kameraden. Unser Vordermann Marcelino sah das *Ding* ebenfalls. Was uns besonders auffiel, war sein Leuchten und der dauernde Farbwechsel des Kerns von Tiefgrün über Orangegelb zu Hellrot. Das *Ding* schien zu stehen, weshalb wir es für einen Stern hielten, wenn es auch den uns bekannten nicht glich. Aber obwohl wir doch auf es zuflogen, konnten wir ihm nicht näher kommen, gerade als wollte es immer den gleichen Abstand zwischen uns halten ...«

Està ... Sie stürzen sich auf uns!

»Wir befanden uns zwischen Sousel und Fronteira, als aus dem Ding ein kleiner Lichtkreis austrat ... dann noch einer und nach einer weiteren Minute wieder zwei ... Das alles spielte sich in größter Nähe, einige tausend Fuß über uns ab ... Und mit einemmal schickte sich das mittlerweile ovale sphärische Licht, gefolgt von den vier Kreisen, zu einem Sturzflug an, um gleich darauf in Richtung auf uns wieder hochzusteigen und uns in so geringer Höhe zu überfliegen, daß meine Piloten in Panik gerieten und die Flugordnung durchbrachen. Um 22.05 Uhr landeten wir schließlich ohne weitere Zwischenfälle auf der Piste von Ota.
Licht und Unterhaltung waren übrigens auch vom Flugplatz aus registriert worden, und der Kontrollturm von Lissabon

hatte um 21.45 Uhr den Funkverkehr zwischen Kapitän Ramiro de Almeida Santos und den Unterleutnants Frandando Manuel Gago Elias de Sous und Antonio Luis Marques de Figuieredo aufgefangen, die einen Nachtflug durchführten:
›Està (Hallo), Kapitän?‹
›Estou (Ich höre)!‹
›Sehen Sie mich? Sie stürzen sich auf uns.‹
Schweigen
›Sehen Sie, was sie machen? Està?‹
Schweigen.
›Sie nähern sich uns von hinten . . .‹
Zur selben Zeit registrierte die Wetterwarte von Coimbra eine auffällige Veränderung des Magnetfeldes, die sich anhand der Diagrammaufzeichnungen belegen läßt.«

Die Marsmenschen mit dem Silikonpanzer

Dieser Bericht scheint uns durchaus glaubwürdig; mehrere seiner Art könnten der Sache der UFO-Forschung nur förderlich sein.
Statt dessen jedoch wird das Phänomen durch Illuminierte, Naive, Betrüger nur allzuoft verfälscht und lächerlich gemacht. Dazu kommen noch die Witzbolde und Spaßmacher, die z. B. von den Bewohnern des Sternes Ypsilon, »dem sechsten von sieben Planeten eines Sonnensystems mit einem Mond«, die Botschaft empfangen haben, von Ypsilon sei eine Sonde in die Erdumlaufbahn geschickt worden – wozu anzumerken wäre, daß besagter Stern u. a. durch Abwesenheit glänzt.
Derselbe Journalist, der sich stets auf berühmte, z. T. selbst erschaffene Astronomen oder Physiker beruft, macht sich zum Sprachrohr eines angeblich wissenschaftlichen Berichtes

des Astrophysikers Carl Sagan, der überzeugt sein soll: daß es auf dem Mars Leben gibt, daß die dort lebenden Wesen einen für die kosmischen Strahlen undurchlässigen dicken Silikonpanzer tragen, daß diese Marsianer sich über Tausende von Jahren in einen Winterschlaf versenken und wie Moses aus Steinen Wasser schlagen können!
Was Wunder, daß angesichts solcher »Berichte« die Wissenschaftler zögern, das Rätsel der UFOs ernst zu nehmen.
Trotzdem kann man das Problem nicht einfach vom Tische wischen. Möglicherweise gibt es sogar zahllose bewohnte Planeten, deren Bewohner uns Menschen gleichen und die, wie wir, davon träumen, über die Unermeßlichkeit des Raumes hinweg Kontakt aufzunehmen.

Die Pluralität der bewohnten Welten

Schon zu allen Zeiten haben die Menschen gewußt, daß es auf mehreren Welten Leben gibt, daß die Erde rund ist und in Harmonie mit den Sternen im Himmel kreist.
So lehrten Anaximander, Origenes, Descartes die dynamische Natur der Universen, die in Zyklen vergehen und »durch die Kombination derselben Elemente« wiedererstehen; Anaxagoras[1] die Bewohnbarkeit des Mondes und die Bewegung der Erde; Pythagoras die allgemeine Gravitation und Pluralität der Welten; und Lukrez, daß »es in den anderen Regionen des Raumes Wesen, Sterbliche und Welten gibt«.

[1] Laut Camille Flammarion, *La Pluralité des Mondes habités* (1877), soll sich Anaxagoras durch die Behauptung, die Sonne sei größer als der Peloponnes, den allgemeinen Haß und Verfolgung zugezogen haben.

Wie man sieht, haben Aufgeklärte also schon vor 2500 Jahren an weitere Himmelsbewohner geglaubt. Im übrigen würden diesen Punkt heute wohl nicht einmal die konservativsten Wissenschaftler mehr in Frage stellen.
Zudem ist heute auch die Mehrzahl derer, die sich mit Mythologien befassen, bereit einzuräumen, daß ehedem außerirdische Wesen die Welt auf fliegenden Maschinen, die gewöhnlich als *vimânas* bezeichnet werden, besuchten.
Dazu nun, so oft wir dieses Thema auch schon behandelt haben (zu dem man aber gar nicht genug Stoff zusammentragen kann)[1], hier einen Artikel aus dem *Bulletin du Club Marylen* vom 10. März 1973.[2]
»Auszüge aus der Schrift *Vaimanika Sastra* von Maharsi Bharadvaja, zwischen dem 3. und 7. Jahrhundert n. Chr. in klassischem Sanskrit verfaßt.
Seite 80: In diesem Buch werden in acht großen spannenden Kapiteln die Herstellungsverfahren verschiedener Flugzeugtypen für angenehme und bequeme Himmelsreisen beschrieben.
Außerdem ist die Rede von einer *universalen Kraft* des Universums, die zum Wohlbefinden der Menschen beiträgt und die *vimânas* genannten Maschinen antreibt, die wie ein Wagen auf der Erde und ein Boot auf dem Wasser den

[1] Vgl. *Histoire Inconnue des Hommes,* Kap. VII–IX; *Verratene Geheimnisse,* Kap. VI–VIII, IX, XXI; *Die Meister der Welt,* Kap. II, III, XI–XVI; *Unbekannt, Geheimnisvoll, Phantastisch – Auf den Spuren des Unerklärlichen,* Kap. XXIII–XXIV; *Vergessene Welten,* Kap. XXV–XXVI.

[2] Club Marylen: Mythologie, Überlieferungen, Okkultismus, UFOs etc., Boîte Postale 33, 93360 Neuilly-Plaisance. Direktor: Rameau de Saint-Sauveur. Wir übernehmen den Text samt allen bizarren grammatikalischen Konstruktionen und dunklen Stellen.

Transport in der Luft besorgen, wie es sonst nur ein Vogel könnte.

Diese Maschinen können im Himmel von Ort zu Ort, von Land zu Land, von Planeten zu Planeten reisen und werden von Weisen und Aeronauten *vimânas* genannt.

Folgt eine Aufzählung der Techniken und besonderen Vorzüge:

Das Geheimnis der Konstruktion von Flugzeugen, die weder zerschellen noch zertrümmert noch vom Feuer erfaßt noch auf irgendeine andere Weise zerstört werden können.

Das Geheimnis, unbeweglich zu schweben.

Das Geheimnis, unsichtbar zu schweben.

Das Geheimnis, die Unterhaltung und andere Geräusche schwebender Feinde mitzuhören.

Das Geheimnis, Bilder vom Inneren feindlicher Scheiben (*vimânas)* zu erhalten.

Seite 81 . . . Das Geheimnis, Personen in den feindlichen Scheiben bewußtlos zu machen.

Wie unsere Person im Vollbesitz all ihrer Glieder zu allen möglichen Tätigkeiten befähigt ist, so hat ein *vimâna* seinerseits dreißig Möglichkeiten, darunter die, die Länder, die er überfliegt, mittels eines unterhalb der Kabine angebrachten Spiegels zu fotografieren.

Der Pilot muß mit verschiedenen Bekleidungsstoffen ausgerüstet sein, die auf die Jahreszeiten und den Einsatz des *negativen Feuers* abgestimmt sind.

Die Piloten bekommen, je nach Alter und Jahreszeit, drei verschiedene Arten von Nahrung.

Durch den Wechsel dieser Diät werden fünfundzwanzig jahreszeitlich bedingte Giftarten unschädlich gemacht.

Jede Diät setzt sich aus fünferlei Zutaten zusammen: gekochten Körnern, Schrotmehl, Teigwaren, Brot und Gewürzen.

Diese Nahrungsmittel sind gesund und nahrhaft . . .

Die zur Konstruktion von *vimânas* brauchbaren sechzig Metallarten sind leicht und absorbieren die Hitze. Die großen Weisen haben erklärt, daß einzig diese Metalle zum Bau von *vimânas* verwendet werden können.
Das Manuskript (heißt es im *Bulletin Club Marylen* weiter) enthält zu diesen und anderen Themen noch weitere Einzelheiten, die für den Bau neuer interplanetarischer Maschinen von unschätzbarem Wert sein dürften.
G. R. Josyer M.A.I.R.E.S., Direktor der internationalen Akademie für Sanskritforschung. Mysore, Indien.
Übersetzt von Professor Rameau de Saint-Sauveur.«
Gewiß, der Text ist dunkel, aber er beschäftigt sich mit jenem Fundus wichtiger, z. T. über 3000 Jahre alter Manuskripte, die beweisen, wie leidenschaftlich sich unsere Vorfahren für interplanetarische Reisen und Flugmaschinen interessierten – und das wohl doch nicht von ungefähr. Mir jedenfalls scheint es schwer vorstellbar, daß sie von sich aus, ganz ohne jeden äußeren Anlaß, darauf gekommen sein sollten.

Der Turm von Babel als Startrampe

Hierher gehört u. E. auch der Mythos vom Turm zu Babel, der bis jetzt wohl nur noch nicht unter dem richtigen Blickwinkel untersucht worden ist.
Die Bibel stellt (Gen XI, 1–9) den Vorgang folgendermaßen dar:
»Die ganze Erde aber hatte eine Sprache und einerlei Worte. Als sie von Osten herzogen, fanden sie im Lande Sinear eine Ebene und ließen sich darin nieder. Und sie sprachen zueinander: ›Auf! Laßt uns Luftziegel streichen und Backsteine brennen!‹ Und der Ziegel diente ihnen als Baustein; das Erdpech aber hatte ihnen als Mörtel gedient. Sie sprachen:

›Auf! Bauen wir uns eine Stadt und einen Turm mit einer Spitze bis zum Himmel, und machen wir uns eine Wohnstatt, daß wir uns nicht über die ganze Erde zerstreuen!‹ Der Herr aber stieg herab, die Stadt und den Turm zu beschauen, den die Menschenkinder gebaut. Da sprach der Herr: ›Fürwahr! Ein Volk sind sie und haben all die gleiche Sprache, und dies ist nur der Anfang ihres Tuns, und fortan wäre ihnen nichts verwehrt, was immer sie nur planen. Auf nun! Wir wollen jetzt hinab und ihre Sprache mischen, daß keiner je des anderen Sprache mehr versteh.‹ So zerstreute sie der Herr von dort über die ganze Erde, und sie mußten es lassen, die Stadt auszubauen. Darum nennt man sie Babel; denn dort hat der Herr die Sprache der ganzen Erde gemischt, und von dort hat der Herr sie über die ganze Erde zerstreut.«

Eine reichlich verworrene Geschichte mit einer noch unbefriedigenderen Erklärung: Die Menschen beschließen nach den Schrecken der Sintflut, ihren Namen durch den Bau eines Turmes zu verherrlichen. An sich kein Sakrileg, aber der *HERR* nimmt Anstoß daran. Noch mehr jedoch scheint ihn zu ärgern, daß die Irdischen ein und dieselbe Sprache sprechen, und so beschließt er, Verwirrung unter sie zu bringen! Ein göttlicher oder ein teuflischer Beschluß, oder einfach die unlogische Erklärung eines einfallslosen Schreibers?

Nehmen wir trotzdem einmal an, dem Mythos liege ein wahrer Kern zugrunde, und versuchen wir es unter Heranziehung der chaldäischen Mythologie mit einer anderen Deutung.

Nach der Sintflut, heißt es in der Überlieferung der Chaldäer, schenkte die Sibylle dem chaldäischen König Xisuthrus drei Söhne: Sim oder Zeruan, Titan und Yopestothe, und diese teilten die nachsintflutliche Welt unter sich auf. Sie waren die ersten Götter, und von ihnen »stammt die Rasse der Riesen mit den gewaltigen Leibern und den kräftigen Gliedmaßen

und der riesigen Statur ab, die sich in ihrer Unverschämtheit erdreisteten, einen Turm zu erbauen«. Da schickte Gott einen Sturm und beschloß, sie in alle Welt zu zerstreuen, und irgend jemand, dessen Identität nicht gelüftet wird, streute »unbekannte Wörter« unter die Menschen.
Die Titanen der griechischen Mythologie, Wohltäter und Instruktoren der Menschheit, denen die Erfindung der Künste und der Magie zugeschrieben wird, ähnlich gelehrt wie die »Engel« des Buches Enoch und ebensowenig irdischer Herkunft wie diese, beschlossen, Berg auf Berg zu türmen, um den Olymp zu erstürmen, mit anderen Worten, um Gott herauszufordern; d. h. auch hier geht es also, wie beim Turmbau zu Babel, um die Errichtung eines himmelstürmenden Bauwerks. Das aber könnte bedeuten, daß die Fremdlinge in ihr Vaterland zurückkehren wollten; und das wiederum, daß die Titanen oder Übermenschen zu einer Zeit, als die menschliche Rasse mühsam anfing, wieder laufen und reden zu lernen, Raketenabschußrampen bauten, dann aber, weil ihr Unternehmen scheiterte, auf der Erde bleiben mußten; und schließlich und endlich, daß die Irdischen Sprachbrocken von ihnen auffingen, die den Anstoß zur Bildung verschiedener Sprachen gaben.
Alles in allem eine abenteuerlich erscheinende, letztlich aber gar nicht so abwegige Hypothese, kennen doch alle Überlieferungen Engel oder von anderen Sternen gekommene Initiatoren. Außerdem läßt sie sich ohne weiteres mit den weiter vorn von uns aufgezählten Fakten in Einklang bringen: mit den geheimnisvollen *pistas* von Nazca, falls sie aus der Zeit vor der Sintflut stammen, mit den Steinen von Ica, die mindestens so alt sind, und mit der Kultur der prähistorischen Astronomen, die vor 40 000 Jahren das Auftauchen des Sternhaufens Gum zeichneten.

Mysteriöse Zeichen und Signale

Diese unersättliche Neugierde des Menschen und seine Sehnsucht, sich ins All zu erheben, um mit außerirdischen Zivilisationen in Verbindung zu treten, lassen sich zweifelsohne auf sein Chromosomengedächtnis, d. h. die unbewußte Erinnerung an ein großes Abenteuer seiner Ururahnen zurückführen. Außerdem ist das Spiel mit solchen Wunschträumen und Mythen nicht weniger aufregend als das mit Paradiesvorstellungen etc. Und überdies wird der Eifer und das heilige Delirium der Gläubigen periodisch durch Botschaften himmlischer Provenienz angeheizt.

Deshalb sollte man wissen, daß die meisten Sterne und Himmelskörper, die bis jetzt noch nicht identifiziert sind, Signale aussenden, die nur allzu leicht als Botschaften hingestellt werden können. Selbst die Erde sendet, wie der amerikanische Satellit *Explorer 38* aufgezeigt hat, Radiowellen von niedriger Frequenz aus. Diese, vom Südpol ausgehenden Signale aber sind natürlich keineswegs Botschaften irgendwelcher Erdenbewohner an irgendwelche Völker im All, sondern finden eine ganz natürliche Erklärung.

Ähnlich wurden während des arabisch-israelischen Krieges von den russischen Raumstationen in regelmäßigen Zeitabständen aus dem All kommende Signale registriert. Diese stammten, was die Amerikaner anfangs bestritten hatten, von einem amerikanischen Aufklärungssatelliten (*Big Bird*), dessen Abschuß aus leicht durchschaubaren Gründen verheimlicht worden war.

Behauptungen der Ufologen zufolge soll sich vor einem Erdbeben an den Stellen, an denen die Erdrinde aufbricht, oft Seltsames abspielen und vielfach auch ein nicht identifiziertes Flugobjekt zu sehen sein. Natürlich verdichtete die angeheizte Phantasie der Gläubigen diese Zeichen gleich zu Wundern, sprich zu Extraterrestriern.

Aber russische Erdbebenstationen fanden die Wahrheit heraus.
»Wenige Augenblicke, ehe das Erdbeben einsetzte, das Taschkent 1966 so schmerzlich traf, fing der Himmel über der Stadt zu brennen an.
Doch diese apokalyptische Vision ließ sich aufklären: Die Deformationen des Gesteins waren von Elektronenausstrahlungen begleitet, die die Erdschichten erhitzten, ihren Bruch beschleunigten und in der Atmosphäre ein Feuer entzündeten.«[1]
Und schon ist aller Zauber fort!

[1] *Revue France-URSS,* Nr. 60

XIII. UFOs: EINE ERNST ZU NEHMENDE ANGELEGENHEIT

Das Geheimnis der fliegenden Untertassen erklären zu wollen, ohne vorher ein Wort zum Geheimnis des Jesusknäbleins, der Phantome, Riesen und Wichtelmännchen zu verlieren, wäre unsinnig, ja unmöglich.
Vor nunmehr 4500 Jahren glaubten Tausende von Menschen an den Gott Osiris, an seine physische Natur, wenn er erschien; sie glaubten, daß er mit seinen Jüngern das Osterfest gefeiert und sich vor Antritt seines Leidensweges zurückgezogen hatte, daß er verraten und verhaftet worden war und von seinen Feinden mit einer Dornenkrone gekrönt, gegeißelt, geknebelt und schließlich an einer Sykomore gekreuzigt wurde.[1]

»So wahr Maria die Mutter Gottes ist«

Vor nunmehr 1977 Jahren soll sich das gleiche mit Jesus ereignet haben. Und obwohl kein Mensch behauptet, Zeuge der Passion Osiris' oder Jesu gewesen zu sein, haben im Laufe der Jahrtausende Milliarden von Menschen fester daran geglaubt als an nachweisliche Wahrheiten! So war es im Mittelalter gang und gäbe, eine Aussage mit den Worten: »So wahr Jesus am Kreuz gestorben ist« oder: »So wahr die Jungfrau Maria die Mutter Gottes ist« etc. zu bekräftigen – wie es im übrigen vor zwanzig Jahren in Rußland und China üblich war, Stalin bzw. Mao Tse-tung anzurufen.
Tausende und aber Tausende haben Osiris, Christus, Vishnu, Shiva, Buddha, das Große hl. Krokodil der Mikronesier, Rudolf Valentino, James Dean etc. erscheinen sehen. Tausen-

[1]Diese Szenen aus der Passion Christi sind schon 1500 Jahre vor seiner Geburt in den Papyri von Hunefer, Any, Kerasher, Amenhotep etc. bis in Einzelheiten hinein ebenso erzählt worden. Nachzulesen in *Epervier Divin* von Marthe de Chambrun-Ruspoli (Ed. Mont-Blanc, 72, rue de Lausanne, Genf) und in unserem Buch *Phantastische Vergangenheit.*

de und aber Tausende haben Phantome erblickt. Die Juden haben schon vor dem Exil an Drachen, Satyre, Sirenen (Isaias XIII, 21–22), an Dämonen (Isaias XXXIV, 14 und Tobias VIII, 3), an Lilith und an Shi'irim, eine Art Revenant in Form eines Ziegenbocks, geglaubt, und das Phantom, das Brutus am Vorabend der Schlacht von Philippi erschien, hat durch die Literatur weltweiten Ruhm erlangt.

Phantome, Feen, fliegende Untertassen und das Jesulein

Am Karfreitag des Jahres 1974 haben in dem Kirchlein von Castelnau-de-Guers (Hérault) dreißig Personen, darunter der Pfarrer, eine gute Viertelstunde lang Christi Gesicht auf dem weißen Tuch gesehen, mit dem das links auf dem Altar stehende Ziborium verhängt war. »Das rechte Auge war« nach den Worten des Pfarrers, der das Bild als erster sah, »geschlossen, das linke geöffnet, die Nase schien geschwollen, auf dem Gesicht lag ein schmerzlicher Ausdruck.« Der Priester machte seine Schäflein darauf aufmerksam, die alle die Erscheinung bezeugten. Einige sahen Jesu Gesicht in Tränen, eine Frau nahm eine Dornenkrone wahr, eine andere glaubte ihn reden zu hören, aber man brachte sie zum Schweigen aus Angst, neue Halluzinationen heraufzubeschwören! Ein Winzer sah das Gesicht die ganze Messe über vor sich. »Es erinnerte mich durch den leidenden Ausdruck an das Gesicht meiner Mutter auf dem Totenbett.«[1]

Dreißig bis dahin als vernünftig und normal geltende Leute als Zeugen: Ist das nicht Beweis genug, daß Jesus Christus in der Kirche von Castelnau-de-Guers tatsächlich erschienen ist?

[1]Berichtet in *Centre-Presse* vom 18. 4. 74.

Aber nicht weniger Zeugen haben UFOs, fliegende Untertassen, große und kleine, mittelgroße, grüne, weiße, gelbe, phosphoreszierende Marsmännchen mit und ohne Helm gesehen, Drachen, Satyre, Sirenen, Feen, Nymphen, Riesen, Zwerge etc. – und die Erscheinungen von Lourdes und Fatima!

Die holographische Vision

Aber der Evolutions- und Zivilisationsprozeß, kurzum die Realität des Lebens lassen Jesusknäblein, Jungfrau Maria, Phantome, Drachen und Feen samt und sonders links liegen. Der Papst und seine Gläubigen beten zu Gott um Frieden, Gerechtigkeit etc., etc.; die TV-Kameras versuchen die Phantome in Schottland und in Frankreich zu verfolgen, die Paläontologen einen Drachen zu fangen und die Poeten eine Fee – aber alle stoßen sich an ein und demselben Hindernis: der Unmöglichkeit!

Und so auch dieser Jesus von Castelnau-de-Guers. Wer kennt schließlich schon Christi Züge, weiß ob er klein oder groß, braun oder blond war? Außerdem schien die Nase der Erscheinung geschwollen – selbst bei einem bekannten Gesicht Grund genug, es nicht wiederzuerkennen.

Der Winzer hat »das Gesicht während der ganzen Zeremonie« von seinem Platz aus gesehen. Vielleicht hat er den holographischen Blick?[1] In gewisser Hinsicht stimmt das sogar. Denn er befand sich in einem Zustand der *Verzückung* – wie alle diejenigen, die die Heilige Jungfrau, Brigitte

[1]Holographie (von *holos:* ganz; *graphein:* schreiben): fotografisches Verfahren, das dreidimensionale Bilder liefert. Mit Hilfe der Holographie kann man z. B. einen Kubus gleichzeitig von vorne, hinten, von der Seite, von oben und unten sehen.

Bardot, Johnny Hallyday, Drachen und Feen sehen. Das heißt er log nicht, seine Aussage entsprach einer subjektiven Wahrheit.

Und in diesem Licht muß man auch die Zeugnisse über die UFOs sehen. Völlig anders dagegen verhält es sich bei den fliegenden Untertassen und den Marsmännchen. Wenn im Laufe eines Jahres zehn Menschen behaupten, etwas Sonderbares gesehen zu haben, ist man geneigt, ihnen zu glauben. Wenn jedoch die gleiche Erscheinung von zwanzigtausend bestätigt wird, handelt es sich in neun von zehn Fällen um eine Epidemie, eine Psychose.[1]

Affenmensch oder Gottmensch

Professor Pierre Guérin, Leiter des astrophysischen Forschungsinstituts in Paris, hält die Existenz außerirdischer Lebewesen für durchaus möglich, ist jedoch überzeugt, daß sich ihre Denkweise von unserer so stark unterscheiden müßte, daß wir ihre Äußerungen vermutlich gar nicht verstünden. Somit könnten sie uns auch ihre Erkenntnisse nicht mitteilen, und wir, da technisch zu rückständig, um ihre Botschaften zu entziffern, nicht von ihrer weitaus älteren Wissenschaftskultur profitieren.

Eine interessante These, die verdient, auf der Grundlage der gewagtesten wissenschaftlichen und philosophischen Spekulationen und notfalls unter Zuhilfenahme der Phantasie weiter ausgebaut zu werden.

Im Gegensatz zu den Prähistorikern und gewissen hinterwäldlerischen Naturwissenschaftlern halten wir die Hypo-

[1]Wenn z. B. ein Verrückter entlaufen ist, sieht die Bevölkerung deren zwanzig – wie statt eines auf der Insel Ré ausgebrochenen Pumas, 1967 von Dünkirchen bis Biarritz deren fünf gesichtet wurden.

these der Abstammung des Menschen vom Affen nicht für die logischste und die Erde nicht für den einzigen Schauplatz, auf dem sich unsere Art tummelt. Wir glauben vielmehr, daß die Genese des Menschen Jahrmillionen zurückliegt, falls er in eine Reihe mit den (extraplanetarischen) Tieren gehört, aber nur ein paar Millionen Jahre, falls er eine Ausnahme darstellt. Im letztgenannten Fall ist sein Auftreten, ob vor unendlicher Zeit auf einem fernen Planeten (mit Wanderung in unser Sonnensystem) oder ob auf unserer jungen Erde, weitaus später anzusetzen. Doch dieses Geheimnis wird uns vielleicht für immer verschlossen bleiben.

Die Rasse der Zukunft

Wenn es aber, wie Professor Pierre Guérin annimmt, mehrere bewohnte Welten gibt, kann es auch außerirdische Zivilisationen geben, die der unseren weit überlegen sind. Darüber aber gehen die Eingeweihten noch einen Schritt hinaus. Ihrer Meinung nach könnte das Ende unserer Welt und eine phantastische Mutation unserer Art schon in jüngster Zeit bevorstehen. Die Mutation würde uns zu den Herren unserer Welt machen und in die Lage versetzen, uns mit anderen im All lebenden Wesen zu verständigen. Diese neue »irdische Rasse« nennen sie dementsprechend »die Mutanten«.

Im Augenblick halten wir unseren Körper noch vom Scheitel bis zur Sohle für die Wohnung unserer Geistseele, aber nichts ist weniger gesichert. Wir wissen weder Genaueres über die Denkprozesse noch über die »Inspiration«, die Aperzeption oder die Intuition, die, genau betrachtet, ebensogut von außen kommen könnte, von einer Leitstelle außerhalb von uns. In diesem Fall könnten wir »uns«, unsere Ideen, nur auf okkulte Art und Weise, gewissermaßen mit Hilfe medialer Operationen kennenlernen.

Die von uns anstelle der alten Prähistorie eingeführte *Primhistorie* wurde im Laufe der Jahre durch neue Entdeckungen immer mehr bestätigt, und mittlerweile hat auch schon eine ganze Reihe von Naturwissenschaftlern diesen Weg eingeschlagen. So gilt es heute bereits weithin als wahrscheinlich, daß es schon bald zu Kontakten zwischen Extraterrestriern und Erdenbewohnern kommen wird. Ja, es ist nicht auszuschließen, daß solche Kontakte bereits existieren und womöglich sogar das Leben des einzelnen wie des Kollektivs bestimmen, nur daß wir uns dessen nicht bewußt sind.

Weihnachtsmann oder kosmischer Werwolf?

Die Ankunft der Außerirdischen muß unserer Kultur nicht zwangsläufig schaden, Vorsicht scheint allerdings geboten. Schauen wir uns doch einmal die verschiedenen Möglichkeiten an.

Nach Meinung der Ufologen sollen uns unsere zukünftigen Besucher größtes Wohlwollen entgegenbringen. Man weiß nur nicht, woher sie das wissen, ob es ihnen ihre Harmlosigkeit oder ihr Idealismus oder ihre Angst gesagt hat.

Nach der Darstellung der Bibel sollen uns die Engel Metallschmelzverfahren und die Herstellung von Waffen mitgebracht haben, nur daß die Symbolfigur dieser Instruktoren Luzifer ist und ihr Geschenk zur Sintflut führte. Auch die Kulturen des Vorderen Orients und Amerikas scheinen sich des Wohlwollens der Extraterrestrier erfreut zu haben. Nur es könnte sein, daß sich die Besucher aus guten Gründen nicht als Kolonisatoren aufführten. Nach der heute allgemein gängigen Ansicht war es nämlich nur eine kleine Schar, die sich von ihrem zum Untergang verurteilten Planeten absetzte und auf der Erde Zuflucht suchte wie Schiffbrüchige auf einer

Insel. Was geschehen wäre, wenn sie, der Unterstützung ihres Heimatplaneten gewiß, als uns geistig haushoch überlegene Eroberer aufgetreten wären, wissen wir nicht. Unsere Supergehirne, die das Pulver und die Atombombe erfunden haben, waren jedenfalls gewiß keine Heiligen! Und die Menschheitsgeschichte ist, genau besehen, von Anfang bis Ende ein einziger Beweis dafür, daß auch wir unsere Probleme durchweg auf militärische Weise gelöst haben, gleichviel ob aus religiösen oder politischen Gründen oder auch ohne jeden erkennbaren Grund.

Supergehirne im menschlichen Körper

Nach einhelliger Überzeugung der Futurologen wird die Akzeleration des Wissenserwerbes einen Bruch zwischen geistiger und körperlicher Entwicklung herbeiführen; d. h. der Mensch der Zukunft dürfte ein Supergehirn in einem degenerierten Körper sein und dieser schließlich auf die Stufe eines vegetativen Lebewesens herabsinken, das Ortsveränderungen und alle anderen Bewegungen allein durch die Willenskraft seines allmächtigen Gehirns vollbringt.

Ganz ähnlich dürften unsere eventuellen Besucher einen vergleichsweise mangelhaften und womöglich auch kurzlebigen Körper besitzen. Welche Versuchung für sie, sich mit Hilfe ihres Wissens den unseren anzueignen bzw. dem Körper von Mister Universum, von Brigitte Bardot oder Monsieur Chaban-Delmas ihr Gehirn aufzupflanzen! Und zwar ohne allen Haß und ohne jede böse Absicht, nur ebenso gleichgültig wie der Kranke, der das Rückenmark eines Kälbchens entnehmen läßt, ohne sich um den Vorgang mehr zu kümmern als der Gärtner, wenn er eine Rose abschneidet oder eine Kirsche pflückt oder einen Apfel ißt.

Uns jedenfalls erscheint es nur logisch, daß wir ebenso für höherstehende Besucher erschaffen wurden wie der Apfel für unseren Magen und die Rose für unser Knopfloch.

Außerirdische Vampire

Aber auch wenn die auf den Steinen von Ica dargestellte Gehirntransplantation gewiß nie geglückt ist, wird es den superintelligenten Extraterrestriern ein leichtes sein, sich auf Kosten der Erdenbewohner ein Mittel gegen vorzeitiges Altern zu beschaffen.
Selbst unsere heutigen Gerontologen und Biochemiker wissen, auch wenn sie therapeutisch andere Wege einschlagen, daß es kein besseres und einfacheres Verjüngungsmittel als das Blut eines Kindes gibt! (Wobei es natürlich die Blutgruppe zu beachten gilt.)
Was aber sollte die Extraterrestrier abhalten, zu diesem Mittel zu greifen? Schließlich haben nicht einmal wir, wenn es um unser Leben geht, Bedenken, das unserer Mitmenschen aufs Spiel zu setzen. Außerdem haben bereits die Völker des Altertums mit wahrer Inbrunst Menschenblut getrunken! Teils um sich die Eigenschaften des Opfers anzueignen, teils um, wie die Hebräer, die Mayas oder die Völker Schwarzafrikas, ihre Götter am Leben zu erhalten. Zu diesem Zweck schnitten die Priester manch bravem Mann oder Gefangenen bedenkenlos die Kehle durch. Noch beliebter als »Brandopfer« freilich war das Blut einer Jungfrau.
»Dies Volk (Israel)! Wie eine Löwin steht es auf . . . und legt sich nicht, eh' es den Raub verzehrt und von Erschlagenen Blut getrunken« (Numeri XXIII, 24). Und der Herr selbst fordert die Darbringung von Rindern, Lämmern oder Ziegen: »Der Priester besprenge mit dem Blut den Altar an des

Festgezeltes Pforte und lasse das Fett aufdampfen zu süßem Duft für den Herrn« (Levitikus VXII, 1–6).
Ähnliche Gepflogenheiten gab es bei den Inkas, den Papuas und den Kelten. Im alten Rom pflegten die Epileptiker das Blut der Gladiatoren, nach einem Bericht Plinius des Älteren, »noch warm« zu trinken, und Ludwig XI. soll, um sein Leben zu verlängern, buchstäblich in Blut gebadet haben. Der in Agonie liegende Papst Innozenz VIII. wiederum soll im Juli 1492 auf Betreiben seines jüdischen Arztes vom Blut dreier kleiner zehnjähriger Jungen, die bald darauf an Ausblutung starben, eine Bluttransfusion erhalten haben,[1] und Gilles de Rais, der Gefährte der von Engeln beratenen und von Gott inspirierten Jungfrau von Orléans, um das Lebenselixier und den Stein der Weisen zu finden, mindestens 149 Kinder und eine unbekannte Anzahl junger Frauen erdrosselt haben, usw., usf.
Natürlich wäre es absurd, sich von solchen Eventualitäten terrorisieren zu lassen, ebenso unverzeihlich dumm aber wäre es, sie gar nicht erst in Betracht zu ziehen.

Sie brächten den Tod mit sich

Sollte es zur Anknüpfung interplanetarischer Beziehungen kommen, könnte uns durch allerlei andere Eventualitäten, die sich trotz beiderseitigem besten Willen unfehlbar einstellen würden, die Auslöschung drohen. An Möglichkeiten jedenfalls wird es nicht fehlen. So könnten unsere Besucher den Wunsch hegen, sich auf unserem ohnehin schon übervölkerten Planeten niederzulassen oder, nicht immun gegen Viren, auf unserer Erde wie die Fliegen im Winter sterben, oder,

[1] Roland Villeneuve: *Le Cannibalisme* (Bibliothèque Marabout).

umgekehrt, ihrerseits Viren einschleppen und dadurch allgemein tödliche Epidemien auslösen. Nicht umsonst treffen Amerikaner und Russen vor dem Start und nach der Landung ihrer Kosmonauten entsprechende Vorsichtsmaßnahmen.[1]
Außerdem brauchen wir uns ja nur selbst an der Nase zu nehmen. Was treibt uns auf den Mond, den Mars und die Venus? Der Wunsch, freundschaftliche Beziehungen mit möglicherweise dort lebenden Extraterrestriern anzuknüpfen und die Entwicklung auf ihren Planeten voranzutreiben und zu fördern? Das war weder bei Amerikanern noch bei Russen der Grund. Sie erwarten, innerhalb unseres Sonnensystems auf keine uns überlegenen Lebewesen zu stoßen. Das aber heißt, daß wir auf den Mond und den Mars fliegen, um unsere Raumtechnik zu verbessern und, falls möglich, etwa vorhandene geologische Reichtümer auszubeuten.

Die Natur als Melkkuh

Werfen wir einen Blick auf unsere eigene Geschichte. Was haben wir nach der Entdeckung des »Planeten« Amerika gemacht? Die *terra incognita* wie eine Melkkuh gemolken und Zirkusspiele veranstaltet, die 50 Millionen Mayas und Inkas das Leben kosteten.
Ähnliche Vorgänge lassen sich in Ozeanien, Asien, Afrika und allen anderen »unterentwickelten« Gebieten nachweisen, wo die weisen und gelehrten Männer, von einigen wenigen Ausnahmen abgesehen, kolonisierten, evangelisierten und Sklaven machten, das alles unter dem Vorwand, helfen zu wollen!

[1]Möglicherweise war die Taufe (oder Reinigung mit Wasser) eine von den außerirdischen Vorfahren oder Engeln eingeführte sanitäre Vorsichtsmaßnahme gegen die Sünde, d. h. die Ansteckung durch Viren oder Strahlungen.

Ebenso verhält es sich mit dem heute weltweit propagierten Umweltschutz, der letztlich nur uns zugute kommen, nur uns schützen soll und mit Naturliebe nicht das geringste zu tun hat. Uns geht es nur um unser liebes, mit Alkohol und Drogen vollgestopftes »Ich«, das wir vergöttlichen und als »überlegen« proklamieren. So hat doch jeder das Recht, auf einer Wiese eine Margeritenblume zu pflücken und ihr die Blütenblätter auszureißen, um angeblich in Erfahrung zu bringen, ob ihn seine Dulcinea ein bißchen, sehr oder gar nicht liebt. Ja, wir finden diesen Mord der Schönheit durch die Häßlichkeit noch amüsant, pittoresk und rührend.
Aber der Mensch hat noch nie auch nur das Geringste selbstlos für die Natur getan. Er hat sie stets nur kolonisiert, war stets darauf bedacht, Nutzen aus ihr zu ziehen. Gewiß, er liebt die Wiesen, aber weil sie seine Rinder nähren, und er liebt die Rinder, aber weil sie eßbar und zur Arbeit zu gebrauchen sind.
Freilich kann man trotz dieser pessimistischen Betrachtungen hoffen, daß die von manchen so ungeduldig herbeigesehnten Extraterrestrier uns bei der Lösung unserer Probleme tatsächlich selbstlos helfen werden, wie wir ja auch glauben, daß Gott seiner Schöpfung beisteht. Nur unser eigenes Beispiel heißt uns auf der Hut sein und uns nicht allzu glückseligen Vorstellungen zu überlassen. Denn wenn unsere höherstehenden Besucher, wie anzunehmen, über phantastische technische Möglichkeiten verfügen, so haben sie sie wohl, genau wie wir, auf Kosten des gesunden, vom Herzen mitbestimmten Menschenverstandes entwickelt.

Die Barriere der Entfernung

Das Problem einer interplanetarischen Reise haben wir zwar schon des öfteren erörtert,[1] wollen es hier aber aufgrund der mittlerweile neu hinzugekommenen Erkenntnisse noch einmal aufgreifen.

So hat das Unternehmen *Skylab* 1973 bewiesen, daß der menschliche Organismus unter den Bedingungen der Schwerelosigkeit nur schwer existieren kann. Die Astronauten der amerikanischen Raumstation kamen schon nach 52 Tagen krank und mit unheilbaren Schäden auf die Erde zurück. Nun würde aber der Flug zum Mars mehrere, der zu den Asteroiden 25 Jahre dauern. Solche Flüge sind also heute nicht durchführbar.

Aber auch später, d. h. alle erdenklichen technischen Fortschritte einkalkuliert, dürften die Menschen mit dem heutigen Raketensystem bewohnte Planeten wohl kaum *lebendig* erreichen. Die Reise in den Raum müßte sich also mit der Reise in die Zeit überschneiden. Bis jetzt jedoch erlaubt die geistige Struktur des abendländischen Menschen nicht, das Wesen eines Raum-Zeit-Kontinuums mit der Notion der Gleichzeitigkeit von Vergangenheit, Gegenwart und Zukunft zu verbinden. Nur im Traum, wenn unser Bewußtsein eingeschlafen ist, erleben wir, genauer unser erwachtes Unterbewußtsein, die gegenseitige Durchdringung, die Gleichzeitigkeit, das Übereinandergreifen und die Umkehrung von Ordnung und Werten, ohne daß wir uns darüber auch nur wunderten. Dieser Geisteszustand oder vielmehr diese Art der Auffassung aber war mehreren sogenannten wilden Völkern, so den Mayas und Inkas sowie den australischen Nomaden, angeboren und natürlich. Sie alle lebten in der

[1] Siehe: *Verratene Geheimnisse – Die Meister der Welt – Unbekannt, Geheimnisvoll, Phantastisch.*

»Traumzeit«, die große Ähnlichkeit mit dem Raum-Zeit-Kontinuum aufweist.
In einem solchen Traum, einer solchen Verzückung, wäre auch eine Reise zu anderen bewohnten Planeten denkbar, die allen Anzeichen nach in Zukunft denn auch bevorsteht. Immerhin deuten die mysteriöse Anziehungskraft, die der Himmel auf uns ausübt, die Hoffnungen, die wir anscheinend instinktiv seit eh und je auf ihn gesetzt haben und heute noch setzen, die Versuche mit amerikanischen und russischen Raketen darauf hin, daß ein solches Abenteuer in Richtung auf unseren Planeten zu schon einmal geglückt ist und unser Chromosomengedächtnis die Erinnerung daran bewahrt hat.

Die Zeit der Wunder

Nicht wenige aber, die sich auf ihren Verstand etwas zugute halten, verweisen die Ankunft der Außerirdischen auf unserer Erde sowie unsere Reise zu einem anderen bewohnten Planeten ins Reich der Phantasie und *Science-fiction.* Solche Leute sind unlogisch und nicht ernst zu nehmen. Wer hätte schließlich 1927 schon geglaubt, daß wir in knapp fünfzig Jahren auf dem Mond landen oder noch gestern für möglich gehalten, daß ein einzelner oder eine kleine Gruppe von *desperados* heute mit Hilfe von Geiselnahme und morgen durch Drohung mit der Atombombe Riesensummen erpressen, politische Entscheidungen verändern und womöglich die sofortige Bildung eines weltumspannenden Staatenbundes fordern könnte. Denn laut dem von dem schwedischen Nobelpreisträger von 1970 für Physik, Hannes Alfven, in der Zeitschrift *Science et Vie* (Nr. 680 vom Mai 1974) veröffentlichten Artikel ist es heute ein leichtes, zwanzig Kilogramm Plutonium zu stehlen und daraus eine Atombombe zu bauen.

Wenn ehedem die Magier und Zauberer versicherten, uns in einem Spiegel das Bild der Geliebten zeigen, mit einem Zehntausende von Kilometern entfernten Eingeweihten sprechen, einen Befehl von Neuguinea nach Montreal durchgeben, einen leblosen Gegenstand zum Sprechen bringen, eine Szene aus der Vergangenheit bildlich wiedererstehen lassen und sich mit ihrem Astralleib in eine andere Welt oder auf einen anderen Planeten versetzen zu können, nahmen sie nur die Demütigen, die Nichtswisser, die Poeten und Eingeweihten ernst.[1]

Aber wie sich heute zeigt, hatten die Ignoranten recht: Das Fernsehen sendet Bilder von Pol zu Pol, vom Mond zur Erde; der Rundfunk übermittelt Worte, Befehle, Gebete; Tausende von Menschen fliegen täglich mit dem Flugzeug oder dem Hubschrauber; Platten sprechen; Unterseeboote tauchen; Kosmonauten steigen in die Leere des Sternenhimmels empor; das Kino läßt alte Zeiten wiedererstehen; und jeder, der eine Kamera und einen Projektor sein eigen nennt, kann sich in der Maienblüte seiner Zwanzigerjahre wiedersehen. Mit einem Wort, alle, oder fast alle angekündigten Wunder sind Wirklichkeit geworden. Nur das Problem der Reise im Astralleib ist ungeklärt geblieben. Aber auch dafür wird sich eine Lösung finden. Zweifelsohne werden die Menschen – freilich nicht mit den lächerlichen Raumfahrzeugen, wie wir sie heute herstellen – einmal zu zwanzig, ja tausend Lichtjahren entfernten Sternen fliegen, dort leben und Berichte zur Erde schicken.

[1] Jean Cocteau z. B. verstand in der Zukunft zu lesen und Wunder zu erfinden, die unbedingt einmal Wirklichkeit werden.

Im Augenblick wissen wir freilich noch nicht, ob es sich bei solchen Reisen in Zeit und Raum um Reisen von ein paar Stunden oder Sekunden oder um ein von Buddha als »Maya« bezeichnetes Postulat handelt. Nehmen wir einmal an, wir könnten uns von einem Augenblick zum anderen in Gedankenschnelle von der Erde auf ferne Sterne wie den Mars oder den Sirius versetzen – eine Hypothese, die nach dem heutigen Stand der Wissenschaft übrigens keineswegs ganz von der Hand zu weisen ist. Immerhin empfangen wir bereits Farbbilder vom Mond, und vermutlich werden auch bald Reliefbilder dazu kommen, steht doch das Reliefkino kurz vor der Realisierung. Die Holographie ermöglicht uns heute schon, einen Gegenstand aus der Ferne gleichzeitig von vorn, hinten und den Seiten zu sehen. So liegt die Annahme nahe, daß unsere Sender in nicht allzu ferner Zukunft imstande sein werden, Forscher im Bildrelief in die Sternenwelt zu entsenden, die, da auf den anvisierten Planeten möglicherweise vorhandene geistbegabte Lebewesen auf dieselbe Weise antworten könnten, einen Dialog anknüpfen und in Bildgestalt den Stern bereisen und erforschen könnten, als wären sie wirklich dort. Natürlich würde es sich dabei nur um eine *virtuelle* Erforschung handeln; d. h. unsere Forschungsreisenden könnten nicht im Meer baden, die gereichten Gerichte nicht kosten etc. Doch vermöchte die Wissenschaft wohl auch dieses Problem zu lösen, so daß der Mensch die Wirklichkeit wie im Traum wirklich erlebte.

Schließlich lebt ja auch der Träumer effektiv in einer anderen Welt, und diese virtuell-reale Traumwelt gibt uns einen Vorgeschmack auf das Wunder, an das wir getrost glauben dürfen. Außerdem können die esoterischen Traditionen zur Stützung ihrer These noch mit dem Naturphilosophen Henri

Bergson das Argument ins Treffen führen, daß das Denken schöpferisch ist oder, anders gesagt, daß es sich materialisieren kann. Das allerdings hieße, daß die Materilisation eines Kosmonautenbildes eine effektive Ortsveränderung seines physischen Leibes möglich machte. Dann aber käme seine Reise im Astralleib auf einem fernen Planeten wie im Traum einer wirklichen, bzw. leiblichen Reise mit gewissen Privilegien der Wirklichkeit gleich. Initiierte sollen bereits auf diese Weise gereist sein; aber dafür haben wir keine Beweise.

Was war kommt wieder

So schwer es uns heute noch fällt, uns eine solche Möglichkeit vorzustellen, eines Tages wird sie doch Wirklichkeit werden. Schließlich arbeitet unsere wissenschaftliche Elite schon heute daran, und außerdem richtet sich unser ganzes Sinnen und Trachten darauf. Vom einfachsten Arbeiter bis hinauf zum Arzt träumen wir alle von der Eroberung des Himmels, als gälte es in unsere alte Heimat zurückzukehren – ein Gefühl, zu dem sich die Spiritualisten und alle Paradiesgläubigen schon lange bekennen. Vielleicht sind unsere Träume und Wünsche doch nicht nur Gaukelwerk der Phantasie, sondern eine dunkel in unserem Unterbewußten schlummernde Erinnerung und gleichzeitig eine Ankündigung unseres phantastischen, seit der Entstehung der menschlichen Rasse vorbestimmten Geschicks. Denn wie Hermes Trismegistos sagt: Das, was oben ist, ist wie das, was unten ist, und das, was gewesen ist, ist wie das, was sein wird. Und wenn die Traditionalisten recht haben, sind unsere Urväter einst vom Himmel herabgekommen, haben die Venusier die alten Kulturen geschaffen und die Extraterrestrier den Anstoß zu den Ritzzeichnungen der Steine von Ica und zum Bau der *pistas* von Nazca gegeben.

BILDNACHWEIS

Foto Robert Charroux 19
Foto Robert Charroux 27
Foto Kuroki 28
Foto Robert Charroux 29
Foto Kuroki 33
Foto Robert Charroux 38
Foto Robert Charroux 39
Foto Robert Charroux 41
Foto Kuroki 44
Foto Robert Charroux 46
Foto Robert Charroux 48
Foto Robert Charroux 49
Foto Robert Charroux 50
Foto Kuroki 54
Foto Robert Charroux 55
Foto Robert Charroux 56
Foto Robert Charroux 57
Foto Robert Charroux 58
Foto Robert Charroux 59
Foto Kuroki 60
Foto Robert Charroux 61
Foto Robert Charroux 62
Foto Kuroki 63
Foto Robert Charroux 64
Foto Robert Charroux 65
Foto Robert Charroux 66
Foto Robert Charroux 67
Foto Robert Charroux 69
Foto Robert Charroux 70
Foto Robert Charroux 71
Foto Robert Charroux 72
Foto Robert Charroux 101
Foto Robert Charroux 104
Foto Robert Charroux 106
Foto Robert Charroux 110

Foto Robert Charroux 117
Foto Robert Charroux 121
Foto Robert Charroux 125
Zeichnung und Foto Lwoff 136
Zeichnung und Foto Lwoff 139
Foto Robert Charroux 143
Foto Vogel 174
Foto Robert Charroux 178
Foto Robert Charroux 179
Foto Robert Charroux 179
Foto Robert Charroux 203
Foto Servicio Aerofotografico Nacional del Peru 205
Foto Servicio Aerofotografico Nacional del Peru 208
Foto Servicio Aerofotografico Nacional del Peru 209
Fotos Servicio Aerofotografico Nacional del Peru 210
Fotos Servicio Aerofotografico Nacional del Peru 211
Fotos Servicio Aerofotografico Nacional del Peru 213
Fotos Servicio Aerofotografico Nacional del Peru 215
Foto Maria Reiche 215
Foto Servicio Aerofotografico Nacional del Peru 216
Foto Servicio Aerofotografico Nacional del Peru 217
Foto Wide World. L'Illustration 219
Foto Illustration 1932 220
Foto Illustration 1932 221
Foto Robert Charroux 225
Foto Robert Charroux 225
Foto Robert Charroux 226
Foto Robert Charroux 234
Foto Robert Charroux 237
Foto Robert Charroux 239
Foto Robert Charroux 242
Foto Robert Charroux 243
Foto Robert Charroux 244
Foto Robert Charroux 246
Foto Robert Charroux 249
Foto Tony Linck 251
Foto Frank Chalmers 253
Foto Dictionnaire Larousse 264
Foto Robert Charroux 325